W0030236

Rückläufiger Merkur

Emily Segal

Rückläufiger Merkur

Roman

Aus dem Englischen von Cornelia Röser

Man kann Merkur auch in modernen Begriffen fassen. Er ist der Modulator. Modulation ist das Prinzip, eine an sich zufällige, bedeutungslose Handlung mit Informationen aufzuladen.
– Robert Hand

Erfahrung ist ein Witz.
– Alice Notley

Inhaltsverzeichnis

1. Werbungsphase

An dem Abend, als ich mich mit Seth im Restaurant traf, fuhr ich von Harlem mit der Linie 1 Richtung Stadtzentrum bis zur Canal Street und ging den Rest zu Fuß. Es war ein heißer Spätsommerabend, und die Luftfeuchtigkeit schlug in Regen um. Die Luft glitzerte, als ich aus dem Zug stieg, es roch nach Keller; auf den nassen Gehwegen spiegelte sich Neonlicht, und mich beschlich die Ahnung, dass ich kurz vor einem Zusammenbruch stand.

In jenem Sommer war ich in einer schlechten seelischen Verfassung (die ich als Nachlässigkeit tarnte) und trug einen schwarzen Hosenrock aus Nylon, der wie die Karikatur einer Männersporthose aussah, und dazu ein zerschlissenes, jahrzehntealtes T-Shirt, unter dem mein BH zu sehen war, und außerdem eine goldene Chai-Halskette, wie Elvis sie früher getragen hatte. Aus meiner Warte waren es kunstvoll verzerrte Proportionen, aus einer anderen sah es wohl eher nach träger, prädepressiver Butch aus. Das Chai war das jüdische Symbol für Leben. Als Elvis es trug, war er kurz vor dem Abnippeln gewesen. Der fette Elvis, den schon niemand mehr kannte – solches Wissen versank in meiner Generation in der Verdunkelung. Elvis war das, was die Beatles für die Generation unserer Kinder sein würden: der schwache Nachhall von Problemen anderer Leute. Über all dem trug ich eine bis oben zugeknöpfte goldene Jacke, und noch darüber einen Plastikregenmantel. Die feuchte Luft kondensierte zwischen den beiden Jacken. Ich öffnete die Knöpfe der obersten Schicht, behielt die Kapuze jedoch auf und schob mir den Rest der Jacke hinter die Schultern, sodass eine Hälfte von mir klatschnass wurde.

Es war dunkel. Ich kam an den bereits geschlossenen Verkaufsständen der Canal Street vorbei. Durch die Ritzen in den Plastikwänden konnte ich Souvenirs für Touristen und billig bedruckte Babystrampler erkennen.

Ich weine nur bei hässlichen Menschen New York City
Heute Nacht Party bei mir, bring was zu trinken mit New York City
Hättest du nicht auch gern so eine sexy Mom New York City
Keiner schläft, wenn ich nicht schlafe New York City
New York City Prinzessin New York City
Zu sexy für meine Windel

Das Restaurant für unser Treffen hatte Seth ausgesucht: das Rintintin. Was für eine Art Retro-Nostalgie sollte das darstellen? Als ich nach dem bronzenen Türknauf griff, sah ich ihn an der Bar sitzen. Durch die Rauchglasscheiben, von denen der Regen perlte, erkannte ich seine raspelkurzen Haare, die ansehnliche Nase und die winzigen Ohren. Ich rief seinen Namen, und als er sich umdrehte, rutschte sein Pullover auf den Boden. Aus irgendeinem Grund war er kein bisschen nass. Er kam aus einer trockenen Welt. Er bückte sich nach dem Pullover, und als er sich wieder aufrichtete, setzte ich mich auf den Barhocker neben ihm. Im Rintintin herrschte so eine neomodern-amerikanische Umami-Atmosphäre. In cognacfarbenes Licht getaucht, verkörperte das Restaurant den Herbst, der noch vor uns lag. In dem klimatisierten Raum fing ich schon bald an zu frieren, was mich nur umso wachsamer machte. Ich lächelte. Unser Treffen hatte etwas Heimliches an sich. In jenem frühen Stadium wusste ich noch nicht, dass es ungewöhnlich war, Seth in einem Restaurant anzutreffen. Damals gab er sich noch wie ein normaler Mensch.

Es war knackig kalt im Restaurant. Am anderen Ende der Bar saß ein Dreiergrüppchen argentinischer Mädchen mit glänzend braunen Haaren und Unendlichkeitssymbolen an Cartier-Armbändern und tippte zum Klirren von Besteck auf Porzellan Textnachrichten. Seth sah gut aus, er hatte weit auseinanderstehende Augen, wie Kate Moss, breite Schultern und einen jungenhaft bequemen Kleidungsstil; trotz der Jahreszeit trug er drei Schichten schiefergrauen Fleece und schwarze Nike-Sneakers, die aussahen, als hätte er keinen besonderen Aufwand treiben müssen, um sie zu erwerben. Sein Auftreten war ein kleines bisschen femininer, eine Nuance weniger forsch als der Durchschnitts-Start-up-Gründer, und das gefiel mir. Das Klapphandy auf der Bakelit-Theke bettelte förmlich um einen Kommentar.

Ziemlich auffällig war, dass Seth an diesem Abend keinen Versuch unternahm, mich für eine Stelle in seiner Firma zu gewinnen. Stattdessen appellierte er an meine literarische und spirituelle Seite. Er fragte schlicht, ob ich an Gott glaubte, und sagte, er tue es. Dann empfahl er mir ein Buch – *The Journalist and the Murderer* von Janet Malcolm. Das Buch hatte einen großartigen Einstieg: »Jeder Journalist, der nicht zu dumm oder zu sehr von sich eingenommen ist, weiß, dass das, was er tut, moralisch nicht zu rechtfertigen ist.«

Mein Glas Rosé war schnell geleert. »Überleg doch mal, Segal«, sagte er. »Heute in einem Jahr könnten wir auf einer Jacht unseren Börsengang feiern.« Ich wusste nicht recht, ob ich etwas mit Börsengängen zu tun haben wollte, aber ich wusste sehr wohl, dass meine Geldsorgen manchmal so groß wurden, dass ich einen metallischen Geschmack im Mund bekam und mich hinlegen musste. Zu diesem Zeitpunkt waren sämtliche Mitglieder meiner Familie bereits von den steigenden Preisen aus New York City verdrängt worden. Ich hatte 583 Dollar auf dem Konto. Meine Krankenversicherung würde bald auslaufen. In Seths braunen Augen glitzerte der Hunger nach Anerkennung. Er war drei Jahre älter als ich und um Millionen reicher, aber dennoch wirkte er irgendwie jünger, behüteter. Ich musste an das Zitat eines Philosophen denken, dass man ab dem Moment, in dem einem die Augenfarbe von jemandem auffällt, nicht mehr in einem moralischen Verhältnis zu dieser Person steht.

Beinahe ein Jahr war vergangen, seit wir uns auf einer Innovations-Konferenz in München kennengelernt hatten, zu der ich als Teil einer Gruppe junger, technikaffiner Künstlerinnen und Künstler eingeladen worden war. Es war nur eine kurze Begegnung gewesen, sie hatte jedoch einen verwirrenden E-Mail-Verkehr ausgelöst, in dem er mich fragte, ob ich in seiner Firma arbeiten wolle, und ich nein sagte. So saß ich also nun, Anfang September 2014, zusammen mit Seth an dieser langen, gebogenen Theke und hatte sein Angebot, für ihn zu arbeiten, mittlerweile bereits zweimal abgelehnt.

Meine mehrdeutig unprofessionelle Aufmachung an diesem Abend war Teil meiner Haltung aktiver Ablehnung – die leise Hysterie der Disidentifikation. Meine übliche Verhandlungsstrategie des sanften Neins (zu allem nein sagen, sich aber die Türen offenhalten) hatte ein Feuerwerk an uneindeutiger Kommunikation entfacht.

Trotz oder vielleicht gerade wegen dieser ablehnenden Haltung hatte ich sogar an einer Reihe von Vorstellungsgesprächen in seinem Büro teilgenommen. Seths Firma – mit dem Namen eXe – hatte ihren Sitz in zwölf Luxusapartments in einem Wohnkomplex an der Uferpromenade von Williamsburg. Eine kleine Bronzetafel an der Außenfassade des Gebäudes informierte den Betrachter, das ursprüngliche Fabrikgebäude sei ein Musterbeispiel für den geheimnisvollen Architekturstil des »Ägyptischen Modernismus« und hebe sich dadurch aus dem Meer an Neubauten in dieser Gegend ab. Wie ich später erfuhr, zählten zu den Mieter:innen Christina Ricci sowie Justin Biebers Pfarrer. In der Portierskabine im Foyer türmten sich Hunderte Pakete zu schwankenden Stapeln.

Ich hatte mich in der verspiegelten Decke des Aufzugs betrachtet und sah mich als großen, pinkfarbenen Mund auf einem Kopf mit dunklem Haar und Mittelscheitel, ein schwarzer Ölfleck auf der Bronzereflexion.

Oben, in einem der Firmenwohnzimmer, erwartete mich ein langer Tisch voller reich aussehender junger weißer Menschen. Sie behandelten mich nicht auf die übliche Art, mit Begeisterung oder irgendeiner Form von Interesse an meiner Arbeit. Wie sie auf ihre Laptops einhackten und die Blicke der anderen mieden, erinnerten sie mich an einen Trupp Beraterinnen und Berater von der Boston Consulting Group, mit dem ich in meinem früheren Berufsleben zu tun gehabt hatte. Alle trugen synthetische Stoffe. Lauter junge Männer und Frauen, die ich nur als Archetypen wiedererkannte. Bis auf die beiden dunkelhaarigen Gründer, Piet und Seth, die ich im Jahr zuvor auf der Innovations-Konferenz kennengelernt hatte, und meinen Freund Roman, der am College mit den beiden befreundet gewesen war, kannte ich hier niemanden persönlich. Eine Gattung von Menschen, in der niemand im Einzelnen erkennbar war. Es hatte die Atmosphäre einer anonymen Filmbesetzung aus klugen Leuten, die nur selten vor die Tür kamen.

Während ich eine Präsentation meiner Arbeit lieferte, fühlte ich mich gehetzt und kam nicht richtig in den Fluss. Manchmal kann es entspannend sein, die Sätze einer einstudierten Rede aufzusagen. So ähnlich stelle ich mir Autofahren vor. Das nächste Wort, die nächste Folie. Einfach nur in der Spur bleiben. Man hört die Phoneme aus dem eigenen Mund kommen und sich aneinanderfügen. So klappte es dieses Mal nicht, aber ich erzählte ihnen von meinem Projekt. Wie wir das Kollektiv gründeten, wie alles begann und wofür wir am berühmtesten waren: das Meme. Es war eine hybride Interaktion, eine mutierte Kombination aus Pitch, Präsentation, Kennenlernrunde und ultrawichtigem Vorstellungsgespräch, begleitet von einem vagen Gefühl der Bestrafung.

Im Licht des Projektors tummelten sich graue Staubpartikel auf meinem Schlüsselbein, während ich von der Entstehung des Kollektivs berichtete. Es war kurz nach dem College gewesen, zur Zeit meiner ersten Anstellung bei einem PR-Unternehmen in Chelsea. Der Job hatte sich glamourös angehört, war es aber nicht gewesen. Von morgens bis abends musste ich Screenshots von Blogbeiträgen anfertigen und in ein Worddokument kopieren, während überall um mich herum der Pressenachwuchs gefeuert wurde. Nach ein paar Monaten überredete ich einen Freund, mir ein kleines Programm zu schreiben, das die Screenshots automatisch erstellte. Das funktionierte für eine Weile und bedeutete, dass ich den ganzen Tag Zeit hatte, mir mit meinem Freund Lyle Textnachrichten zu schreiben. Lyle war ein junger Künstler, den ich noch aus der Schule kannte, und der ein neues Kunstprojekt unter dem Namen K-HOLE gründen wollte – benannt nach dem dissoziativen Gefühl, ausgelöst durch die Partydroge Ketamin, die zu diesem Zeitpunkt noch keiner von uns je probiert hatte. Noch drei weitere Leute waren mit von der Partie – Greta, Max und Jimmy – und manchmal chattete ich mit mehreren gleichzeitig, wodurch diese Tage schneller vorbeigingen. Durch Freund:innen in ähnlichen Jobs wie meinem, nur in der Markenstrategie statt in der PR, fielen mir in jenem Frühjahr einige Trendprognose-PDFs in die Hände. Wir fanden heraus, dass Unternehmen jährlich Zigtausende Dollar für die Abonnements solcher Berichte bezahlten, die in frechem, pseudo-soziologischem, quasi-künstlerischem Jargon über Strömungen im Wandel des Verbraucherverhaltens schrieben, mit Schwerpunkt auf jungen, urbanen Kund:innen sowie Künstler:innen in aufstrebenden Städten, das Ganze interpunktiert mit Emoticons. Dass diese unheimlich teuren PDFs schlicht per Mail an jeden x-beliebigen Trottel weitergeleitet werden konnten und dabei trotzdem exklusiv wirken sollten, versüßte uns die Sache nur umso mehr, zeugte es doch auf kuriose Art von der widersprüchlichen Sichtweise einer älteren Generation auf die Medien und deren intendierte Verbreitung.

Unsere Idee bestand letztlich darin, als Hommage an diese Texte unseren eigenen Trendreport zu erstellen und ihn kostenlos im Internet zu veröffentlichen – sozusagen im Geist von Fanfiction oder als eine Art Zine, wenngleich eines, das als Grundstruktur ein ziemlich obskures Konzernformat verwendete. Dieses Projekt widersprach schon von Beginn an der allgemeinen Lehrmeinung unserer Altersgenoss:innen, ebenso jener der älteren Künstler:innen und Schriftsteller:innen, die an unserem Firmament strahlten. Für sie war es normal, tagsüber PowerPoint-Präsentationen für eine Anwaltskanzlei zu erstellen und abends eine marxistische Mal-Session zu veranstalten, ohne jemals zuzugeben, dass das eine etwas mit dem anderen zu tun haben könnte. Am allerwenigsten, dass die Gemälde von den Präsentationen inspiriert waren, wie ich manchmal den Verdacht hatte. Alles andere wäre als unschicklich angesehen worden. Bisher hatten wir vier Berichte geschrieben.

Das Ensemble nickte.

Die Vorstellungsgespräche gingen weiter. Auf das nächste Gespräch im nächsten eXe-Firmenwohnzimmer folgte wieder ein nächstes … eine Reihe von Besprechungen in bizarrer gegenseitiger Überlappung. Zwei Männer hinter einem gläsernen Esstisch baten mich, eine fingierte E-Mail an den Salami-Snack Slim Jim zu schreiben, um sie als offiziellen Sponsor für die Online-Aktivitäten von eXe zu gewinnen. Ich hielt es für absolut ausgeschlossen, dass sie das tatsächlich von mir erwarteten, aber es ging alles so schnell, dass nicht genug Zeit blieb, den Witz als solchen anzuerkennen und darauf zu reagieren, und so tat ich es einfach. Im nächsten Gespräch fragte ein Entwickler mit einem Laserpointer mich immer wieder, wo auf verschiedenen Seiten der Website ich Nutzernamen platzieren würde. Alle wirkten lustlos und durcheinander. »Warum sollen wir überhaupt Marketing machen?«, war das Einzige, was mich Seths Mitgründer Piet fragte, wofür er für einen kurzen Moment den Blick von seinem Gekritzel hob. Zum Schluss zeigten mir Seth und Piet ein Video, in dem die beiden bei einer Konferenz auf der Bühne standen und Seth einer Frage des Moderators auswich, indem er sagte: »Wen interessiert schon unsere Monetarisierungsstrategie, warum sind *Sie* so besessen vom Geld?«, während man Piet hinter seiner Schulter nicken sah. Ich stimmte zu, das sei ein toller Moment gewesen.

Als wir anschließend von einer Bank an der Kent Avenue aus aufs Wasser und die Skyline von Manhattan blickten, sagte ich zu meinem Freund Roman, ich würde auf gar keinen Fall in Betracht ziehen, in dieser Firma anzufangen. Roman war ein queerer Intellektueller, den ich seit vielen Jahren kannte. Er war bereits für 150.000 Dollar pro Jahr plus unbegrenzt kostenloses Essen angestellt worden und schrieb nebenbei Kunstkritiken. Auch er fand, der Tag sei ein Reinfall gewesen. Diese Leute sind verstörend, sagte ich, die sind irre. Nichts gegen dich, aber diese Firma ist komplett durch. Tauben trippelten über die Pflastersteine. Der East River glitzerte. Roman drückte meine Hand – er strahlte und war voller Spannkraft, wie ein ägyptischer Hundegott. Als ich erschöpft zu meiner Bahn ging, zogen am Himmel Wolken auf.

Am selben Abend, in einer Galerie in Chinatown, sagte mir eine befreundete Künstlerin, ich hätte Glück gehabt, dass es nicht gut gelaufen sei. Sonst wärst du nur von einem von denen schwanger geworden, sagte sie. Du hättest in diesem Büro ständig Überstunden gemacht und nie irgendwelche anderen Leute getroffen und hättest aus lauter Langeweile angefangen, mit einem von denen zu vögeln. Und dann wärst du schwanger geworden. Es war ein erschreckendes, deutliches Bild. Ihr Blick strahlte eine anorektische Macht aus, und sie hatte immer mit allem recht. Doch als mich Seth am nächsten Tag in einer E-Mail um eine Gelegenheit bat, Feedback dazu zu bekommen, was bei den Gesprächen schiefgelaufen war, erklärte ich mich bereit, mit ihm etwas trinken zu gehen.

Nur ein Getränk. Es war das klassische Start-up-Manöver: scheitern und dieses Scheitern dann als Eintrittskarte für die nächste Aktion nutzen. Wir handelten wohl beide nach dieser Logik. Bereits gescheitert zu sein, schuf eine gewisse Intimität, und die war der Grund, warum man im Umgang mit bestimmten Exfreunden ehrlicher sein konnte als mit jedem aktuellen Partner. Es war entspannend, wenn etwas schon zum Teil hinüber war.

2. Riva, die Auraleserin

An dem Montag, nachdem ich mit Seth ausgegangen war, suchte ich eine Auraleserin auf, um herauszufinden, was ich tun sollte – ob ich die Stelle bei eXe annehmen sollte oder nicht –, und um Insiderinformationen für den nächsten K-HOLE-Trendbericht zu bekommen.

Vom dazwischenliegenden Wochenende hatte ich einen schlimmen Sonnenbrand auf Rücken und Schultern. Ich war mit meinen Eltern in einem State Park in New Jersey gewesen, wo mein kleiner Cousin auf einem Pony reiten durfte und wir den Kerl aus *Ungeschminkt* ganz allein einen Hot Dog essen sahen. Den ganzen Nachmittag hatte ich grübelnd am Picknicktisch gehockt und war knusprig gebraten worden. Auf dem Weg zum Garment District, wo die Praxis der Auraleserin lag, spürte ich den Sonnenbrand schmerzhaft unter dem scheuernden Träger meiner Umhängetasche, einem tetrapakförmigen Nylonding, das unser Kollektiv für eine Ausstellung mit Merchandise-Artikeln von Künstler:innen entworfen hatte. Sie hatte einen silbernen Tragegriff und ein spezielles Logo, das man mit Nagellackentferner ablösen konnte. Wir hatten es absichtlich unfotografierbar gemacht, weil es auf dem Bildschirm wie der letzte Dreck aussah. Unser Logo war von Hand mit silberner Tinte in tausend Graffitisprechblasen geschrieben und dann mittels Siebdruck auf müllsackschwarzes Nylon gedruckt worden. »Es soll ein Logo sein, das man aktiv entfernen *muss*«, hatte mein Kollektivkollege Max erklärt, während er mit seinem Notizbuch in unserem alten Atelier in der Grand Street saß. Das Atelier befand sich in einem Fabrikgebäude, und wir hatten dort eine alte Tür auf Sägeböcken, einen riesigen Kaktus, Blick aufs Empire State Building und einen miesen französischen Graffitikünstler eine Etage tiefer, der womöglich als Inspiration für die Tasche gedient hatte. Im Treppenhaus Reihen von schweren roten Metalltüren. Tief über den Sägebocktisch gebeugt, hatte Max – ein attraktiver House-DJ aus dem mittleren Westen, sehr entspannter Vibe – den Namen unseres Kollektivs immer wieder in sein liniertes Notizbuch gekritzelt, während Lyle, in Uniqlo-Hose und Final-Home-Kapuzenjacke, die ihm von den Schultern gerutscht war und halb auf den Ellbogen hing, die rechten Winkel der Bodendielen entlanglief. Lyle hatte wunderschöne lange, halb chinesische, halb italienische Haare und ein markantes Gesicht, er war eines der großen Liebes- wie Hassobjekte meines Lebens. Dieser alte Freund also war nie davon überzeugt, dass wir überhaupt etwas machen sollten, und bei dieser Tasche ganz besonders nicht, warum machten wir die? Im Hintergrund schnitten unsere Modedesign-Atelierkolleg:innen Stoffe zurecht (schwarzer Krepp und fiese Mohairwolle in Meige) und Modelle hatten ihre Brüste ausgepackt, es waren schlichtere Zeiten damals. Ich holte mir ein paar Straßen weiter gefüllte Pfannkuchen mit Frühlingszwiebeln und geschnetzeltem Schweinefleisch, von denen das Fett durchs Wachspapier troff, und sah mir auf dem Rückweg zum Atelier die Chinatown-Auslagen an, ein Einkaufstrolley aus Stoff, bedruckt mit Minnie-Mäusen, pinke Badelatschen, auf denen in Strasssteinen CINEMA stand, falsche Caterpillar-Boots aus echtem schwarzen Wildleder und sieh nur! ein chassidischer Jude mit Schläfenlocken, händchenhaltend mit einem braungebrannten Mann mit nacktem Oberkörper und einem Papagei auf der Schulter. Nee, Quatsch, ich hasse solche New-York-Details, das ist bis zur Perversion abgedroschen, dieses Horten von Spezifika, was auf irgendeine mysteriöse Weise mit dem rotkehlcheneiblauen Restaurant an der Straßenecke zu tun haben soll, dem PIZZA BEACH (mit dem Slogan »unter der Pizza der Strand«), und dann stiefelte ich mit Schweinefett auf den Lippen, in einem exklusiven schwarzen Hoodie und Bomberjacke die Betonstufen zum Atelier hinauf. In diesem Treppenhaus hing ich so hübschen Wahnvorstellungen nach wie: »Ich bin das coolste Mädchen in ganz New York« – und stand kurz davor, vom Universum eins übergebraten zu kriegen.

Jetzt betrog ich diese Gruppe, indem ich mit dem Gedanken spielte, den Job bei eXe anzunehmen, was mich von ihnen trennen würde. Immer wenn ich mich einem kritischen Punkt näherte, suchte ich eine Möglichkeit, auf die Bremse zu treten. Dieses Betrügen war eine Art, mir Privatsphäre zu verschaffen, einen geheimen Raum, von dem nur ich allein wusste, was darin vorging. Es war ein bisschen wie in Träumen von meinem Elternhaus, in denen ich geheime Bereiche des Gebäudes entdeckte, die schon immer existiert hatten. Die Beziehung zu meinen Kollektiv-Kolleg:innen war nicht romantischer Art – es war etwas viel Schlimmeres. Es war die längste nicht-familiäre Beziehung meines Lebens, und nun spürte ich, wie ich mich allmählich daraus zurückzog. Ich wusste nicht, ob das generationstypisch war oder etwas für mich Spezifisches, dass keine andere Liebe je so tief gegangen war wie diese Kollaboration.

Noch komplizierter wurde alles dadurch, dass wir in diesem Sommer an einem Projekt arbeiteten, das bei mir große Ängste auslöste. Das Projekt: Wir hatten den Auftrag bekommen, einen privaten Weißprodukt-Trendbericht zum Thema *Planetary Computing* für ein Unternehmen zu schreiben, der nicht zur Veröffentlichung bestimmt war. Nennen wir ihn K-HOLE 4,5. Der Abschnitt, den ich übernahm, behandelte das Phänomen des rückläufigen Merkur als Zusammenfassung des aktuellen Zeitgeists: einer Informationsökonomie im dauerhaften Störzustand. Als ich mich dransetzte und etwas über Energie schreiben wollte, blieb ich stecken und musste feststellen, dass ich keine Ahnung hatte, was das Wort eigentlich bedeutete. Die semantische Landkarte erstreckte und dehnte sich in alle Richtungen, die Topologie war so groß und vielfältig, dass sie jede Bedeutung verlor – »die Kapazität, Arbeit zu leisten«, gut, aber wo war da der New-Age-Aspekt, und warum bekam ich nie eine klare Antwort? Rückläufiger Merkur war ein Aspekt soziopsychischer Energie, wie er im Buche steht – traditionell definiert als die Phase, in der sich der Planet Merkur am Himmel rückwärts zu bewegen scheint. Selbst Menschen, die nicht an Astrologie glaubten, sagten inzwischen ständig seufzend »tja, rückläufiger Merkur«, wenn sie von der steigenden Intensität seiner Auswirkungen berichteten. Im Sommer war ich gestresst an den Serviceschalter gekommen – mein Flug nach Berlin ging *genau jetzt* vom JFK, und ich war verhängnisvollerweise zum falschen Flughafen gefahren. Die Airline hatte gerade mal wieder einen Skandal erlebt (toter Hund im Gepäckfach, kreischender, blutverschmierter Passagier, der aus dem Flugzeug gezerrt wurde), und die Mitarbeiter:innen waren ziemlich angespannt. Nachdem ich ihr mein Dilemma geschildert hatte, legte die Dame am Schalter die Hände flach auf den Tisch und sagte todernst: »Es ist rückläufiger Merkur, Schätzchen.« Solche Vorfälle begannen sich zu häufen, und ich hatte das Gefühl, ich würde den Anschluss an den Wortschatz meiner eigenen Generation verlieren.

Zurück in New York, klagte ich bei einer Freundin darüber, dass ich nicht in der Lage sei, diesen Planetary-Computing-Bericht zu schreiben (er war wie Spülschaum in meinem Kopf), und sie empfahl mir die Auraleserin. Riva war eine mittelalte jüdische Frau aus New Jersey, sie hatte eine Praxis in der City, quirliges braunes Haar und frostig-eisblaue Augen und trug Bernsteinschmuck aus dem MoMA-Designshop. Sie hatte an der Yale Drama School Shakespeare studiert und war außerdem hellsichtig. Die Kombination dieser Talente kumulierte zu einer Form von Beratung, die sich von meiner zwar inhaltlich unterschied, nicht aber in der Form: Sie coachte Führungskräfte sowohl in betrieblichen als auch in energetischen Belangen. Ich rief sie von unserem Atelier in Chinatown aus an, wo ich mich zum Telefonieren in eine weißgetünchte Ecke zwischen Wischmopps und Besen kauerte, und erklärte ihr, woran ich arbeitete. Ich bräuchte eine Definition von Energie, und Sadie habe gesagt, sie, Riva, könne mir dabei helfen. Im Tonfall von jemandem, der *eine Menge* zu erzählen hat, sagte Riva am Telefon irgendetwas von »$e = mc^2$«, und mir gefiel, dass sie in diesem ersten Gespräch so dick auftrug. Dass ich anderen ihre Geschwätzigkeit nachsah, war stets ein Anruf ans Karma, dieser Gefallen möge mir eines Tages erwidert werden. Ich fegte weiße Farbreste von den Schulterpolstern meines schwarzen Pullis und trug den Termin in meinen Kalender ein. Mein neuer Plan: Ich würde zweihundert Dollar von unserem Berichtsbudget in eine Lesung mit Riva investieren. Sie würde meine Aura lesen und mir dann alles über Energie verraten, was ich wissen wollte.

Als ich mich dem Haus näherte, in dem Riva ihre Praxis hatte, fiel mir auf, dass ich es bereits kannte. Im Erdgeschoss war ein Stoffgeschäft, in dem ich einmal gestöbert und eines der letzten Telefongespräche mit meinem Grandpa geführt hatte. Darüber befand sich ein koreanisches Wimpern-Spa, in dem ich mir mal Hunderte einzelner Nerzwimpern hatte ankleben lassen, um dann dem Typen, mit dem ich zu der Zeit schlief, vorzulügen, sie seien echt. Der Kerl war einmal in meiner Wohnung aufgetaucht und hatte zu meiner Mitbewohnerin gesagt »Hey yo Mann, was gehtn ab?«, und sein Slang hatte sie ziemlich verschreckt, und wieder mal war der Versuch, meine Beziehungen für mich zu behalten, in die Hose gegangen; ein anderes Mal hatte er ein vergammelndes Pastrami-Sandwich unter meinem Bett liegen lassen, und ich ging durch den Flur, der Aufzugknopf inmitten eines neonroten Leuchtrings, durch einen weiteren Flur bis zu Rivas Praxis. Bei ihr war noch eine andere Frau, eine leicht ungepflegte Südafrikanerin (blondierte Haare, ursprünglich gar nicht schlecht gemacht, aber es waren mehrere Zentimeter Ansatz zu sehen). Ich legte mein Aufnahmegerät auf den Tisch, ließ den Finger zögernd über der Taste schweben und fragte, ob ich mit der Aufzeichnung beginnen dürfe.

Klient/in: Emily Segal
Auftragsnr.: TC1020939287
Datei-URL: riva.m4a
Länge: 101 Minuten (01:41)
Transkriptor/in: Brittany H.

Wie war Brittany? Wenn Sie dieses Transkript mit drei oder schlechter bewerten, wird Brittany H. in Zukunft nicht mehr für Ihre Aufträge eingesetzt werden.

RIVA: Ich habe am Telefon diese Das-Magische-Auge-Bilder erwähnt, oder? Mit einer Aura ist es ganz ähnlich. Im Grunde sieht man die Lichtwellen, die von der Hautoberfläche abstrahlen. Wir alle haben sämtliche Farben des Spektrums in unserer Aura, aber manche Streifen sind breiter als andere. Das ist so individuell wie ein Fingerabdruck. Man nennt sie »Lebensfarben«. Im Grunde wird man damit geboren, sie bleiben ein Leben lang und sind so etwas wie ein energetischer Grundriss.

Die Kombination der Lebensfarben verrät uns etwas darüber, welche Rollen und Aufgaben sich am besten für Sie eignen, welche Arten von Beziehungen Sie vermutlich führen werden, welche Beziehungen gesund für Sie sind und welche eher schwierig werden. Manchmal kann ich Ihnen sagen, in welcher Branche und welcher Position Sie arbeiten sollten.

Kate, hab ein schönes Wochenende.

KATE: Danke. Das wird wohl [unverständlich 00:04:40]. Ich wollte nur schnell meinen Mann anrufen, dass er mich vom Bus abholt. Er hat gesagt: »Kate, du bist mit dem Auto gefahren.«

RIVA: Stimmt, das bist du.

KATE: Ich bin so vergesslich.

RIVA: Du bist mit dem Auto gekommen. Wo ist das Auto?

KATE: Ein paar Blocks entfernt.

RIVA: [unverständlich 00:04:53]

KATE: Ich weiß, wo es steht. Ich bin zu einer bestimmten billigeren Tiefgarage gefahren. Hier kostet es nämlich 45 Dollar. Ich war in einer für 20 Dollar.

RIVA: Ach du meine Güte.

KATE: Hat mich sehr gefreut.

EMILY: Gleichfalls.

KATE: Wunderbar, haben Sie einen schönen Tag.

RIVA: Na dann, Süße. Wir sprechen uns Sonntag.

KATE: Ach, weißt du was? Ich brauche den Schlüssel fürs Klo. Muss noch für kleine Mädchen. Sorry, geht nicht anders.

RIVA: Also gut. Lassen Sie mich diese Geschichte erzählen. Es kommt vor, dass es jemand in seiner Karriere so weit gebracht hat und so sehr darauf getrimmt ist, zu glauben, alles habe seine Richtigkeit, dass er, wenn man ihm sagt: »Nein. Vieles von dem, was Sie derzeit tun, passt absolut nicht zu Ihnen«, erwidert: »Aber ich bin richtig gut darin.« Es geht nicht darum, ob man in etwas gut ist oder nicht. Das bedeutet nicht, dass man darin sein volles Potenzial entfalten kann. Außerdem werde ich oft gefragt: »Kann man seine Lebensfarben ändern?«, und da antworte ich als Erstes: »Warum sollte man? Sie sind alle wundervoll.« Außerdem ist es ein bisschen ... Ja, es geht, aber es ist ein bisschen, als würde man sich einen Autounfall wünschen. Man muss es erzwingen, und man muss es jeden Tag aufs Neue erzwingen, und ich weiß nicht, warum man das wollen sollte. Was ist denn verkehrt daran, wie man ist? Also, ja, es ist möglich, aber es ist ein Kraftakt.

Mit diesem ganzen Hintergrundwissen sind wir jetzt beinahe bereit [unverständlich 00:10:12]. Ich schalte jetzt das Deckenlicht aus.

EMILY: Okay.

KATE: Also gut, Mädels. Ich bin jetzt wirklich weg und [00:00:16] alles nur, weil ich nicht [unverständlich 00:10:18].

RIVA: Fahr vorsichtig [unverständlich 00:10:22] du fährst ja schließlich. Also gut, ich werde jetzt [unverständlich 00:10:29]. Wenn uns diese Lichter nach einer Weile auf die Nerven gehen, schalte ich sie aus. Darf ich Sie um einen Gefallen bitten? Könnten Sie Ihren Stuhl ein wenig drehen, damit ich ... [unverständlich 00:10:41] ...

EMILY: So?

RIVA: In diese Richtung, bitte ... Genau, weil ... [überlagert/überschnitten 00:10:45]

EMILY: Soll ich mich hierhin setzen?

RIVA: Nein, ich schaue nämlich auf die weiße Wand hinter Ihnen. Ich brauche etwas Weißes hinter Ihnen. Ich werde nur kurz ... [00:10:53] Warum kommt mir das so ungewohnt vor? Ich glaube, der Tisch wurde verschoben. Okay, so geht es. Gut. Zuerst möchte ich gern, also, normalerweise warte ich ab, bis Ihre Energie, sozusagen, zur Ruhe kommt. Entschuldigen Sie, dass ich Ihnen die meiste Zeit nicht in die Augen sehen werde, ich versuche nämlich, meinen Blick unscharf zu stellen. Okay. Also, erzählen Sie mir ein bisschen, woran Sie arbeiten, solange ich abwarte, bis Ihre Energie ihre Mitte gefunden hat.

EMILY: Also, vor drei Jahren habe ich in meiner alten Agentur gekündigt, bei der ich Markenstrategie gemacht und die Trendprognosen geleitet hatte. Zur selben Zeit habe ich eine Trendprognose-Gruppe mit dem Namen K-HOLE gegründet, die gleichzeitig Künstlerkollektiv und Beratungsunternehmen war und versuchte, die Brücke zwischen Kunst- und Wirtschaftswelt zu schlagen. K-HOLE wurde mit der Zeit immer größer und bekannter und bekam immer mehr Aufmerksamkeit. Wir erstellten unsere Berichte in Zusammenarbeit mit einem brasilianischen Unternehmen, das extrem bekannt wurde und irgendwann den Begriff »Normcore« prägte, was in den Medien riesig …

RIVA: Ich habe keine Ahnung, was das ist.

EMILY: Das macht nichts. Wir wollten eine Art Coolness erschaffen, bei der es nicht darum ging, sich von anderen zu unterscheiden und so besonders und einzigartig wie nur möglich zu sein, sondern im Gegenteil ganz bewusst so oder so ähnlich zu sein wie andere. Ein paar Monate nachdem unser Bericht erschien, kam ein Artikel heraus, der den Begriff auf Mode bezog, und daraus wurde diese Riesensache in den Medien. Wir bekamen Unmengen an Anfragen und fingen dann an, als Berater für viele der ganz großen Unternehmen zu arbeiten, die nach diesem großen Medienhype auf uns zukamen.

RIVA: Wie schreibt sich Ihr Kollektiv?

EMILY: K Bindestrich H-O-L-E. K-Hole.

RIVA: Warum heißt es so?

EMILY: Als das anfing, hatte noch keiner von uns das Zeug je genommen, aber der Name bezeichnet das Ketamin-Loch, die Erfahrung, die man auf der Droge Ketamin macht. Diese intensive, dissoziierte Perspektive. Ursprünglich hatten wir eigentlich eher über coole Bandnamen nachgedacht. Es war mehr so ein »Oh, das wäre ein cooler Name für irgendwas«. Eine Art Witz über die Strategie von Unternehmen, sich irgendwas aus der Jugend-, Gegen- oder

Subkultur herauszupicken, um coole neue Ideen für die Firma zu entwickeln. Aber so weit würden Unternehmen nie … sie würden sich nie nach einer Drogenerfahrung benennen …

RIVA: Nein, das würden sie sicher nicht.

EMILY: Und deshalb war es sowas wie ein Witz darüber.

RIVA: Okay, super. Wenn ich Sie fragen würde, ob Sie heute Fragen haben, worum würde es in diesen Fragen gehen?

EMILY: Es gibt im Augenblick eine Menge Veränderungen. Ich habe mich gerade von meinem Freund getrennt. Wir haben zusammengewohnt, und jetzt sitze ich praktisch auf der Straße. Vorübergehend wohne ich bei einer Freundin in Harlem, während ich überlege, wie es weitergeht. Beruflich bin ich in einer verrückten Lage. Ich glaube, ich will mein Kollektiv verlassen [unverständlich 00:12:32] und für diese Firma eXe arbeiten. Sie wollen so eine Art Bedeutungsgewebe über das Internet ziehen [unverständlich 00:13:04] … Ich bin neugierig, ob ich beruflich dafür geeignet wäre, weil ich schon mit verschiedenen Dingen einigermaßen erfolgreich war, jetzt allerdings das Gefühl habe, einen riesengroßen Fehler zu machen.

RIVA: Was haben Sie studiert?

EMILY: Literatur. Ich habe Vergleichende Literaturwissenschaft belegt, in den Sprachen Latein und Deutsch, und ich habe viel zeitgenössische …

RIVA: Zeitgenössisches Latein?

EMILY: Nein, nein. Ich habe mich viel mit deutscher Philosophie und zeitgenössischer deutscher Literatur beschäftigt, und dann viel in Richtung Medienforschung gemacht.

RIVA: Und dabei haben Sie Sadie kennengelernt?

EMILY: Ja. Mit Sadie habe ich die Zeitung herausgegeben.

RIVA: Okay. Einmal tief durchatmen. Da ist ein Bereich von Ihnen, den ich noch nicht ganz erkennen kann. Das Erste, was Sie ausstrahlen, sind anderthalb Zentimeter Weiß. Jeweils drei Zentimeter Weiß stehen für eine spirituelle Lebenserfahrung, die abgeschlossen ist. Sie befinden sich auf halber Strecke zu einer spirituellen Schwelle. Sie sind ziemlich jung, also ist das ziemlich gut. Danach kommen noch ein paar andere Sachen. Einiges an Blau, etwas Grün und Violett, aber ich glaube, das alles ist nur eine Illusion, ich denke nämlich, Sie haben alle diese Farben nur angenommen, um hier zu sein. Ihre wahre Primärfarbe ist Magenta. Aber Sie sind nicht nur Magenta. Sie haben auch noch diesen … Kegel. Sie sind ein Behältnis für Informationen. Ich kann sehen, wie Ihr System sie regelrecht downloadet. Es sieht aus wie ein Trichter aus Weiß, etwa in dieser Form, sodass Informationen direkt in Sie hineingeleitet werden. Sie stehen in einer direkten Verbindung mit etwas anderem. Sprechen wir über Magentas.

EMILY: Okay.

RIVA: Über Magentas sagt man, sie seien wahrscheinlich Wesen von einem anderen Planeten. Das könnte man Ihnen übelnehmen. Meistens kommen Magentas zu uns, um zu forschen und zu lernen und uns hochentwickelte Technologie zu bringen. Dabei muss es sich nicht zwingend um technische Geräte handeln. Es könnte auch ein hochentwickeltes esoterisches Denken sein, aber eben sehr weit fortgeschritten. Als Sie neulich am Telefon von dem Kollektiv sprachen, da sagten Sie: »Ich war immer der Ansicht, unsere Arbeit sollte experimentell sein« – genau das ist Magenta. Ich werde Ihnen einige allgemeine Merkmale nennen, die man oft bei Magentas antrifft. Magentas fühlen sich häufig von anderen Menschen entfremdet. Entschuldigen Sie mich für einen Moment …

EMILY: Sicher.

RIVA: … es ist nur, weil, ich habe keinen Anrufbeantworter. [unverständlich 00:21:21] Ja, hallo? Oh, nein, sie ist schon raus und auf dem Heimweg. Ach, um Ihnen zu sagen, dass Sie sie nicht abzuholen brauchen. Sie fährt mit dem Auto. Alles klar. Danke. Tschüss. Das war ihr Mann. Tut mir leid. Magentas fühlen sich hier oft ziemlich fremd und noch öfter unverstanden, so als würde einen niemand wirklich komplett begreifen. Man ist nicht verrückt, nur weil es nur wenige Menschen gibt, die einen wirklich und auf allen Ebenen verstehen. Auch die Art, wie die menschliche Kultur funktioniert, kann auf Magentas sehr bizarr wirken. So nach dem Motto: Warum machen die Leute das so? Was soll das bedeuten? Sie sind postmoralisch, haben also keinen Sinn für Gut und Böse. Diese Worte, diese Dualität, ergibt für sie keinen Sinn. Das heißt nicht, dass Sie keine Prinzipien hätten, sie sind nur weiter entwickelt. Vieles von dem, wie Menschen arbeiten und funktionieren, ist sehr verwirrend. Können Sie das nachvollziehen?

EMILY: Ja.

RIVA: Okay, gut. Dann wissen wir, dass wir auf der richtigen Fährte sind. Beziehungen zu Autoritätspersonen können manchmal problematisch sein. Nicht, dass es unmöglich wäre, aber jemanden zu finden, der Sie wirklich versteht und annimmt und Ihnen hilft, sich zu erden – denn für Magentas kann es schwierig sein, geerdet zu bleiben … Zum Beispiel diese neue Firma … da gibt es zwei Möglichkeiten, wie es laufen kann. Es kann entweder spirituell sehr auslaugend sein und ein emotionales Chaos verursachen, oder aber Sie könnten richtig aufblühen und eine außergewöhnliche sexuelle Verbindung finden. Wenn Sie jemanden finden, und ich habe keine Zweifel daran, dass das geschehen wird, der Sie wirklich versteht und mit dem Sie Gespräche wie dieses führen können, kann Ihnen diese Person hoffentlich helfen, sich mehr zu Hause zu fühlen, wenn Sie Heimweh bekommen. Dann wird es nicht mehr so wehtun, und Sie werden nicht mehr das Gefühl haben, irgendeine Form von Abwehrmechanismus aufrechterhalten zu müssen, weil Sie dann dieses Verständnis haben werden.

Magentas können – ich sage nicht, dass es auf Sie zutrifft – aber sie können eine Tendenz zur Flucht haben, weil es einfach nicht immer allzu erfreulich ist, hier zu sein. Es kann schwerfallen, hierzubleiben, im eigenen Körper verankert zu bleiben, weil man sich fragt »Wozu?«. Menschen, die für so etwas empfindsam sind, sind sicher ungewöhnlich, aber es gibt sie. Sie müssen jemanden finden, der Sie wirklich liebt und es schätzt, dass Sie diese Informationen mitbringen. Gewisse Dinge müssen Magentas erst lernen, wenn sie Beziehungen führen wollen. Falls Sie Beziehungen führen möchten, was ich erst mal annehme …

EMILY: Ja, das will ich.

RIVA: … aber ich möchte nichts einfach so voraussetzen. Wenn Sie Beziehungen führen möchten, haben Magentas die Tendenz, was wir – also ich meine »uns« einfache, bescheidende Menschen – als Taktgefühl oder [unverständlich 00:25:40] emotionale Intelligenz bezeichnen würden, weil die Tendenz besteht, und das ist in keiner Weise böse gemeint, aber sie haben die Tendenz, ein wenig schroff zu sein oder die Dinge einfach so zu sagen, wie sie sie sehen, ohne Übersetzung oder Puffer. Können Sie das nachvollziehen?

EMILY: Mm-hmm. (zustimmend)

RIVA: Auf Menschen kann das leicht befremdlich wirken. Sie stammen aus einer anderen Kultur, da gibt es eine Kluft in der Kommunikation.

EMILY: Können Sie mir genauer erklären, was das bedeutet, aus einer anderen …

RIVA: Sie kommen von einem anderen Planeten, und daher …

EMILY: Okay, aber was heißt das?

RIVA: Ich weiß nicht genug darüber, um es Ihnen sagen zu können. Ich kann aber versuchen, intuitiv etwas zu lesen. Wo Sie herkommen, gibt es ein System von Regeln und Normen für Ihr Volk. Die funktionieren dort, wo Sie herkommen, ganz wunderbar. Niemand nimmt es persönlich. Wenn man hier eine Verbindung herstellen möchte, ist es nicht ganz der ideale Weg, einfach die Wahrheit auszusprechen. Man muss sie in viele weitere Schichten hüllen, und sie durchläuft einen längeren Verarbeitungsprozess. Ich weiß nicht, ob Ihnen schon einmal jemand gesagt hat oder Ihnen die Rückmeldung gegeben hat, Sie seien vielleicht ein klein wenig zu …

EMILY: Schroff.

RIVA: Genau. Sie wollen eigentlich nicht schroff sein. Sie sind nämlich auch sehr, sehr sensibel und haben eine ziemlich hohe Frequenz, und das bremst Sie. Jede Energie hat eine Schwingung. Bei Licht gibt es kürzere und längere Wellen. Magenta hat eine schnellere Wellenlänge. Das kann oft dazu führen, dass Sie das Gefühl haben, sich dümmer stellen zu müssen, um hier verstanden zu werden.

Das ist kräftezehrend. Und es überrascht mich nicht, dass Sie so obsessiv an einem ganzen Projekt über Energie arbeiten. Es fasziniert mich, dass Sie unsere Form von Energie studieren, denn vielleicht sind Sie in Wahrheit hier, um die Energieform Ihrer Heimat weiterzuentwickeln. Außerdem sind Sie hier, um uns Ihr Wissen und Ihre Fähigkeiten zu überbringen.

Magentas sind häufig Erfinder:innen, Träumer:innen, Tagträumer:innen, sehr fantasievoll, Heiler:innen oder Künstler:innen. Gehen Sie mal nach Greenwich Village, da werden Sie sehen ... Die Magentas dort sind auch ... ein bisschen anders als Sie, ich frage mich, ob das in die richtige Richtung [unverständlich 00:29:28]. Ihre Fingernägel sind da schon ... ich frage mich, ob Sie sich wirklich so anziehen würden, wenn Sie völlig frei wählen könnten. Das ist [unverständlich 00:29:28]. Entschuldigen Sie. Ja, kommen Sie bitte rein. Hallo.

VIERTER SPRECHER: [unverständlich 00:29:34]

RIVA: Vielen Dank. Brauchen Sie eine Unterschrift?

VIERTER SPRECHER: Ja, bitte.

RIVA: Haben Sie vielen Dank.

VIERTER SPRECHER: [unverständlich 00:29:42]

RIVA: Also gut. Haben Sie inzwischen Appetit bekommen?

EMILY: Ja, allerdings.

RIVA: Wir können uns während des Essens ein bisschen unterhalten, und dann sehe ich es mir später noch einmal an. Also gut, essen wir. [unverständlich 00:30:02] alles, was wir brauchen. Hier ist Reis. Oh, gut. Nehmen Sie einen Glückskeks.

EMILY: Oh, ja.

RIVA: [unverständlich 00:30:12] Oh, au, autsch, und [unverständlich 00:30:18]. Ich habe Papierhandtücher hier, falls Sie mehr Servietten brauchen. Ich hole gleich eine Gabel. Ist das ... Der Grund, weshalb ich nach der Kleidung frage, ist ... [unverständlich 00:30:44] die Mode, wenn Sie nämlich runter ins Village gehen, gibt es da eine Menge Leute mit Magenta. Das sind Menschen, die wissen, dass sie Magentas sind.

EMILY: Meine Haare waren früher magenta.

RIVA: Hier, Entschuldigung. Nehmen Sie sich, was Sie möchten. Das ist nicht überraschend. Sehen Sie, Sie sind gut damit umgegangen. Allerdings habe ich das Gefühl, in letzter Zeit ist Ihr Leben ein wenig aus der Bahn geraten. Ein bisschen entgleist.

EMILY: Ja.

RIVA: Gut. Erzählen Sie mir davon. Erzählen Sie mir von diesem Entgleisen, und entschuldigen Sie, dass ich dabei esse [überlagert 00:31:19]. Im Übrigen ist es vollkommen logisch, dass Sie sich für Futurismus und Trends [unverständlich 00:31:47], denn wahrscheinlich sind Sie jedem Trend voraus, der hier entstehen könnte. Sicher sehen Sie so etwas schon auf zehn Meilen Entfernung kommen. Aber ja, reden Sie weiter.

EMILY: Manchmal hatte ich das Gefühl, dass ich zu weit gehe oder zu schnell bin. Oder dass ich zu viel Raum einnehme, oder dass die Menschen von meinen Ideen begeistert sind, sich dann aber irgendwie gegen sie wenden. Als ich mehr so künstlerische Sachen machte und anfing, in der Kunstwelt Fuß zu fassen, hatte ich das Gefühl, viel mehr im Einklang mit …

RIVA: Das klingt logisch.

EMILY: … mit dem zu sein, was ich tat. Wir bekamen die Chance, meine Ideen umzusetzen, und dann wurde die Sache immer größer und größer, und es kam mir vor, als würde alles immer schneller gehen. Es sah aus, als ob wir reich und berühmt werden würden und diese neue Sache ins Leben rufen, und als würde mein Leben ganz so laufen, wie es mir gefiel. Dann, letzten Winter, wurde ich irgendwie ausgebremst und depressiv. Auch was meinen Freund anging, fühlte ich mich ausgebremst und depressiv, aber ich dachte, dass ich ihn wirklich liebe. Und dann hatte ich irgendwie das Gefühl, als würde alles auseinanderfallen, oder als könnte ich keine Beziehungen zu anderen Menschen aufrechterhalten. Es war ein Gefühl … es fühlte sich erst so an, als hätte ich diese Kraft und dann, als hätte sie mich verlassen.

RIVA: Wodurch wurde das ausgelöst?

EMILY: Im April war der Punkt, an dem alles zu viel wurde und ich nicht mehr damit fertig wurde. Ich zog bei meinem Freund ein.

Bis zu diesem Moment war ich wirklich inspiriert gewesen. Ich hatte so viele Ideen, und alles ergab für mich Sinn und fügte sich zusammen. Es war, als würde ich dem Universum zuhören, auf diese wirklich bedeutsame Art. Ich bekam viele Informationen und sah so viel. Und dann hörte es einfach irgendwie auf.

RIVA: Oh, okay.

EMILY: Es hörte einfach auf, und dann fühlte ich mich richtig verloren.

RIVA: Okay. [unverständlich 00:35:15] ist dieser Wendepunkt aufgetreten. Ich werde nachsehen, ob [unverständlich 00:35:22]. Nehmen Sie übrigens gerne auch hiervon. Die Portionen sind einfach zu groß für eine Person. Nun, also, Sie haben da einige typische Magenta-Krisen beschrieben.

EMILY: Wirklich?

RIVA: Oh, ja. Hochkreativ sein, sich ausgebremst fühlen, Beziehungen als Störfaktor, sich überwältigt fühlen. Ich glaube, nach heute Abend, mit dem neuen Blickwinkel und dem Wissen, dass sie eine Magenta sind, da hoffe ich, dass Sie erstens etwas weniger streng mit sich sein werden. Und zweitens [unverständlich 00:36:21], dass Sie anfangen zu begreifen, dass Sie bei einer Art Kompetenzaufbau helfen können, um dazu beizutragen, diese Epoche zu stärken. Sie müssen nämlich verstehen, dass Sie zu Dingen fähig sind, um die Sie eine Menge Menschen beneiden werden. Sie sind jung, und das wird nur noch mehr Neid und Ablehnung hervorrufen. Wobei Sie eigentlich nicht so jung sind, wie Sie sind. Da, wo Sie herkommen, sind Sie wahrscheinlich fünfhundertzwanzig Jahre alt, aber hier sind Sie so, wie Sie sind, und das ist sehr jung. Das ist, als wären Sie eine Art Wunderkind. Die Leute werden das hassen, vor allem in der Welt der Zukunft und der Trends und des MoMA, wo alles immer das Neueste und Größte sein muss. Sie müssen also gewissermaßen achtsam mit Ihrer Macht umgehen, wenn Sie verstehen, was ich meine. Bitte, nehmen Sie auch etwas hiervon.

EMILY: [unverständlich 00:37:25]

RIVA: Wenn Menschen zu viel Macht haben, entstehen dadurch Ungleichgewichte. Wenn Sie den Eindruck haben, Sie können beeinflussen, wie andere über etwas Bestimmtes denken, kann ein Ungleichgewicht entstehen. Aber nicht für Sie. Das wird die Menschen verärgern.

Jetzt kommt noch der Umstand dazu, dass Sie bisher wahrscheinlich noch nicht so viel Zeit damit verbracht haben, herauszufinden, wie Sie Beziehungen zu Menschen aufbauen können, weil es einfach nicht spannend genug war und harte Arbeit ist. Vielleicht haben Sie nicht immer total ideal in ihrem eigenen Interesse gehandelt. Es hat etwas von einer Zwickmühle. Sie gehen abends nach Hause und fragen sich immer noch, warum alle so langsam sind. Möchten Sie vielleicht eine von diesen hier?

EMILY: Was ist das?

RIVA: Einer meiner besten Freunde … Hier, bitte. Er heißt Daryl. Er ist eine Stresspuppe. Ich bin keine Magenta, aber Menschen frustrieren mich. Man verhaut sie, und es ist sehr … sehr …

EMILY: Befriedigend?

RIVA: Sehr befriedigend. Vielleicht brauchen Sie eine Möglichkeit, Ihren Frust abzulassen. Sie werden nur selten mit jemandem arbeiten können, der in der Lage ist, Ihr Tempo mitzugehen. Es wird vorkommen, aber es wird selten sein.

EMILY: Lustig, dass Sie das sagen, denn die beste Zusammenarbeit im letzten Jahr hatte ich mit einem Freund, Marcus. Er ist ein junger Künstler, der in den letzten Jahren anfing, richtig berühmt zu werden. In seinen Skulpturen geht es immer um zeitgenössische Unternehmenskultur und Technologie. Für ein Projekt hat er mal eine TEDx-Konferenz in Liechtenstein organisiert, und ich bin mitgefahren, um sie gemeinsam mit ihm zu leiten. Ich hatte eine Metapher für dieses Gefühl von reinem Vergnügen, das ich bei der Zusammenarbeit mit ihm hatte. Es war, als könnte ich zum allerersten Mal so schnell sein, wie ich wollte.

RIVA: Oh, toll. Macht das nicht Spaß? Es wird einige solcher Menschen in ihrem Leben geben, aber die werden selten sein und etwas Besonderes, denn von denen gibt es nicht so viele. Bei diesen Menschen werden Sie sich leichter zu Hause fühlen. Magentas können Beziehungen führen. Aber sie sind schwierig für Sie, deshalb brauchen Sie jemanden, der geduldig ist.

EMILY: Sie sind schwierig für …

RIVA: Sie sind schwierig für Sie, weil Sie dafür unausweichlich langsamer werden müssen, und sensibel für Emotionen. Wie lästig.

EMILY: Aber ich weiß nicht. Ich glaube eigentlich, dass ich für Emotionen sensibel bin, oder jedenfalls weiß ich, dass es mich überrascht, wenn Menschen … Ich habe das Gefühl, dass ich die Emotionen anderer Menschen überdeutlich wahrnehme, und ich fühle mich auch sehr sensibel.

RIVA: Okay, dann habe ich es falsch ausgedrückt. Sie haben vollkommen recht. Sie sind empfindsam dafür, aber Sie haben noch nicht den richtigen Weg gefunden, wie sie sensibel darauf reagieren können. Finden Sie sich darin wieder?

EMILY: Ja, okay.

RIVA: Oh, sie nehmen alles auf, aber Sie müssen erst noch lernen, wie Sie diese Informationen in einer Weise an die andere Person zurückgeben, die sie auch … Himmel, was ist das? Oh, da ist ein Stück Salat reingeraten. Das sah aus wie der Schrecken vom Amazonas. Ich weiß nicht, was das war. Also ja, es gibt Abstufungen davon, was Sie mit diesen Informationen anfangen können. Und deshalb müssen Sie gewisse Entscheidungen treffen.

EMILY: Welche Art von Entscheidungen?

RIVA: Nun, um im Alltag mit der Menschheit klarzukommen, werden Sie Ihre Worte ein wenig behutsamer wählen müssen. Sie werden wahrscheinlich nicht immer das Gefühl haben, hierher zu gehören. Und irgendwann werden Sie wahrscheinlich zurückreisen. Vielleicht reisen Sie im Schlaf zurück. Es gibt alle möglichen Theorien darüber, wie das funktioniert. Ich bin wirklich nicht sehr [unverständlich 00:46:18]. Ich will sagen, dass Sie Drogen auf einer gewissen Ebene besser vertragen als die meisten. Ihr Körper kann sie besser verarbeiten, aber auf einer anderen Ebene schaden sie Ihrem eigentlichen Ziel.

EMILY: Ich habe letztes Jahr damit aufgehört … oder sie jedenfalls sehr, sehr stark reduziert.

RIVA: Eine normale Therapie wird Sie vermutlich abschrecken, aber ich glaube, es gibt einige Methoden, die Sie interessieren könnten. Einige Heilungstechniken … alles, was stark in die Richtung geht, die wir Esoterik nennen, also Heilsteintherapie, Reiki … ich kenne einen Magenta, der viel in einer Pyramide sitzt. Dadurch fühlt er sich stärker verbunden, weil das eher den Schwingungen seiner Heimatwelt entspricht. Alles andere bringt Sie aus Ihrer Mitte, und Sie müssen sich die ganze Zeit anpassen. Das ist zehrend. Wirklich. Es kostet Kraft. Sie brauchen etwas, womit Sie wieder auftanken können, etwas wie ein Zuhause. Da hätte ich verschiedene Vorschläge. Zum Beispiel Marcus. Marcus? Matthew? Wie hieß er …?

EMILY: Mein Freund Marcus, ja.

RIVA: Genau, Marcus. Menschen wie Marcus sind toll. Je stärker sie integriert sind, umso besser. Man wird Sie wohl immer für exzentrisch halten. Die Leute werden immer den Eindruck haben, dass Sie anders oder komisch sind. Das, was ich ganz zu Anfang in Ihrer Aura gesehen habe, das ist wahrscheinlich Ihre Art, sich an das Menschsein anzupassen. Als würden Sie sagen: »Okay, dann bin ich eben Grün und Blau und Violett … Ich bin das alles, weil ich mich als jemand verkleide, die so ist wie alle anderen auf diesem Planeten.«

Das Blau, über das wir gesprochen haben, steht für Fürsorge. Das Grün – und das nicht nur, weil Geld grün ist, denn Geld ist nicht in allen Kulturen grün – Grün ist die Farbe der Geschäfte, des Delegierens und Führens, des Unternehmertums. Interessanterweise ist es auch die Farbe von Personen, für die Dinge materiell sein müssen. Für die etwas greifbar sein muss. Sie können nicht einfach nur rumsitzen und reden und fabulieren … Sie müssen etwas *machen*. Sie müssen etwas erschaffen. Die Kunst muss sich …

EMILY: … manifestieren.

RIVA: Ist die eingeschaltet?

EMILY: Ja, aber …

RIVA: Fühlt sich nicht so an.

EMILY: Vielleicht läuft nur der Ventilator.

RIVA: Warten Sie kurz, ich schalte sie ein, mir ist ein bisschen heiß. Normalerweise ist es hier drin zu kalt. Es ist, als ob ... ja, als wären Sie hier, um uns zu studieren. Sie sind hier, um Informationen über uns in Ihre Heimat zu bringen. Und Sie sind hier, um uns Ihre Technologie zu bringen. Damit Sie uns Ihre Technologie effektiv überbringen können, müssen Sie uns auf halbem Weg entgegenkommen, indem Sie unsere Sprache sprechen, und die ist langsam. Sie müssen alles ein bisschen vereinfachen, damit wir es verstehen. Ich wünschte, ich könnte Ihnen sagen, dass es besser wird. Aber das wird es nicht.

EMILY: Können Sie mir das Weiß erklären, das Sie in meiner Aura gesehen haben?

RIVA: Weiß ist reine spirituelle Energie. Es ist göttliche Information. Da ist etwas, das Sie in Ihren Körper aufgenommen haben. Göttliche Information ist universell. Es spielt keine Rolle, aus welcher Galaxie Sie kommen oder so. Für mich ist sie so etwas wie Licht. Man kann es interpretieren, aber im Grunde ist es nur Energie, die in Sie hineinströmt, und es ist Information. Bei Ihnen läuft den ganzen Tag pausenlos ein Informations-Download.

EMILY: Lustig, dass Sie das sagen. Diesen Sommer war ich einige Zeit in Berlin. Einer meiner besten Freunde vom College hat dort einen Club. Da haben großartige Elektro-Musiker aufgelegt. Ich war ständig da und habe stundenlang ohne Ende getanzt. Da habe ich mich seltsamerweise am klügsten gefühlt. Das habe ich meinem Cousin MC erzählt, der mich wegen sowas immer auslacht, ich habe ihm erklärt, dass einen gute Musik klüger mache, weil die Informationen gleichzeitig in den Kopf und in den Körper gingen. Und er so: »Ja, na klar. Es ist echt nicht normal, sich am schlausten zu fühlen, wenn man komplett drauf in einem Club ist.« In solchen Momenten hatte ich das Gefühl, dass ein Datentransfer stattfindet.

RIVA: War das sowas wie EDM?

EMILY: Ähm ... [unverständlich]

RIVA: Vollkommen richtig. Und das Schöne ist, dass es eine universelle Sprache ist. Jede und jeder von uns spricht auf Musik an. Das ist völlig logisch. Ich könnte mir denken, Sie haben ... damit lehne ich mich weit aus dem Fenster, aber ich glaube, Sie haben eine Stimme in Ihrem Kopf, die extrem selbstkritisch ist, weil Sie bei allem, was passiert, denken »Was habe ich falsch gemacht?«. Sie müssen daran denken, dass selbst Einstein eine Frau und Affären hatte. Stephen Hawking hat seine Frau betrogen. Auch wenn Sie hochintelligent sind, müssten Sie in der Lage sein, Beziehungen und Liebe zu erleben.

EMILY: Manchmal habe ich das Gefühl, ich bin nur von total seltsamen Menschen umgeben. Dann scheint alles instabiler zu sein.

RIVA: Genau, weil diese Art von Energie zur Instabilität tendiert. Die meisten Leute wissen sich nicht zu helfen, also wenn Sie Magenta-Menschen kennenlernen, sorgen diese höchstwahrscheinlich nicht gut für sich. Dann sind Sie auch von Instabilität umgeben. Ja, das ist schwierig. Hier, nehmen Sie einen Glückskeks. Ich habe das Gefühl, sie werden uns eine tiefe Bedeutung offenbaren. Ich habe beschlossen, mein Leben nach Glückskeksen zu leben.

EMILY: Großartig. Das gefällt mir. Was steht in Ihrem?

RIVA: »Um zu hören, müssen Sie mit den Ohren lauschen, nicht mit den Augen.« Das ist wie ein Kartoffelchip. Komplett leere Kalorien. Das ist überhaupt keine Hilfe. Was steht in Ihrem?

EMILY: »Ein gutes Buch ist der beste Freund, heute und für alle Zeit.«

RIVA: Die sind völlig uninspiriert. Das war wohl kein guter Tag in der Glückskeksfabrik. Aber wissen Sie was? Heute auf dem Weg zur Arbeit habe ich etwas gesehen. Im Grand Central, wo die Bibliothek ist, da sind doch diese Platten in den Boden eingelassen, mit Zitaten von Autor:innen darauf, über das Lesen und Bücher und Sprache. Und auf einer davon stand, alles Licht ist Information. Oder alle Information ist Licht, irgendetwas in der Art. Genau auf diese Art laden Sie Informationen herunter.

EMILY: Naja, ich lese sehr gern.

RIVA: Mein liebster Spruch ist »Sie werden mehr Chinesisches essen«.

EMILY: Der ist gut.

RIVA: Subtile unterschwellige Werbung. Oh, wissen Sie, das möchte ich jetzt ehrlich gesagt nicht aufzeichnen. Tut mir leid.

EMILY: Schon gut. Kein Problem.

RIVA: Tut mir leid. Tut mir wirklich, wirklich leid.

3. Ursprünge

Autoritätspersonen mit übersinnlichen Fähigkeiten sind für diese Geschichte von besonderer Bedeutung. Ursprünglich war Seth nämlich als New Yorks bester Junghypnotiseur bekannt geworden. Bevor Roman anfing, bei ihm zu arbeiten, hatte er sich von ihm hypnotisieren lassen. Seine Praxis befand sich an der Upper West Side, einer typischen Gegend für Therapeut:innen im Berufsanfangsstadium. Roman lag auf einer Couch, und Seth führte ihn durch eine Regression: Wo warst du vor einem Jahr um diese Zeit? Wo vor fünf Jahren? Vor zehn? Vor zwanzig? Roman mochte es, auf diese Weise in seine Kindheit zurückzukehren. Nach der Sitzung sagte er, immer wenn sich seine Gedanken dem Gegenstand seiner Hypnose näherten, würde er ihm entgleiten wie eine graue Gumminoppe.

Ich weiß nicht, ob mir Seth die Entstehungsgeschichte seiner Firma an jenem verregneten Abend im Restaurant erzählt hat, oder ob sie mittels gradueller Osmose in mein Bewusstsein gedrungen ist. Auf jeden Fall gelangte ich in den Besitz des Wissens um die Grunddynamik zwischen den beiden Jungs. Während Seth Hypnotherapie praktizierte, betätigte sich Piet als Hobbykeramiker und war darin so begabt, dass er es hätte professionell betreiben können.

eXe gründeten sie in der ersten Wohnung, in der sie nach dem College zusammenwohnten. Das damals noch rein webbasierte eXe-Projekt bezeichneten sie anfangs als »Kunst«, was so viel hieß wie, dass es kein klares Ertragsmodell hatte. Es war nur ein strukturiertes Rumkritzeln unter Freunden. Hier gibt es verschiedentliche Berichte: Der Name komme von X, das die Stelle markiert, oder von der algebraischen Verwendung. Der Name sei eine Anspielung auf die Dateierweiterung. Der Name stamme vom Fluss Exe, der bei Exmouth, in der Auentiefebene Sedgemoor, in den Ärmelkanal mündet. Der Name sei eine Ausgestaltung des Buchstaben X, um die drei Buchstabenfelder zu füllen, die für die Registrierung einer Webdomain erforderlich waren. Anfangs arbeiteten sie nur zum Spaß an eXe, morgens beim Frühstück oder abends auf dem Sofa, wenn sie von ihren Hauptberufen zurückkamen. Aber es dauerte nicht lange, bis sich alles änderte.

Als die beiden an ihrem ersten Start-up-Inkubator teilnahmen, hatte Seth das Schreiben bereits aufgegeben, die erste Schlacht gegen seine Abhängigkeit geschlagen, und stieg gerade kometenartig zum besten Junghypnotiseur von New York auf. Doch trotz seines Erfolgs (Hunderte Referenzen, hohe Stundensätze, beinahe als »Stadtgespräch« im *New Yorker* veröffentlicht), überwogen die finanziellen Vorteile des Start-ups bei Weitem. Funktionierende Start-ups waren die größten potenziellen Gelddruckmaschinen unserer Kultur und damit sogar noch lukrativer als Hedgefonds – nicht, dass er sich mit sowas je befasst hätte.

In diesem Tableau stand Seth für das X, und Piet stand für das Geld. Später sah ich mal ein fast schon ekelerregendes Kinderfoto von Piet – IZOD-Pullover in die kurze Hose gesteckt, die lockigen Haare glatt gekämmt, eine einzelne Locke in der Stirn, die Arme freudig in die Luft gereckt, in einer Hand einen Gameboy, in der anderen ein Bündel Dollarscheine. Piet war tatsächlich ein reiches Kind gewesen, und ein Einzelkind. Als er kurz vor dem Collegeabschluss ein Praktikum bei einer Investmentbank in New York absolvierte, mietete seine Mom ein Dreitausenddollarapartment in Midtown für ihn, damit er sich darum keine Sorgen machen müsse. Um Geld brauchte ich mir als Kind und Jugendlicher nie Gedanken zu machen, erzählte mir Piet. Mir machte Sorgen, dass ich ein Jude aus Florida mit holländischem Vornamen war.

Meine Freund:innen und ich bekamen das Angebot, in der Firma zu arbeiten, als sie sich gerade im Übergang von einem privaten Kult zu einem »richtigen Unternehmen« befand. Sie hatten jetzt das Geld, um Leute einzustellen – aus einer irrwitzig erfolgreichen zweiten Finanzierungsrunde, die ihnen Abermillionen Investmentdollar eingebracht hatte. Und das einzig Konkrete, was die Firma mit diesem Geld machen konnte, war, Talent einzukaufen. Ihre Strategie bestand darin, dass sie mehr zahlten als alle anderen und so viel Luxus boten, wie es nur ging, damit niemand nein sagen konnte. »Wir haben dieses ganze *Spiel*geld«, sagte Piet zu Roman, während er über dessen Schulter hinweg eine E-Mail las. Es war der Entwurf der E-Mail an mich, in der sie mir eine Stelle in der Firma anboten. Sadie bekam eine fast identische Version dieser Mail, nur mit vertauschten X- und Y-Koordinaten. eXe war daran interessiert, bereits bestehende Freundschaften in die Firma zu holen, um so den Zusammenhalt im Unternehmen zu fördern. Sadie fing ein paar Wochen vor mir dort an, da ich immer noch das sanfte Nein praktizierte – absolut konsequent bis hin zum Ja.

Piet war zwar das Symbol für Reichtum, doch für Seth war er auch die Möglichkeit, diesen tatsächlich zu erlangen. Und natürlich brauchte Piet Seth – ohne ihn hätte die Sache nie funktioniert. Seth war der menschliche Faktor der Firma, ihr Charisma, ihr Herz. Er hatte diese auseinanderstehenden Augen mit langen Wimpern, von denen seine hypnotischen Kräfte ausgingen. Und ein düsteres, untrügliches Gespür für die Motivationen anderer Menschen. Gewissermaßen konnte man Seths Hypnosekunst in die Firma integrieren, aber nicht umgekehrt.

Die Sache war die: Bis zum Ende ihres ersten Inkubators hatten sie immer noch Fluchtgeschwindigkeit. Seth hätte immer noch sagen können, ich scheiß auf das alles. Der gewonnene Wettbewerb brachte nicht nur die Finanzierung und die Weihung zu einer »richtigen Firma« mit sich, sondern auch ein Bekenntnis der beiden Jungs zueinander. Es hieß, dass sie alle anderen Optionen ins Korn werfen mussten.

Hinsichtlich meiner Entscheidung, bei eXe anzufangen, muss ich leider betonen, dass mein Blick auf die Entscheidungsfindung durch den systematischen Rückschaufehler verzerrt ist. Die Realität ist schrecklich überdeterminiert. Nachdem dies geklärt ist, hier nun die Gemengelage der Faktoren: Ich hatte mich selbst satt und wollte in die Zukunft stürzen, wollte auf einer Bananenschale ausrutschen und in einer neuen Geschichte landen, ich hatte einen Überschuss an kulturellem und einen Mangel an echtem Kapital. Immer wieder vergaß ich, warum es keine gute Idee sein könnte, dort zu arbeiten. Ich wollte die Verbindung zu meinen Freund:innen nicht verlieren. Ich sehnte mich danach, von den Menschen in meinem Kollektiv wegzukommen. Ich wollte eine größere Bühne und weniger Verantwortung. Ich wollte mehr von dem Saft trinken, der durch die Straßen rann, wollte mich an der Stadt vergiften. Oder vielleicht war der eigentliche Grund der größenwahnsinnigste: Ich sah es als meine Chance, auf der Membran der Wirklichkeit selbst zu schreiben.

4. Modefantasie vom Y Combinator

Y Combinator war das kalifornische Start-up, durch das eXe im Austausch gegen sieben Prozent vom Firmenkapital eine richtige Firma geworden war.

Da ich New Yorkerin war und ein bisschen verrückt und nur eine begrenzte Vorstellung davon hatte, was in so einem Inkubator tatsächlich vor sich ging, funktionierte es für mich in erster Linie als eine Modefantasie. Während ich in den Wochen nach dem Stellenangebot über Seths Vorschlag nachdachte, wurde der Inkubator in meinem Kopf zu einer Art mythischen Zone. Ich stellte es mir so vor, als wäre ich einer dieser japanischen Antiquitätensammler, der Levi's 501 in die Erde eingrub, damit sie eine Patina ansetzten. Das hieß, alles war quälend hochauflösend – wegen einer Überpräsenz an Details, die an den ursprünglich handelnden Figuren wohl völlig vorbeigegangen wären.

Mein Y Combinator hatte quasi den Stil der Elite-Unis, aber aufgemotzt für die nächste Generation, in dem altes Geld und die Codes weißer angelsächsischer Protestanten an die New Economy angepasst wurden, und das Ganze dann auf die Westküste zugeschnitten. J. Press wird saniert und zu Patagonia. Die Haare sind rötlicher. Geschichte rückt in eine verkürzte Perspektive, es gibt weniger Naturfasern, die Stoffe sind fließender. Aber das Gefühl eines hohen ökonomischen Drucks und sprudelnder Energie bleibt dasselbe: junge Männer, die in einem geschlossenen Ökosystem darum wetteifern, die Herrscher des Universums zu werden.

Immerhin gibt es einige sonnenhelle kalifornische Farben zu sehen. Kurze Hosen aus Twill, ein bisschen leichter Fleece. Jedes Stück Stoff ist mit Logos übersät oder zumindest gespickt, Logos von Firmen, die es nie gegeben haben wird. Jeder Gegenstand ist in irgendeiner Form gebrandet, und sei es nur unterbewusst – wenn nicht durch ein aufgesticktes Logo, dann durch eine Farbe oder ein Highlight, einen Streifen reflektierendes gelbes Klebeband, das aus einer offenen Tasche hervorblitzt. Es ist wie mit den Erkennungsfarben von Gangs: Jede Teilnehmergruppe wird mit der Marke identifiziert, die für ihr geplantes Business steht, doch da die Gestaltung dieser Symbole Teil des Wettkampfs selbst ist, und da alle Anwesenden hier Streber sind, schießen immer neue Versionen davon aus dem Boden.

Bedruckte Baumwoll-T-Shirts durchziehen in einer unendlichen Reihe die Landschaft. Ein Jurymitglied steht unter einem Baum, der Mann trägt ein blassrosa T-Shirt mit einer olympischen Fackel auf der Brust und einem grellweißen Apfel im Nacken. Ein anderes Jurymitglied hat einen Hasen, dessen Bauch dreidimensional in Orange, Rot und Grün schillert. Dazwischen finden sich die klassischen Nerd-Memorabilien: ein schwarzes Hemd mit durchbrochener weißer Maschinenschrift: »Du bist nur eifersüchtig, weil die Stimmen zu mir sprechen.« Es gibt Boxershorts. Kapuzenpullis. Tische aus hellem Holz. Ein magentafarbenes iPhone-Ladegerät mit flachem Kabel, das aussieht wie eine Linguine. Kleine Grüppchen von Jungs gehen in dieselbe Richtung. Drei Jungs, vier Jungs, zwei Jungs (unsere). Über all dem sehe ich eine Glaskuppel, von deren Innenseite Kondenswasser tropft.

Eine unsichtbare Hand hebt die Schneekugel an, schüttelt sie ein paarmal zaghaft und schlägt sie dann so hart auf die Tischplatte, dass das Glas zersplittert.

Zwei Jungs krabbeln daraus hervor und werden meine Gebieter.

5. Markenstrategie für Einsteiger

Wie ich in meinem Vorstellungsgespräch bei eXe erwähnt hatte, nahm der Weg, der mich in diese mythische Sphäre führen sollte, seinen Anfang einige Monate nach meinem Abschluss. Es war 2010 und ich eine frisch gebackene Vergleichende Literaturwissenschaftlerin, die gerade begann, die Widersprüche von Arbeit und sinnvoller Arbeit in der großen Stadt zu erfahren. Auch wenn ich meinen Job, diese Pressearbeit-für-Anfänger-Stelle, hasste, hatte sie doch den riesigen Vorteil, dass ich nicht mehr studierte und eigenes Geld hatte. Ich konnte mir richtige gebundene Bücher kaufen, ohne mich von Lehrplänen oder Kanons ablenken zu lassen. In all den Buchläden, die ich vorher gemieden hatte, weil ich befürchtete, darin pleitezugehen, kaufte ich mir stapelweise Hardcover-Ausgaben zum vollen Preis: mürrischen französischen Sozialrealismus, Autofiktion von Frauen, einen großartigen Schundroman über eine Trendforscherin mit 9/11-Trauma und viele mehr.

Fast jeden Tag saß ich dann in der Lunchpause umringt von diesen Käufen auf demselben öffentlichen Platz an der 9. Avenue, las und verfiel in Selbsthass, weil ich schon jetzt wusste, dass diese Zeit eine verlorene sein würde. Die Zeit dehnte und streckte sich wie eine endlose Chemiestunde, meine Arbeitstage spulten sich einer nach dem anderen ab, der Leierkasten kurbelte sich selbst. Und dann, eines Tages, beschloss ich, meine Arbeit nicht mehr zu machen. Vielleicht war es so etwas wie eine marxistische Aktion, die Arbeit auf ein schmales Rinnsal herunterzufahren, statt in Streik zu treten. Allerdings sah ich es damals nicht in diesem Kontext – ich tat es eher aus Leichtsinn. Diese Seite an mir vermisse ich.

Meine Arbeit schien es nicht wert zu sein, getan zu werden: Tausende Screenshots in ein Word-Dokument zu kopieren, die unendliche Schriftrolle, Computer froren ein, weil die Software entgegen ihrer Bestimmung benutzt wurde, mir war, als würde ich mich in eine sprechende Büroklammer verwandeln. Zwar ging ich weiterhin zu den Abendveranstaltungen, weil sich die Teilnahme wegen der wachsamen Augen der Z-Promis und höheren PR-Tiere nicht vermeiden ließ, doch als der Frühling kam, beschloss ich, mir die Tage zurückzuholen. Wie schon Bartleby traf ich jeden Morgen fröhlich in der PR-Firma ein, setzte mich an meinen Schreibtisch oben an der Treppe und verrichtete keinerlei Arbeit. Es dauerte drei Wochen, bis ich gefeuert wurde.

Irgendwann in diesem Zeitraum stieß ich auf einem meiner abendlichen Buchfischzüge bei Barnes & Noble in der 18. Straße auf eine besonders gute K-HOLE-Fallstudie in einem Bildband über experimentelle Sexspielzeuge, während ich in den Regalen zum Thema Sex und Beziehungen stöberte. Der *Cone* war ein pinkfarbener Gummivibrator in Kegelform mit einer kreisrunden Basis vom Durchmesser einer Pomelo. Allem Anschein nach lag ihm keine konkrete Gebrauchsanleitung bei, und er war nicht so beschaffen, dass man ihn leicht hätte einführen können. Die Verantwortlichkeit für seine Bedeutung und Verwendung musste wohl beim Konsumenten liegen. Dieses Produkt forderte ein noch nicht benanntes Publikum zu einem noch nicht bekannten Verhalten auf, es war Teil eines Rätsels, und es konnte ein Kontaktpunkt in dem Stromkreis sein, den wir aus Produkten, Suggestionen, Neologismen und imaginären Marktnischen zusammenlöteten. Bedeutung ist, was du draus machst.

Dann drohte mir zwischen den Sex-und-Beziehungs-Regalen jemand Unangenehmes in die Quere zu kommen, und ich rannte davon und ließ das Buch fallen. Es landete aufgeschlagen auf dem Teppich – in der Stadt musste man seinen Körper immerzu schützen, im Dunkeln geduckt und getarnt umherschleichen und die Gesichtszüge vollkommen erschlaffen lassen, sobald einen jemand länger ansah. Man musste wissen, wie man Menschen ignorierte und sich aus dem Staub machte. Ich war zweiundzwanzig und nie vergewaltigt worden oder schwanger gewesen, eine Art amerikanisches Wunder.

Wenn ich jetzt darüber nachdenke, aus der geisterhaften Perspektive, aus der ich dies schreibe, wie jung muss ich ausgesehen haben. Eine Weichheit, für die ich mich damals schämte, die halb lila, halb schwarz gefärbten Haare, schwarze Zigarettenhose, Kampfstiefel, Pullover aus dem Secondhand-Laden, Arzttasche aus Lackleder, abgekaute Fingernägel und Punk-Eyeliner. Ein Baby.

Komplett aufgeschmissen war ich nach der Kündigung nicht. Ich hatte mich bereits für ein dreimonatiges bezahltes Praktikum in der Strategieabteilung einer Branding-Agentur in Downtown beworben (ohne Krankenversicherung), und die nahmen mich. Im Gegensatz zu dem PR-Unternehmen befand sich die Branding-Agentur in einem richtigen Bürogebäude an der Varick Street über einem Zeitschriftenkiosk und einem McDonald's, unweit der Stelle, an der sich die Automassen in den Holland Tunnel zwängen. Die Agentur teilte sich eine Etage mit dem Wahlvorstand der Stadt New York. Vier Aufzüge kletterten langsam die zwölf Stockwerke hinauf, hielten auf jeder Etage und waren stets gut gefüllt mit mittleren Marketingmanager:innen und mit U-Bahn-Schweiß durchtränktem Popelin. Ständig fürchtete ich, jemand könnte mithören, was auf meinen Kopfhörern lief, auch wenn es eigentlich gar nichts Peinliches war.

Was ich extrem luxuriös fand, war, dass im Schrank hinter der Rezeptionistin ein Stapel Moleskines lag, an dem wir uns nach Lust und Laune bedienen konnten. Die Rezeptionistin war im selben Jahrgang und auf derselben Uni gewesen wie meine Vorgesetzte, schaffte es aber aus irgendeinem Grund nicht weiter nach oben. Es fiel mir schwer, zu analysieren, was den Unterschied zwischen diesen jungen Frauen ausmachte. Meine Vorgesetzte und ich waren ziemlich verschieden, da wir vier Jahre auseinanderlagen. Sie hatte ihren Abschluss vor der Finanzkrise gemacht und ich meinen danach, was bedeutete, dass sie immer davon ausgegangen war, mit einem guten Abschluss von einer Elite-Uni einen guten Job in New York zu bekommen, wohingegen mir diese Vorstellung fremd und riskant erschien. Ich hatte mitangesehen, wie meine angeblich hochtalentierten Kommiliton:innen mit Veni-vidi-vici-Grinsen nach Brooklyn hineinschlenderten und voll auf die Schnauze fielen.

An den ersten Tagen meines Praktikums war nicht viel zu tun, und so verbrachte ich die Zeit zwischen meinen Aufgaben damit, die Bücher zu lesen, die mich zur Begrüßung und Einarbeitung auf meinem Schreibtisch erwartet hatten: *Marke, Marke, Marke, No Logo, Der Lovemarks-Effekt, Pattern Recognition* und noch einige andere. Die Haltung dieser Bücher bezüglich Corporate Identity war eine Mischung aus Pro und Kontra, Sachbuch und Roman – ein früher Hinweis darauf, dass all diese Register im Branding vermischt wurden. Zur Ergänzung dieses Stapels bestellte ich mir ein wissenschaftliches Buch (*Brands: The Logos of the Global Economy*), weil ich einen Filter brauchte, der mir real erschien. Ich fand es seltsam, dass es »die Marke«, aber »der Brand« hieß. Aber so konnte ich mir selbst einiges über Marken beibringen.

Die wissenschaftliche Quelle, ein nüchterner grauer Band mit eng gedruckter Serifenschrift, bot eine glaubwürdige, wenn auch irgendwie undurchsichtige intellektuelle Definition davon, wie das alles funktionierte:

> Dieses Buch vertritt die Vorstellung, dass die Marke eine Alternative zu oder ein Ersatz für die rationale Ordnung der Vernunft bzw. des durch den Preis etablierten »logos« der Ökonomie darstellt, und ist damit ein Beispiel für einen Gegenstand der Ökonomie, der bereits selbst ein Ding von Wert ist. Im Speziellen ist [die Marke] ein Beispiel für ein Objekt, das uns einen Einblick in die Organisationsweise der Ökonomie verschafft, und sie tut dies in einer Form, welche die weitreichende, aber begrenzte Rationalität einer konventionellen preisgetriebenen Marktwirtschaft um eine qualitative Intensität bereichert. Die Marke strukturiert die Aktivitäten des Marktes wie eine Schnittstelle. Sie ist ein privilegiertes Übersetzungsmedium, gleichermaßen eine Mediation der Dinge und eine Verdinglichung des Mediums.[1]

Die Vorstellung, dass wir uns irgendwie außerhalb der »rationalen Ordnung der Vernunft« befänden, fand ich einerseits aufregend, andererseits deckte sie sich mit meinen bisherigen Erfahrungen. Ein gewisses leeres Gefühl von Markenwahnsinn ging noch stärker aus einem anderen Buch hervor, das deutlich kommerzieller gestaltet war – quadratisches Format mit schwarz-rotem Hochglanzumschlag, randabfallenden Bildern und Achtzehn-Punkt-Schrift.

> Um unsere Angestellten und Partner zu inspirieren, mieteten wir ein sehr großes, sehr nobles Hotel in Toronto an. Alle waren da: der Handel, sämtliche Abfüller, die Medien. Meine Rede drehte sich nur um Konkurrenz. Wie Pepsi gerade Coca-Cola geschlagen hatte, und wie Kanada in derselben Weise im Wettbewerb mit Amerika bestehen konnte. Etwa in der Mitte meiner Präsentation rollte ein riesiger rot-weißer Coca-Cola-Automat auf die Bühne. Ich ignorierte es. Als meine Rede beendet war, griff ich hinter das Rednerpult, holte ein Maschinengewehr hervor und fing an, auf den Cola-Automaten einzuballern. Menschen versteckten sich unter ihren Tischen, andere rannten zur Tür. Es war unglaublich. Die Macht von Humor und Marken zu ganz unterschiedlichen Zeiten. Und es hat unserem Vertriebsteam mächtig Dampf gemacht.[2]

Dennoch war es das prosaischste Buch in diesem Stapel, eine Sammlung von Fallstudien im spiralgebundenen Plastikumschlag, zusammengestellt von anderen Strategieberater:innen, das wirklich zum Kern der Thematik vorzudringen schien:

> Immer wenn wir nicht weiterkommen, besinnen wir uns auf das Wesentliche. Die Marke wird von den Kunden festgelegt, nicht von uns. Wir selbst können eigentlich überhaupt nichts festlegen. Das ist die Basis von allem. Wir müssen immer und immer wieder auf den Markt zurückkommen, auf die Kunden, auf die Gesamtsumme dessen, was sie denken. Das ist schlicht und ergreifend *der Toyota-Weg*.[3]

In diversen Besprechungen bekam ich nun immer wieder den Entstehungsmythos der Agentur zu hören. Im London der Sechzigerjahre war die Idee geboren worden, die Markenbildung, also das Branding, als von der Werbung getrennte Disziplin zu betrachten; ein semi-spirituelles Konzept, mithilfe dessen die Persönlichkeit eines Unternehmens entworfen, mit Leben gefüllt, ausdefiniert und propagiert wird. Eine einzigartige Form der Macht, und sie waren ihre Verwalter. *»Jede Organisation hat eine Identität, egal ob sie gesteuert wird oder nicht. Ein Corporate-Identity-Programm macht sich diese Identität zunutze und lenkt sie im Sinne der Interessen des Unternehmens.«*

Nach und nach brachten sie mir das Handwerkszeug unserer Zunft bei, wie das Venn-Diagramm und The Square, und dann sollte ich mein eigenes Blendwerk erstellen, das Macrotrend-Netz. Das Venn-Diagramm drückte die zentrale »Markenidee« eines Unternehmens aus, indem es »was ist das Besondere daran« und »was braucht die Welt« zueinander in Beziehung setzt und in der Schnittmenge einen eingängigen, anregenden Slogan entwirft. The Square weist dieser Markenidee ihre Ausprägungen in vier Quadranten zu: Produkte und Dienstleistungen, Umgebungen, Kultur und Kommunikation. Das Macrotrend-Netz war ein jüngeres Format, das kulturelle Strömungen verfolgte und Hinweise darauf lieferte, inwiefern sie die allgemeine Aufnahmebereitschaft für eine Marke beeinflussten. Ich bekam die Aufgabe, die neueste Version davon zu erstellen, weil man in der Abteilung meinte, ich würde »was mit Trends machen«.

MACROTREND 1
Herkömmliches Geld > alternative Währungen

Da Kunden nach der Rezession Wert neu bemessen und durch neue Technologien neue Formen des Tauschhandels geschaffen werden, erfährt Geld eine radikale Neudefinition, und das nicht nur an den Rändern der Gesellschaft. Seit in Sozialen Medien Einflussnahme gegen Waren und Dienstleistungen eingetauscht werden kann, bekommen umgangssprachliche Wendungen wie

»soziale Währung« eine wörtliche Bedeutung. Wenn Verbraucher aus einer größeren Zahl von Währungen auswählen können, wird die Marke zum Schlüssel für die Entscheidung zwischen den Optionen.

Ich teilte mir einen Schreibtisch mit einem Kundenbetreuer, der sich augenscheinlich die Arme rasierte (und womöglich auch die Brust). Er hatte mit Leuchtklebeband ein quadratisches Stück Papier auf die Wand hinter seinem Bildschirm geklebt, auf dem in Blockbuchstaben »WÄHLE ZWEI« stand, darunter ein Dreieck, an dessen Ecken »GELD«, »SCHÖNHEIT« und »SINN« stand. Er hatte »SINN« durchgestrichen und ein Ausrufezeichen daneben gemalt. Um uns herum strichen Grafikdesignerhandgelenke über Wacom-Tablets, ihre Eingabestifte hüpften wie Salamander von Pixel zu Pixel.

Ich wusste nicht, ob ich nach Ablauf der drei Monate hier einen Job bekommen würde. Die Vorstellung, kein Geld zu haben, erfüllte mich schon im Voraus mit Selbsthass. Bleierne Angst. Prophylaktische Selbstvorwürfe. Ein Teil von mir glaubte immer noch, dass die Menge an Geld, die man verdiente, proportional dazu stand, wie viel man arbeitete. Aber ich sollte schon bald eines Besseren belehrt werden.

Ich wollte nicht wieder einen Job wie meinen ersten oder schlimmer. Und mir gefiel die Herausforderung, mich unter Menschen zu bewegen, die sich perfekt ausdrücken konnten, so wie meine Vorgesetzte, und hochbezahlte Arbeit für Konzerne verrichteten, die weniger demütigend war, als mit einem iPad vor dem Indochine zu stehen oder Screenshots zu machen, bis mir die Augen bluteten. Also kniete ich mich rein und lieferte mehr, als verlangt wurde. Nach kurzer Zeit machte ich eine neue Beobachtung: In Präsentationen zur Markenstrategie war es vollkommen akzeptabel, zu verallgemeinern, zu globalisieren, Annahmen als Wahrheiten zu behandeln, aus dem Handgelenk zu plagiieren, soziologische Daten falsch zu deuten und Schlimmeres, solange es überzeugend war und ein konsistentes Narrativ ergab. Methodisch gesehen war es das Gegenteil von allem, was ich an der Uni gelernt hatte. Es gab mir das erregende Gefühl, mich im freien Fall zu befinden. Jenes Gefühl, nachdem ich mich immer gesehnt hatte, wenn ich versucht hatte, Geschichten zu schreiben.

Am College hatte ich die echten Jungliterat:innen, die ernsthafteren angehenden Autorinnen und Autoren, praktisch als beschränkt angesehen – wenn sie nichts anderes lernten als schreiben, worüber sollten sie dann schreiben? Es schien mir ein logischer Fehlschluss zu sein. Dennoch hatte auch ich in diesem Fach herumdilettiert und einige Kurse belegt. Einerseits reizvoll, waren sie andererseits auch voller wirrer Robert-Coover-Geschichten, und meine Kommiliton:innen gerieten über eine einzelne, in verschiedenen Dimensionen beschriebene Vergewaltigungsszene ins Schwärmen. Sollte ich das auch gut finden? Ich war eine von ihnen, und zugleich war ich es nicht. Ich wusste es nicht – ich quälte mich damit.

Genau wie meine Prosa-Dozentin mich vor dem versammelten Kurs angeblafft hatte: »Sie sind zu abwertend gegen sich selbst, zu abwertend gegen Ihre Texte und zu abwertend gegen Ihren Freund!«, was stimmte, eventuell aus dem Grund, dass ich eigentlich überhaupt keinen Freund hätte haben sollen – nicht, dass ich das damals irgendjemandem geglaubt hätte. Und es stimmte, diese Texte früh morgens im Computerraum des brutalistischen Naturwissenschaftsgebäudes zu schreiben, brachte dasselbe ausgedörrte, grellweiße Gefühl hervor wie meine Gefechte mit lesbischem Sex als Jugendliche, und darauf folgend eine ähnliche Resignation: *so erregend, aber auch so schmerzhaft, es muss doch einen einfacheren Weg geben.* Die Unerträglichkeit ernsthafter Zurückweisungen, der Wunsch, sich jede Lebenssituation mit einem Trick zu erleichtern: das darf man bei einem heranwachsenden Bewusstsein nie unterschätzen. Ich dachte, einen unveröffentlichten Roman in der Schublade zu haben, wäre das ultimativ unerträgliche Versagen. Ich war darauf trainiert, Demütigungen um jeden Preis zu vermeiden.

6. Mitläufertum

ICH: bist du von den bullen vermöbelt worde
ICH: n
HANNAH: nee
HANNAH: ich bin pazifistin
HANNAH: vielleicht werd ichs morgen
ICH: im möbelhaus vermöbelt
HANNAH: und die ganze welt schaut zu
HANNAH: hab mich da mit einem der Sicherheitsleute unterhalten
HANNAH: der hat gesagt, ich soll den bronx river runterpaddeln
HANNAH: und dass das cbgb's n drecksloch ist
HANNAH: »aber ein scheißgeiles drecksloch
HANNAH: «
ICH: »CBGB, KLAAAA?«
HANNAH: ganz genau
HANNAH: »vierte generation staten island«
HANNAH: »paar jahre im east village gewohnt«
ICH: erinnert mich irgendwie um drei ecken an den boston brahmanen
HANNAH: »vor lauter Spaß sind mir die haare ausgegangen«
HANNAH: genau
ICH: baldforlife.com
HANNAH: jedenfalls 99%
ICH: google gerade »virale gurus«
HANNAH: loll
ICH: mach mir sorgen, dass meine trends nicht prägnant genug sind
ICH: :X
HANNAH: hmm
HANNAH: naja
ICH: wahrscheinlich können trends gar nicht prägnant sein

ICH: weil sie erfunden sind
ICH: hahahahahah
HANNAH: loll
HANNAH: ist das wie in komparatistik, wo man einfach verrücktere thesen raushaut, damit es cooler aussieht?
ICH: so ähnlich

Die meiste Zeit meines Branding-Praktikums verbrachte ich damit, ein Netz aus Trends zu weben, um meinen Strategiekolleg:innen etwas darüber beizubringen, aber der offensichtlich wichtigste aller Trends war Occupy Wall Street, und obwohl das direkt um die Ecke war (zweieinhalb Kilometer entfernt, um genau zu sein), nahmen meine Kolleg:innen es nicht besonders ernst. Meine Chefin fuhr immer mit ihrem Hedgefonds-Freund und ihrer Louis-Vuitton-Speedy-Handtasche in die Hamptons, um auf diese Art ihre Markenkenntnisse zur Schau zu stellen. Die Spiegelglasscheiben vom Zeitschriftenkiosk im Erdgeschoss waren zugekleistert mit Terry Richardsons Aufnahmen von Kim K in Kleopatra-Gold. Was, wenn das alles für die Katz ist?, fragte ich mich …

Ich ging nach unten, um mit der Sekretärin vom Chef eine zu rauchen. Sie war so ein teilweise adrettes, ungehobeltes Barmädchen. Es war kurz vor Feierabend, und ich sagte, ich würde rüber zu Occupy gehen, und sie schnaubte, hustete und sagte: »Wozu, um das eine Prozent zu repräsentieren?« Zu der Zeit teilte sie sich in Brooklyn ein Zimmer mit ihrem Freund und konnte sich kein eigenes leisten. Sie kam immer zu spät ins Büro, weil sie an SCHLAFLOSIGKEIT litt, mit anzüglichem Lächeln, zerzausten Haaren und Minirock, und am Ende des Flurs lachte sich der Chef, der einen eher altmodischen Stil pflegte und für den eine so unflätig ausgelassene Brünette etwas Erfrischendes hatte, fast schief. Und was war noch mal der Unterschied zwischen ihr und mir? Oder ihr und meiner Vorgesetzten, oder auch zwischen ihr und der Abteilungsleitung? Auf dem Weg zu unseren Mormonenkunden in D. C., meiner ersten Geschäftsreise, las unsere Chefin ein Buch über Golden Retriever.

Glaubte sie, *wir* wären das eine Prozent? Damals dachte ich wohl, sie täte es. Ich dachte, sie hielte die prekären Kulturarbeiter:innen, die den Großteil ihres Lebens darauf verwendeten, die Ultrareichen noch reicher zu machen, und unterdessen unerhört teure, kleine Apartments in New York mieteten, für das eine Prozent, und ich hielt das für verrückt. Als sprächen meine Kolleg:innen mit der Stimme der Marke und würden selbst eins mit ihr werden – als ob ihnen die wahre Macht der Marke innewohnte oder als ob sie diese irgendwie mit sich herumtrügen. Rückblickend betrachtet, war ihre Bemerkung wahrscheinlich eine klassenbezogene Beleidigung gegen mich. Ich denke, ich gab mich zu der Zeit besonders bürgerlich, hüllte mich in einen durchsichtig schillernden Kokon aus augenscheinlichen und vorgetäuschten Privilegien – trotz (oder wegen) meines von Kopf bis Fuß schwarzen Second-Hand-Looks inklusive Mottenlöchern.

Aufgewachsen bin ich mit tonnenweise Klassenprivilegien, einschließlich eines schuldenfreien Abschlusses von einer Elite-Uni, an der mein Großvater früher Professor war. Und trotzdem verloren meine Eltern in meiner Jugend immer wieder ihre Jobs und schienen nie Geld auf dem Konto zu haben. Mir war absolut nicht klar, a) wie viel Geld die Mitglieder meiner weiteren Verwandtschaft besaßen, und b) auf wie viel davon ich in einem Notfall würde zurückgreifen können, da viele Geschichten meiner Eltern Muster von Verheimlichungen innerhalb der Familie aufwiesen. Obendrein identifizierten sich meine Eltern selbst mit »den Reichen« und bezeichneten sich als »solide Mittelklasse«, was mich als Kind komplett verwirrte und mir die Vorstellung vermittelte, der Begriff »Klasse« sei eine Art komplizierte Lüge, was keine ganz falsche Betrachtungsweise ist. Meine Großeltern haben meine Studiengebühren bezahlt. Meinen Eltern wurden mehrfach ihre mietpreisgebundenen Wohnungen gekündigt. Ich versuchte, reich zu wirken, weil das wichtig war, um das Vertrauen reicher Leute zu gewinnen. Alles in allem war ich total überprivilegiert und empfand gleichzeitig finanzielle Unsicherheit, ein Zustand, der vielen New Yorker Jüdinnen und Juden im Laufe der Geschichte gemeinsam war.

Für mich bedeutete Occupy: eine Zigarette mit der Assistentin vom Chef zu rauchen, dann zu Fuß nach Downtown zu gehen, um Greta zu treffen, auf dem Kolonialfriedhof eine Xanax einzuwerfen, mir die Trommeln anzuhören oder mich auf die Suche nach Hannah zu machen, die vor den Polizisten herumtänzelte und flüsterte »aber ich BIN das eine Prozent«, sobald diese nach ihren Handschellen griffen. Mit gespreizten Fingern wackeln, menschliches Mikrofon, weiterziehen, um meine Debitkarte im China Chalet abzuholen, noch eine Runde drehen, wenn Hannah schließlich festgenommen wurde, einmal außenherum schlendern wie um einen Jahrmarkt. Einmal fragte ich Max danach, und was sagte er? Die Leute taten etwas Legitimes, aber hauptsächlich zu ihrem eigenen Vergnügen. Wir waren jung, zynisch und auf Benzos und glaubten nicht daran, dass aus dieser Sache irgendetwas Gutes erwachsen könnte. Wir glaubten nicht, dass überhaupt etwas Gutes geschehen könnte.

Ich hatte das Gefühl, aus ästhetischen Gründen (Didgeridoo) selbst nicht mitmachen zu können, und fand das Mitläufertum selbst über alle Maßen peinlich. Außerdem wäre es von mir weder aufrichtig noch legitim gewesen; ich hielt das kapitalistische Patriarchat für genozidal und verdiente gleichzeitig meinen Lebensunterhalt damit, dass ich Marken für Konzerne entwickelte. Angst vor Heuchelei, und als Heuchlerin geboren – beides unverzeihlich. Beim Workmen's Circle, einem sozialistisch-jiddischen Arbeiterschülerfreizeitprogramm, zu dem ich als Kind einige Male ging, flüsterte mir meine Mutter zu, als sie mich in Highheels abholen kam: »Das ist nicht unsere Schicht.« Wenige Wochen später wurde uns die Wohnung gekündigt, also wäre es vielleicht doch unsere Schicht gewesen. Wir hatten keine Synagoge. Ich bin nie in einer gewesen. »Nur Gott kann einen Baum schaffen« war der einzige religiöse Gedanke, der in unserer säkularen jüdischen Familie je geäußert wurde. Gott war anderswo, nicht bei uns. Zumindest nicht laut ausgesprochen. Was aber artikuliert wurde, war klassistische Verachtung/Mitleid für jene, die die Liedtexte auswendig kannten und mitsangen – das war das Ausrufezeichen-Judentum, mit dem ich in New York aufwuchs.

Jüdischsein als dunkles Vermächtnis und Konsum-Identität. Eine vom Tod durchzogene Konsum-Identität. Ein paar Wochen bevor ich ans College ging, erzählte mir mein Cousin, ich müsste da nicht mehr mitmachen (da ich nun den Fängen meiner Eltern entronnen sei, könne mich niemand dazu zwingen), und so ließ ich es bleiben und zog stattdessen mit meiner neuen besten Freundin Sadie um die Häuser, und wir erschufen uns ein eigenes Universum nur für uns beide. Auch sie war eine New Yorker Jüdin mit ähnlichen Schäden wie ich, aber einem reineren Herzen, und wir wurden unzertrennlich. Occupy war das Mitsingen, es war alles, was ich zu hassen gelehrt worden war – von mir selbst und von Quellen, die sich außerhalb meines Einflussbereichs befanden. Mein Milieu – in kultureller, demografischer, urbaner und arterieller Hinsicht gleichermaßen.

Welche Strecke verbindet Zuccotti Park und Ground Zero? Folgt man ihr und blickt von dort aus nach oben, findet man die Antworten. Das Paar, das im Park Tennis spielte, als wäre nichts, während wir an jenem Tag in düsterer Stimmung mit unserem Dad nach Hause gingen. Das Klassenzimmer meines Bruders, wo es hieß, es sei definitiv ein Unfall gewesen, Wochen voller Bombendrohungen, in denen ich manisch die Mathehausaufgaben von Monaten löste, um dem tränenreichen, sich auf die Brust schlagenden »Patriotismus« der Erwachsenen um mich herum zu entfliehen (und dann, als die Schule wieder losging, wegen der schieren Masse meiner Trauma-Rechenaufgaben in einen so anspruchsvollen Mathekurs gesteckt wurde, dass ich ihn nicht packte). Rückblickend betrachtet, war der 11. September 2001 der Tag, an dem sich das leere Gefühl einnistete und meine apathische Haltung gegenüber Scheinheiligkeit ihren Anfang nahm, und wenn in den Nachrichten mal wieder von einer Schießerei berichtet wird, holt es mich immer noch ein: das große Nichts. Die Schnittmenge aus diesen beiden Größen, unsere spezielle Ausprägung des säkularen Judentums und die Trauma-Hausaufgaben vom 11. September, ergibt den Grund dafür, dass ich dabei nicht richtig mitmachen konnte oder wollte oder es jedenfalls nicht tat.

Meine Kolleg:innen im Markenmanagement andererseits waren zu Recht verblüfft über Occupy Wall Street, da sie schließlich die Ideologie, Marken würden die Welt zu einem besseren Ort machen, selbst zusammenrührten und konsumierten. Ich war anderer Ansicht. Bestenfalls ließe sich sagen, Marken trügen dazu bei, die Welt überhaupt zu einem Ort zu machen. Das Londoner Büro hatte gerade eine Nationalmarke für Liechtenstein entworfen, »Nationenbildung« betrieb die Agentur ganz gewiss. Viel offensichtlicher, für mich, war, dass es in keiner Sphäre etwas eindeutig moralisch Gutes gab. Jede Marke war die Extremform einer Beziehung zwischen Text und Bild, die von mehreren Akteuren erschaffen wurde. Es gab keinen Autor, und wie in jedem Tod-des-Autors-Szenario stellte sich die Frage: Wo lag dann die Verantwortung? Wie konnte man sie finden? Mir erschien das intuitiv logisch, denn ich hatte mich mit dem Nichts behaglich eingerichtet. Jede Position außerhalb des Nichts hielt ich für trügerisch. Ich sah in jedem Szenario beide Seiten. Eine charmante kleine Moralrelativistin, ein junges Branding-Genie in Zeiten von Occupy Wall Street.

Ich sollte mich mit dem Mann meiner Chefin, einem Anthropologen, in einem koreanischen Restaurant treffen, um ihm Occupy zu erklären. Ich fand es ungemein seltsam, jemanden etwas erklären zu lassen, das direkt um die Ecke in aller Öffentlichkeit stattfand. Meine Kolleg:innen hatten mehr Distanz dazu, und genau diesen Abstand vermisse ich manchmal: dieses nebulöse, fliegenvergitterte, abgeschirmte Gefühl eines Lebens auf Spesenkonten und Erlebnissen auf Bestellung. Ich fand es immer irgendwie lustig, dass sie meine Herangehensweise an die Welt – die für sie ebenso zum Greifen nah war wie für mich – als irgendwie geheimnisvoll betrachteten.

Nach Ablauf der drei Monate wurde aus dem Praktikum eine Festanstellung. Um die oben umrissenen Widersprüche zu vereinbaren, fing ich an, jeden Morgen 30 mg XR Adderall zu nehmen und jeden Abend vergleichbar starke Ativan. Ganz angetan von diesem Krieg gegen meinen Körper, wurde ich immer dünner. Von Kolleg:innen erntete ich immer größere Begeisterung über meine

Arbeit, kombiniert mit negativem Feedback zu meiner Miene und meinem Tonfall. Von meinem Innenleben erhielt ich Freudenschübe, Schlafmangel, eine unablässig summende Angst. In meinem Apartment in Chinatown blieb ich an den Abenden lange wach. Ich konnte die Miete bezahlen und es mir leisten, auswärts zu essen. Es war ein Gefühl von düsterer Euphorie.

Nach genau zwei Jahren kündigte ich in der Agentur, als ich eine Präsentation für einen ganz unverhohlen bösen Luftfahrttechnik-Konzern halten sollte, der auf der ganzen Welt Kriege anheizte. »Was würdest du als neues (überarbeitetes) Logo vorschlagen?«, fragte man mich. »Ich sage es euch, aber wenn wir für die arbeiten, kündige ich.« Das war kein Problem. »Eine goldene Spirale …« Ich hatte das Gefühl, dass sich dieser Kunde aufgrund des ungewöhnlichen Fehlens jeglicher Ambiguität außerhalb der Grenzen des Nichts bewegte. Sie verwendeten Technologie selbst als Waffe. Andere Kunden benutzten subtilere Waffen, wie etwa zusätzliche Treuepunkte oder Cafés in Geschäftsräumen von Privatkundenbanken.

Oder vielleicht bekam das Nichts allmählich Risse. Kurz darauf kam Hurrikan Sandy, und ich war sicher, die Welt würde untergehen. Um Geld zu sparen, zog ich bei meinem Freund ein und dachte beim Orgasmus oft an Frauen.

7. Bewusstsein/Kuchen

Nach der Normcore-Explosion konnte K-HOLE ein Sammelsurium an Beratungsprojekten mit den großen Marken an Land ziehen. Eines hatten wir in der Zwischenzeit auf die harte Tour gelernt: Jedes Honorar, gerecht durch fünf geteilt, minus New Yorker Mieten, ergab null. Diese Kluft zwischen großer Bekanntheit und Kontostand war typisch für die finanziellen Erfahrungen unserer Generation, so sehr wir uns in jener Zeit auch von dieser disidentifizierten. Mein Empfinden von Generationsidentität entsprach letztendlich dem, was wir in Ausgabe 4 von K-HOLE geschrieben hatten: »*Sie sind ein Skorpion, ob Sie nun an Astrologie glauben oder nicht.*«

Die eXe-Jungs waren sogar noch karikaturhafter als wir; das Gründerpaar wurde in der Öffentlichkeit stärker dafür wahrgenommen, dass sie bei Tech-Konferenzen Sonnenbrillen auf der Bühne trugen und sich mit den Regeln des Google-Algorithmus anlegten als für ihre Entwicklung transformativer Technologien. Aber es gefiel mir, dass sie aus der Nähe betrachtet ein noch merkwürdigeres Bild abgaben. Die Schrullen und der Größenwahn der Jungs regten meine Fantasie an. Darüber hinaus raste ich natürlich kopfüber auf eine richtig scheußliche Finanzlage zu, um die zu vermeiden ich überhaupt erst mit dem Branding angefangen hatte. Während das Geld den Reiz des Jobangebots von eXe also sicher deutlich erhöhte, war der wichtigste Faktor in meiner Entscheidung allerdings eine Art Schwanzvergleich, der zwischen mir und meinem Künstlerfreund Marcus lief.

Marcus' künstlerische Arbeiten behandelten die Kultur und Ästhetik der Tech-Welt. Er liebte es, einzelne Fragmente aus der Technokratie herauszupflücken und auf eine Bühne zu bringen. Ein Beispiel, das ich bei der Konferenz in München gesehen hatte, auf der wir uns kennengelernt hatten, war »Der Kuchen«. Es war eine Softskulptur aus achtundvierzig weißen Schichtkuchen von jeweils dreiundzwanzig mal dreiunddreißig Zentimetern Größe – dem Standardformat, das man in jedem Supermarkt in einer Verpackung aus geprägtem Plastik kaufen konnte. Die Kuchen waren auf drei Ebenen angeordnet, sodass sie eine semi-pyramidale Form annahmen, ein bisschen wie ein Maya-Tempel. Auf der Oberseite jedes Kuchens war mit Siebdruck eine digitale Collage aufgebracht, die jeweils eine der Panel-Diskussionen der Vorjahreskonferenz zusammenfasste. Die ganze Veranstaltung zu Zuckerwerk verarbeitet. Wenngleich in ihrer Struktur vergänglich, nahm diese Skulptur doch einen dauerhaften Einfluss auf mein Leben. Manche Zeichen sind auf eine Art bedeutsam, die man nicht auf Anhieb versteht – man weiß, dass etwas latent Unheilvolles darin schwelt, aber man kann die Botschaft noch nicht entschlüsseln. Da liegt das Tarot des Lebens in Gänze vor einem ausgebreitet und bräuchte nur gelesen zu werden – aber man liest es nicht.

8. Die Konferenz

Zufälligerweise war jene deutsche Innovations-Konferenz, auf der ich Marcus kennenlernte, auch die, auf der ich die Gründerjungs zum ersten Mal zu Gesicht bekam.

Auf dem Hinflug saß ich neben einem Redakteur der *New York Times*. Es war das erste Mal, dass ich mich mit einem Sitznachbarn unterhielt. Als wir unsere Koffer über den geschliffenen Betonboden im Münchner Flughafen rollten, ernannte ich ihn praktisch zu meinem Kindermädchen und lief ihm so lange nach, bis wir andere Leute trafen, die auch zu dieser Konferenz wollten und mit denen wir in einem gecharterten Audi in die Stadt fuhren. Die erste Nacht verbrachte ich allein in einem kleinen, abgeschiedenen Hotel der altmodischen Art, in dem mich die Organisatoren untergebracht hatten. Fünf Sterne, was in diesem Universum bedeutete, dass sich der Service geistergleich außerhalb der Sichtbarkeit abspielte. Alles war buttergelb. Die Check-in-Zeit war genau festgelegt, und ich war zu früh dran, also musste ich mit meinem Köfferchen auf einer Chaiselongue aus feingewebtem Cord warten, meine schweren Lider öffneten und schlossen sich, während ich in dieser aus einem anderen Jahrhundert stammenden Version von Luxus immer wieder einnickte. Die einschläfernde Schriftrolle, so hatte mein Kollektiv die Erfahrung des endlosen Dokumentkonstrukts genannt, jene endlose Schriftrolle, die sich in einem gräulich-schwarzen Horizont jenseits der Zeitzonen verlor, während man, weder wachend noch schlafend, auf seine Tastatur sabberte. Aus dem Nichts erschien ein Page und teilte mir mit, ich dürfe mich am Frühstücksbüffet bedienen, sofern ich das wünschte. Ich rollte meinen Koffer in den winzigen Aufzug (holzgetäfelt) und fuhr in den mit butterblumengelbem Teppich ausgelegten ersten Stock. Allein an einem Tisch, winzige Brie-Ecken auf einem

Teller, eine Schale Müsli und Milchkaffee, war ich auf einmal verunsichert wegen meines Äußeren. Eigentlich hübsch, aber jetzt mit langen, fettigen schwarzen Haaren, schwarzen Eyelinerklumpen am unteren Wimpernrand, einem zu großen, grauen, unter dem Kinn zugebundenen Kapuzenpulli, und dazu ein safrangelber Nylonkoffer voller Bremsspuren (wird der Ausdruck inzwischen nur noch fäkal verwendet?). Alle anderen in diesem Frühstücksraum sahen alt und deutsch aus, *spießig* (was so viel heißt wie gediegen, gojisch, konservativ, einfach). Dieses Gefühl war mir nicht fremd. Morgens um sechs im Hochgeschwindigkeitszug von New York nach Washington, D. C., mit dem ich in der Anfangszeit bei der Agentur oft fuhr, wenn wir für *National Geographic* (cool) oder das Marriott (die Hölle) consulteten, beäugten mich die älteren Typen argwöhnisch … war ich wirklich eine Prostituierte, wie mein Alter und meine Aufmachung vermuten ließen? Aber wer würde sein Zuckerpüppchen in den Sechs-Uhr-Zug setzen? Auf diesen Zugfahrten lernte ich die besten Methoden, um andere davon abzuhalten, sich direkt neben einen zu setzen: a) sich ein Taschentuch vor den Mund halten und laut und produktiv husten oder b) gut sichtbar so etwas wie *Die 48 Gesetze der Macht* lesen. Aber in München versuchte das niemand. Der Käse war aufgegessen, eine Stunde war verstrichen, und ich ging hinauf in mein Zimmer, das eng und plüschig war. Zwei zusammengeschobene Einzelbetten mit jeweils eigener Decke. Das Bad war aus allen vorstellbaren Winkeln verspiegelt, sodass man sich mit Zähnen, Haut und Schädel bis in die Unendlichkeit bewundern konnte, und das tat ich, huch, das bin ja ich.

Ein paar Jungs, die ich aus Berlin kannte, texteten mir aus der Lobby. Sie waren im Jahr zuvor auf dieser Konferenz gewesen und hatten in einer Diskussionsrunde den unmöglichen Ausdruck »Post-Internet« geprägt (was eine ganze Generation von Künstler:innen verfolgen sollte). Es entstand bereits eine kleine Menschenmenge, Grüppchen bildeten sich. Den Rest des Vormittags tranken wir Kaffee, redeten und rauchten. Am Nachmittag wurde es dunkel. Und hier lernte ich Marcus kennen: neben einer Reihe von Motorrädern, am Abholpunkt für den Audi-Shuttle, der eigentlich ein selbstfahrendes Auto oder eine frühe Version davon sein sollte. »Riesenfan«, sagte ich, und er »gleichfalls«, und mehr war nicht nötig. Groß, mit Daunenjacke, raspelkurzen Haaren, gepflegt aussehend, Commonwealth-Akzent. Er stammte aus einer dieser jüdischen Familien, die aus Europa nach Australien geflohen waren, was für mich etwas Exotisches hatte. Manche Freund:innen globalisieren einen sofort. Sie verschieben vom ersten Augenblick an den gesamten Rahmen. Er hatte seidige, nerzbraune Haare, die aussahen wie täglich frisch geschnitten, und ein Gesicht, das irgendwie vertraut wirkte, aber wenig markant war. Einprägsam allerdings war sein Blick, verstärkt durch ein auffälliges schwarzes Muttermal am linken inneren Augenwinkel, nicht unattraktiv, und da wusste ich, dass ich ihn (schon allein deswegen) nie wieder vergessen würde.

Wir setzten uns auf den Rücksitz eines schwarzen Audi und wurden im Vier Jahreszeiten von einer Horde Pagen in Empfang genommen. Während der kurzen Aufenthalte im Freien hatten sich am Saum meines schwarzen Kaschmirmantels und an den Schnürsenkeln meiner schwarzen Keilabsatz-Sneakers winzige Eiskristalle gebildet. Die Hitze in der Lobby schlug mir wie heißer Nebel auf die Augen. Dieses Hotel war modern, die Farbpalette in Schiefer und Dunkelgrau gehalten, silberner Teppich mit flacherem Flor als der vorige, die Rezeption seitlich zurückgesetzt, davor und dahinter Wasserfallimitationen als Trennwände. Budman war da, ein amerikanischer Jude wie ich, und auch bei ihm hatte ich das Gefühl, wir würden uns schon ewig kennen. Wie wir da in dieser Luxuslobby standen, überkam es mich auf einmal: »Ich komm mir vor wie Hugh Hefner, haha«, sagte ich und deutete auf die beiden Künstler, einen an jedem Arm (Marcus und Budman), und genau in diesem Moment sah ich die Gründerjungs zum ersten Mal. In lässiger Slow-Motion schlenderten sie durch die Lobby, ein Mount Rushmore aus zwei Gesichtern, grob geschätzt sechs Meter von uns entfernt, dunkle Locken, einmal in einem Supreme-North-Face-Parka mit orangefarbenem Leopardenprint, der einem vor dem grauen Hintergrund regelrecht entgegensprang, und einmal im grauen Filzparka, der mit diesem verschmolz; in der Anfangszeit hatte ich noch Schwierigkeiten, die beiden auseinanderzuhalten.

»Weißt du, wer das ist?«, fragte Budman, auf dem Strohhalm der Caprisonne aus dem Begrüßungskorb kauend. »Das sind die Gründer von eXe. Hab gehört, die sollen nicht ganz dicht sein.«

»Die sind komplett irre«, sagte Marcus zerstreut – das Zeitlupenduo schlenderte immer noch lässig gelangweilt durch den Raum – doch es blieb nicht viel Zeit für Spekulationen, denn gleich würden die Cocktails gereicht werden. Champagner prickelte, das Leben verdichtete sich, bauschte sich um mich herum auf, einer dieser Augenblicke, von denen man froh ist, sie in seiner Jugend erlebt zu haben. Während der Cocktailgespräche an jenem Abend kam mir in den Sinn, dass Kunst nur eine Art … Kalk war … eine Art Ablagerung im Filter zwischen einem selbst und der Welt. In der eigenen Wahrnehmung sammelten sich Partikel an und trübten die Sicht. Alle wussten es, wenn man abdriftete, weil man dann diesen verkrusteten Rohstoff an einen anderen Ort brachte, um ihn bewerten oder entlarven oder vielleicht auch entfernen zu lassen, und sie konnten die Verschiebung im Material spüren. Es war eine Blockade, auf die die Leute stolz waren. Aber warum? Nur weil sie irgendwann einmal Salz probiert hatten.

Im Verlauf der Konferenz sahen wir die Gründerjungs noch einige Male. Hier am Akkreditierungsschalter, dort an der Bar. Im Grunde waren sie Altersgenossen von uns, und während sie auf der Konferenz den Horizont oder einander anblickten, starrten wir sie an. Wir nannten es anfangs noch nicht so, aber Marcus und ich hatten beide den Eindruck, die beiden befänden sich in getrennten, aber gleichwertigen Formen des Köderns oder Trollens. Das Trollen, von dem hier die Rede ist, zeugte von einer radikalen moralischen Unsicherheit, gepaart mit Ehrgeiz und überdacht mit einem gewissen Sinn für Humor. »Es ist ein langes Trollen«, sagten wir später oft zueinander, wenn wir über diese schwülstigen Kunstveranstaltungen mit unzureichend gefüllten Weingläsern sprachen. Vielleicht bestand die erotische Frage in dieser speziellen Literaturform in a) wann kommt die Pointe? und b) kann sie überhaupt kommen? Memes – der Art, wie sie sich die Kunden gegen Geld von mir erhofften – waren Narrative ohne Struktur, ohne Höhepunkt und ohne Auflösung.

Am nächsten Morgen fing die Konferenz richtig an. Alles war voller Mini-Bagel und Schaumstoffgittermöbel in abstrakten geometrischen Formen. Ich stand zu schnell auf, und mein Handy knallte auf den Boden.

»Muss mir aus der Muschi gerutscht sein«, murmelte ich im Scherz. Marcus' Kopf fuhr herum. »Was?«

»Nichts. Es geht los. Suchen wir uns Plätze.« Auf der Leinwand über der Bühne hinter uns, wo Leute ihre Vorträge hielten, leuchteten zwei goldene Tabletten, offenbar ein Kunstwerk. »Hoffentlich mache ich nie solche Kunst wie das da«, flüsterte Marcus – aber das Werk dieses Künstlers hatte etwas an sich, das mir Respekt abnötigte. Nach den Tabletten machte er ein Set von Duftkerzen, die nach brennenden Druckerzeugnissen rochen, und nannte es »The Times of New York«. Ein oder zwei Jahre lang wurden sie in kleinen Boutiquen in Downtown Manhattan verkauft. Der Herausgeber der *New York Times* saß in der Reihe vor uns und schwitzte stark. Schwitzte seinen Kragen durch. Was war Abgeschmacktheit? Es hatte etwas mit einer Evolutionsstufe zu tun, die Marcus und ich, einen Tick zu spät geboren, nicht mehr erreichen konnten. Gleich von Anfang an herrschte zwischen uns diese ungezwungene, negative Atmosphäre: keine Angst. Man konnte alles sagen, und die Komplizenschaft des anderen war schon im Voraus garantiert. Vom ersten Tag an verstanden wir uns automatisch und blind. Ob meine Fähigkeit zu solchen Verbindungen wohl mit dem Alter abhandengekommen ist?

Ich weiß noch, dass die Konferenz extrem festlich war. Vom VIP-Balkon aus warfen wir jüngeren Künstler:innen auf den unteren Ebenen Pralinen in die Hände. Ich twitterte: »We in this bitch like an unborn baby.«

Bei der Eröffnungsparty wurde in einem Apartment in der obersten Etage des Bunkers Jazz gespielt. Ich nahm mir Champagner von einem Silbertablett. Die berühmteste Architektin der Welt war da, golden glänzend wie ein prächtiges Grillhähnchen. Dann lernte ich einen älteren italienischen Herrn kennen, nennen wir ihn Italo. Er hatte silbergraue Locken und eine dickrandige schwarze Brille. Er war der Chefredakteur einer großen italienischen Publikation. Italo erzählte mir von einem Film, den er mit Tilda Swinton produziert hatte, und der ihm den Anlass geliefert habe, zu den Golden Globes zu gehen. Nach ein paar Schlucken Prickelwasser gestand ich ihm etwas. Ich sagte, ich hätte immer gehört, wie sich die Leute bei den Golden Globes bei der Auslandspresse von Hollywood bedankten, und er sähe haargenau so aus, wie ich mir diese immer vorgestellt habe. Er sah mich freundlich – mitleidig? – an und fasste mich am Ellbogen. »Süße, so etwas wie die Auslandspresse von Hollywood gibt es nicht«, sagte er.

Am anderen Ende der Partygesellschaft, vor einem weißen Stutzflügel, machte einer der eXe-Gründer irgendetwas – einen Striptease? Der ganze Raum war auf diesen Punkt ausgerichtet, und Wogen von Ausgelassenheit durchliefen die Menge, aber ich kapierte es nicht so ganz. Da sah ich den anderen Richtung Toiletten gehen und folgte ihm die Treppe hinunter.

»Hey, bist du …?« Ich zeigte auf sein Namensschild, das an einem markenbedruckten Schlüsselband um seinen Hals hing.

»Ja.« Wir schüttelten uns die Hände.

»Ich kenne Dideldum und Dideldei, die bei euch arbeiten.«

»Ach wirklich? Die sind toll.«

Ich lud ihn für später zu einer Party in meinem Hotelzimmer ein, zu der wir alle gehen würden.

»Wer ist wir?«

»Ach, nur Künstler.« Ich deutete hinter mich, als würde ich winken und nach einer unsichtbaren Brustwarze direkt hinter meinem Ohr greifen. Ich finde die Erkenntnis verstörend, dass meine erste Kontaktaufnahme mit Seth und damit auch mit seiner Firma nicht von einer Anmache zu unterscheiden war – das Hinterherlaufen, die spätabendliche Einladung – aber es spiegelt sich in der Geschichte, die daraus folgte, so verdrängt, zerstückelt und verkorkst die Bedeutung am Ende auch war. Das Letzte, woran ich mich von dieser Party erinnerte, war, wie Budman der Menschenmenge durch ein Loch in der guerillabehäkelten Statue in Form des Konferenzlogos seinen blanken Hintern zeigte.

Ich wurde in einem anderen Hotel untergebracht, dem Bayerischen Hof, und mein Zimmer war wie aus einem Märchen, mit pfefferkuchenartigen Ziermulden in den Wänden, freiliegenden Deckenbalken und winzigen Fenstern zu einem grauen Morgen, an dem der Schnee auf ein älteres Europa fiel. Dächer unter mir. Himmelbett. Wir öffneten Wodkaflaschen. Jemand zertrat mit dem Stiefelabsatz die Nike-Armbanduhr aus einer Geschenktüte. Gackernd und unter Lachtränen schilderte jemand die Fantasie, einen der Organisatoren der Konferenz windelweich zu prügeln, und endlich hatte ich eine Szene. Seth tauchte nicht auf.

Am nächsten Tag, in einem goldenen Aufzug, schob sich ein Arm zwischen die sich schließenden Türen; rote Lichter blitzten, die Türen sprangen wieder auf. »Danke.« Ihr Blick fiel als Erstes auf mein Namensschild. »Bist du Marcus?« – »Oh, sorry, ich hab mit einem Freund die Schildchen getauscht. Ich bin Emily von K-HOLE. Und ich weiß, wer du bist …« Da war sie, die lebendige Totemfigur jener Denkschulen, die meine frühen Zwanziger geprägt hatten. Die Problembloggerin höchstpersönlich. Tsching-tsching, die Türen öffneten sich zur Lobby, und wir blieben zögernd neben ein paar Plüschsesseln stehen. Safinas Posts hatten mich gelehrt, dass man für Minderarbeit belohnt wurde, wenn man seinen Wert auf andere Weise demonstrierte oder zumindest andeutete. Man würde befördert werden, weil die Vorgesetzten hofften, dass man dann mehr arbeitete. Der Wert der strategischen Minderleistung. Wenn man sich in einem Brainstorming wie ein schlaffer Fisch gab, würde man hoffentlich nicht zu vielen weiteren eingeladen. Das Problem liegt darin, dass das System hinter einem derart berechnenden Verhalten abstoßend war. Es machte so viel mehr Freude, wenn man wirklich an seine Arbeit glaubt und das fieberhafte, freudige Gefühl von Teamwork erlebt – Teil einer Gruppe zu sein, was für ein Vergnügen! Leider entsprach das der Definition von Menschen, die Safina als »Verlierer« bezeichnet hatte (im ökonomischen Sinn, nicht im sozialen), jene, die ein soziales Umfeld brauchten. Die anderen, aufstiegsstärkeren Kolleg:innen würden sich zwar immer stärker atomisieren, dafür kurzfristig in finanzieller Hinsicht weniger über den Tisch gezogen werden. Das Einzige, was sie von einer Ann Coulter der New Economy unterschied, war, dass sie Immigrantin und dunkelhäutig war. Ich glaube, wäre sie weiß gewesen, hätte sie gleich auf den ersten Blick neoreaktionär gewirkt. Nicht, dass nicht Menschen aller Hautfarben Nazis sein konnten, aber in dieser Phase der Silicon-Valley-Medienlandschaft hob sie sich dadurch eindeutig ab.

Sie fragte mich nach meiner Arbeit, doch bevor ich etwas antworten konnte, bezeichnete sie mich und meine K-HOLE-Freund:innen als Trolle. »Ich meine, ihr seid ganz klar Trolle.« Ich öffnete den Mund, um etwas zu sagen, überlegte es mir anders und hielt die Klappe. Trotz der ganzen Witze hatte ich uns nie so betrachtet, als würden wir dem Internet nur seinen eigenen Mist zum Fraß vorsetzen, ein scheinheiliges Zelebrieren des Andersseins. In Wahrheit war es mir peinlich gewesen, wie sich die Marken und Medien Normcore einverleibt hatten, die [nicht autorisierte] »NormKors«-Kollektion von Michael Kors beispielsweise – ich fand das einfach nur beschämend, aber wenn wir Trolle waren, konnten wir es vielleicht auch anders betrachten, so, als würden wir ihnen einfach unsere Hundehaufen zu essen geben und uns darüber kaputtlachen. Konnte man trollen und gleichzeitig an das glauben, was man tat? Ich war zu eingeschüchtert, um sie das zu fragen. Eigentlich hatte ich unsere Idee für cool gehalten, sogar für utopistisch. Es sollte kein raffinierteres Torte-ins-Gesicht-Klatschen sein, aber irgendwie hatten wir einen Nerv getroffen. Und es stimmt, dass es mir einen Kick gab, als es von den Medien und Unternehmen in immer neuer und immer schwachsinnigerer Weise aufgegriffen wurde. Aber steigerte oder schmälerte dieses Echo nun die Bedeutung meiner Arbeit?

Zu diesem Zeitpunkt war ich zwar schon viral gegangen, aber noch nicht mit dem eigenartigen Metaproblem der Viralität konfrontiert worden. Schließlich war ich nicht berühmt oder so. Das Normcore-Meme selbst war eine nicht-binäre Idee gewesen, die davon handelte, sich von der Versessenheit auf individuelle Besonderheit zu lösen. Hätte ich damals schon von infradünn gehört, vom Neutrum oder ähnlich schlüpfrigen Gedankenkonstrukten, hätte sich mein Bedürfnis, höchstpersönlich den Kult des Besondersseins durchbrechen zu müssen, womöglich von Anfang an erübrigt. Das Meme war aus der Masse entsprungen, aber durch mich vermittelt. Was wiederum ein Widerspruch in sich war. Ich war die Aggregatorin, die Leitung und der Leiter – innerhalb eines Stromkreises. Das Meme meines Kollektivs sollte wahr sein – also das Konzept der Besonderheit widerlegen oder eine neue Form davon erschaffen, eine eigene, losgelöste Variante für meine Generation, aber genauso wollte ich besonders sein, indem ich dieses Meme erschuf. Ich wollte eine Nullautorenschaft und ich wollte die einzig wahre Autorin sein, und das alles gleichzeitig.

Sie klackerte auf ihren Manolos davon.

Ich verließ das Hotel, um mir Marcus' Kunstwerk anzusehen, das in der Kunsthalle am Ende der Straße gezeigt wurde. Als ich den Raum betrat, in dem Der Kuchen ausgestellt war, guckten mich von der Zuckergussoberfläche als Erstes die Gesichter diverser Gründer von Technologieunternehmen an, allesamt mit Zitaten, Fakten und Zahlen überlagert. Beim Näherkommen erkannte ich eine automatisch erstellte Grafik von eXe, die anhand eines auf ihrer Website indizierten Textkorpus die relative Verbreitung der Wörter »Luxus« und »Nike« abbildete, und in einer Ecke des Kuchens kauerte eine frühe Version des eXe-Logos direkt neben den Schnörkeln der Sahneverzierung. Die Embleme verschiedener anderer Start-ups tummelten sich auf den drei Etagen des süßen Tempels, der an einigen Stellen bereits abzusacken begann wie ein Gesicht mit einem Nervenschaden. Es war skurril und albern in seiner Übertriebenheit, aus dem ursprünglichen Zusammenhang der Konferenz vom Vorjahr herausgerissen und, ein kleines Stück nur, nach links verschoben, ein bisschen abgestürzt und heruntergekommen – zwei Eigenschaften, die man über das Ursprungssetting niemals hätte sagen dürfen. »Ich wollte nur, dass es Ihnen gefällt«, hörte ich Marcus gerade recht platt zu einer Galeristin sagen, mit der er etwas abseits in einer Ecke stand. Das Deckenlicht spiegelte sich auf einem Satinband an ihrem Hals. Wie eine Galeristin auszusehen, war eine meiner größten bekleidungsbezogenen Ängste überhaupt. In einem Handstreich nahm sie einen Finger voll Glasur vom Kuchen. Wie lange würde das Ding durchhalten? Die üblichen Konservierungsstoffe hielten es schon seit mehreren Wochen in Form. »Einfach sensationell«, strahlte eine Dame, die zu meiner Linken aufgetaucht war, die Leiterin der Konferenz. Sie trug roten Lippenstift, der ein wenig über die Konturen hinausgerutscht war, und eine haarige braune, unglaublich teure Antwerp-Tunika, zugeknöpft bis zum Hals. »Finde ich auch«, sagte ich und fing dabei Marcus' Blick auf. Diese Kuchenskulptur war die Pervertierung, von der ich geträumt hatte, der Humor, den ich bereits bei meinen PowerPoint-Präsentationen erlebt hatte, eine spezielle Form von Humor, die mich manchmal seufzen und manchmal erschaudern ließ. Es war der Humor einer »Innovation«, an der wir beide teilhatten und die wir beide leugneten. Als wir an einem neuen Tag im post-paradoxen New York, beziehungsweise in diesem Fall München, aufwachten, lächelte Marcus mich an und zog mich mit einem Arm fest an sich, um dann zur nächsten Person überzugehen. Ich schlüpfte nach draußen und lief zurück Richtung Hotel oder was ich dafür hielt. Es war dunkel geworden, und die Stadt schien aus nichts als Stein, nassen Fenstern und Eis zu bestehen.

Es war extrem kalt, eine Kälte, zu der ich in New York den Bezug verloren hatte. Während ich mir die Hakenkreuze im Haus der Kunst ansah und die Eiszapfen, die von den Architekturelementen des Bunkers hingen, rauchte ich Kette und hörte immer und immer wieder denselben Song.

Feel it coming through the air
Smell the fumes from everywhere
I'm addicted to the thrill
It's a dangerous love affair.

Mein schwarzer Mantel begann sich an der Innenseite des Kragens aufzulösen. Einer der Ohrstöpsel knackte vor Kälte. Tausend schwarze Audis fuhren mit aufblitzenden Scheinwerfern durch die Straße. Endlich tauchte der Bunker wieder auf. Ich drückte meine Zigarette auf dem Eis aus und ging wieder hinein.

Der Einstimmungsvortrag lief bereits, und das Haus war brechend voll. Den Vortrag hielt eine Person, die später dazu beitragen würde, den Untergang der liberalen Demokratie herbeizuführen, aber damals hörte es sich ganz inspirierend an. Der Herausgeber der *New York Times* tauchte in der abgedunkelten Halle neben mir auf. Ich trat näher zu ihm und flüsterte: »Ich liebe die *New York Times.*« – »Oh, DANKE sehr!«, antwortete er erstaunt.

Mein Handy war ausgegangen. Ich steckte es mir vorn in den Hosenbund, wo mir Jeans und Tanga mit vereinten Kräften das kalte Rechteck an den Bauch drückten. Ich presste das Gerät an meine Haut, damit es sich erwärmte, sich wieder einschalten ließ und mir im unübersichtlichen, eiskalten München den Weg zu meinem nächsten Zielort zeigen konnte. Ich lud das Handy mit meinem Körper auf, um mich aus der Irre zu führen.

Auf dem Rückflug nach New York hatte ich eine Art Offenbarung.

Wenn Marcus die Logos von Start-ups als Kunst präsentieren konnte, ging mir auf, dann könnte ich ihn übertreffen, indem ich die ganze Aneignung und den Kunstkontext einfach wegließe, direkt zur Quelle ginge und mich von innen heraus als Architektin einer solchen Marke betätigte. Die Marke genetisch in Kunst zu verwandeln, statt sie in einen künstlerischen Kontext zu verlagern, nachdem sie bereits in die Welt gesetzt worden war.

Marcel Duchamp, der Pate dieser Form von Aneignung, hatte einmal gesagt, er strebe eine »völlige Anästhesie« in Bezug auf guten und schlechten Geschmack an. Marcus und ich fühlten uns diesem Wunsch zutiefst verbunden. In der Anfangszeit unserer Freundschaft sah ich darin noch keine Rivalität. Vielmehr feierte ich ihn. Ich bewunderte ihn. Marcus war ein wandelnder Freifahrtschein. Er stand für eine Art, Kunst zu machen, die sich im selben Kontinuum zu bewegen schien wie diese Duchamp'sche Anästhesie, die sich ihrer Unmöglichkeit bewusst war und dennoch darauf hinarbeitete. Wenn man buchstäblich alles in der kommerziellen Sphäre einfangen und in Kuchenkunst verwandeln konnte … Marcus stand für eine unberechenbar wilde Legitimität auf dem unregulierten Bedeutungsmarkt der Kunst. Mit ihm zusammen fühlte ich mich wie eine richtige Künstlerin.

Die Spannung, mit der Marcus, Budman und ich in der Lobby des Vier Jahreszeiten die Gründerjungs betrachteten, war ein Totem, oder ein Symptom, für die umfassendere Besessenheit der Kunstwelt von dieser gerade im Entstehen begriffenen Form der Geschäftswelt, eine neue »Klasse« von Schauspieler:innen, die mit mehr Nachdruck als jede andere US-amerikanische Bevölkerungsgruppe versuchte, Klassen zu eliminieren. Die gesamte Kunstwelt starrte diese Internet-Jungs mit hervortretenden Augen an. Ich betrachtete mich selbst als außenstehend, war ich doch von Geburt an mit der ruinierten Klasse der aufstrebenden jüdischen Mittelschicht vertraut, in die ich hineingeboren war: schuldengeplagt und berauscht von weißen Privilegien. Aber wie weit außerhalb stand ich wirklich?

Ich hielt es für verwöhnt/verweichlicht, sich so zwanghaft mit der Geschäftswelt zu befassen, ohne sich aktiv daran zu beteiligen. Und es schien, als würde die champagnersozialistische Kunstwelt die Start-ups gerade durch ihre Anklage glorifizieren. Wenn man wirklich glaubte, das New Business sauge jegliche verfügbare Kreativität auf, sollte man aufhören, rumzujammern, und stattdessen loslegen und in der Wirtschaft einen emotionalen Mehrwert schaffen, der sich nicht um Geld drehte.

Ich war davon überzeugt, dass man das mit Design schaffen konnte: Logos, T-Shirts, Partys und Grafiken zu gestalten, die von einer individuellen Fülle überquollen, aber getarnt als reine Markenausdifferenzierung. Ich war sogar überzeugt, dass man es noch einfacher schaffen konnte: mit unserem eigenen Bewusstsein. Wohinter sich meine Überzeugung verbarg, dass das Bewusstsein einer Künstler:in immer noch »über« der Unternehmenswelt stand. Es ging nicht um Culture-Jamming, mir war nicht daran gelegen, eine Währung zu zerstören oder irgendetwas von innen heraus zu Fall zu bringen. (Von dem Adbusters-Cover, auf dem ein Galgenstrick die Silhouette einer Flasche Absolut-Wodka formt, bekam ich das Schaudern.) Aber ich wollte beweisen, dass ich mehr Macht hatte als diese nach außen hin mächtig wirkenden jüdischen Männer. Denn ich, Emily Segal, *dachte anders*.

9. Gewaltig und weithin sichtbar

An dem Nachmittag, als ich das Stellenangebot annahm, saß ich auf der mit Schaffell bezogenen Couch einer Freundin in Harlem. Die Couch diente mir als Bett und Büro zugleich, seit ich mit meinem Freund Schluss gemacht hatte und aus seiner Wohnung ausgezogen war. Draußen drohte der Himmel mit Hagel. Ich öffnete meine E-Mails, und da war das Angebot von eXc. Betreff: DA IST DAS DING! (Raketen-Emoji). Meine Ideenstummel hatten seit Monaten im Tiefschlaf gelegen. Und jetzt, endlich, bot mir der Job bei den Jungs diese Gelegenheit: eine neue Marke für ihre Firma aufzubauen, von Grund auf, einschließlich komplett neuer Leitlinien, Farben und einer Website, dazu das Logo, das den Geist der Marke erfassen würde, das Signum, das alles andere ausstrahlen würde. Ich war mir nicht sicher, ob die Ratschläge, die ich meinen Consulting-Kunden bisher immer aufgetischt hatte, richtig waren, oder ob mein Verständnis von einer auratischen Bedeutung von Markensymbolen zutraf, doch jetzt würde ich es höchstpersönlich herausfinden können: indem ich meinen Erkenntnissen auf diesen verschlungenen Pfaden Leben einhauchte.

Die Aktion war gleichzeitig krass und lässig. Krass deshalb, weil ich den Großteil meiner Zeit und meines finanziellen Wohlstands in die Hände einer Firma legen musste, die mir eigentlich egal war. Und lässig, weil es bedeutete, dass ich mich an einem gewaltigen und weithin sichtbaren Kunstwerk versuchen, die Produktion aber voll und ganz auf anderer Leute Rechnung auslagern konnte. Selbst wenn ich irgendwann nicht mehr in der Firma arbeiten würde, wäre das Logo weiterhin da draußen in der Welt – auf Reklametafeln, Marketingmaterial, in zielgruppengenerierten Memes – so lange, bis die Firma sich entschied, es zu entsorgen. Und selbst die nächste Version, selbst das Re-Brand, würde Spuren des alten in sich tragen, das ich entworfen hatte. Ich konnte ein grenzenloses Kunstwerk im ganz großen Maßstab erschaffen, und das, ohne einen Finger zu rühren oder mich finanziell zu ruinieren. Während die ersten Eisklümpchen an die Fensterscheibe klimperten, hockte ich auf der Couch und schrieb eine Antwort-E-Mail an Piet und Seth, in der ich das Angebot annahm.

Am Morgen danach ging ich zum Kim Lau Square in Chinatown, wo Lyle von K-HOLE auf einer Treppe voller nassem Laub auf mich wartete. Tauben flatterten acht- und rastlos herum. Sie sammelten sich auf der Nase der Statue von Lin Zexu, einem hohen Tier in der Qing-Dynastie, der im ersten Opiumkrieg einen harten Kurs propagiert hatte. Ich erzählte Lyle von meinem Plan: den Job bei eXe anzunehmen und nächste Woche dort anzufangen. »Klingt nach einer tollen Chance für dich«, sagte Lyle auf. Das Kollektiv war in ein neues, engeres Atelier umgezogen, und das fluoreszierende Licht, das aus dem Fenster über uns fiel, teilte Lyles supersymmetrisches Gesicht in zwei Hälften. Wir sprachen monatelang nicht mehr miteinander.

10. »Talking Bout My Generation«

The Beat Generation von Bob McFadden und Rod McKuen
Entschlüsselt von @khole_emily
»eXe-Schriften«, Oktober 2014

»ÜBERBLICK: ›Beat Generation‹ ist ein Song auf dem 1959 erschienenen Album *Songs Our Mummy Taught Us* (Lieder, die wir von unserer Mutter lernten), eingespielt von Bob McFadden, einem Sänger und Schauspieler, der hauptsächlich für seine Stimme in Werbespots und Zeichentrickfilmen bekannt war, und dem amerikanischen Dichter und Folk-Sänger Rod McKuen, der unter dem Pseudonym Dor arbeitete. Als Unterhaltungs-Song veröffentlicht, war das Stück ein Kommentar auf die Klischees der angeblich radikalen Beat-Generation und -Literaturszene.

Aufgrund ihrer Position innerhalb des Mainstreams waren sowohl McFadden als auch McKuen genau die Art Kulturproduzenten, die von der absolutistischen ›Coolness‹ der Beats abgelehnt wurden. In der Popkultur der 1960er-Jahre spielte McFadden eine ungewöhnliche Doppelrolle: In Fernsehspots für General Mills lieh er Comic-Werbefiguren seine Stimme, und parallel produzierte er humoristische Kritik an der kommerzialisierten Kultur, wie sein 1963 veröffentlichtes Parodiealbum *Fast, Fast, Fast Relief From TV Commercials* oder als Stimme von Marshall McLuhans Tonaufnahme ›Das Medium ist die Botschaft‹. McKuen war einer der meistverkauften Dichter der 60er, dessen Arbeiten wegen ihrer Trivialität viel Verachtung erfuhren. Die *Newsweek* erklärte ihn 1969 zum ›König des Kitsch‹.

›Beat Generation‹ trollt die Beat-Szene, indem sie die ambivalente Leere ihrer vorgeblich radikalen Vorlieben fürs Rumhängen und Vögeln bloßstellt. Bekanntermaßen hat es die Grundlage für den 1977 erschienenen Punkrocksong ›Blank Generation‹ von Richard Hell & The Voidoids geliefert, was die ambivalenten Behauptungen an ihre nihilistischen Grenzen treibt.«

[Strophe 1: Tom]
Some people like to rock. Some people like to roll.

»Er referiert auf Rock 'n' Roll und legt damit den Grundstein für die fragwürdigen Behauptungen, die sich durch den Rest des Songs ziehen: falsche Dualismen, die sich über die Sinnlosigkeit dessen lustig machen, Menschen anhand von Merkmalen zu unterscheiden, die angeblich verschieden sein sollen, sich in Wahrheit jedoch sehr ähnlich sind. Rocken und Rollen ist gehupft wie gesprungen.«

But me, I like to sit around and satisfy my soul.

»Hier schlüpft Tom in die Rolle einer Figur aus der Beat Generation und beginnt, die Klischees ihrer Kultur aufzuzeigen – darunter die Vorliebe für (träge und/oder bekiffte) Selbstbetrachtung. Diese Zeile macht sich über die Vorstellung lustig, faules Rumgammeln (ein beliebter Zeitvertreib der sehr abgehangenen Beats) könne eine spirituelle Transzendenz herbeiführen.«

I like my women short. I like my women tall.

»Wie schon das Rocken und Rollen in der ersten Zeile, ist auch dies ein falscher Dualismus. Kleine Frauen zu mögen und große Frauen zu mögen, heißt so viel wie alle Frauen zu mögen, also überhaupt keine speziellen Vorlieben oder Geschmack zu haben.«

And that's about the only thing I really dig at all.

»›Dig‹ ist Schwarzer Slang, den die Beats übernommen haben, ein Herzstück ihres linguistischen Vermächtnisses. Es bedeutet so viel wie richtig auf etwas abfahren. Im Kontext dieser Strophe sagt es aus, dass die Angehörigen der Beat Generation nur an einer Sache wirklich Spaß hatten, und das war Sex.«

> [Dor, gesprochen]
> *Yeah, wail, man, wail.*

»Diese Anfeuerungen aus dem Hintergrund imitieren die Gewohnheit der Beats, sich bei ihren Dichterlesungen gegenseitig verhalten anzufeuern. Im Slang bedeutet ›wail‹ so viel wie ›singen‹ oder ›rappen‹, wobei es herkömmlicherweise im Sinne von ›vor Schmerz laut aufheulen‹ verwendet wird. Ein Wort mit einer derart starken emotionalen Konnotation zu verwenden, um die Banalität der vorangehenden Strophe zu loben, schmäht die Beat Generation zusätzlich, indem nahegelegt wird, dass sie aus sehr banalen Ideen eine Riesensache machen.«

> [Refrain: Tom]
> *I belong to the beat generation.*

»Hier findet sich zum ersten Mal in diesem Stück die Behauptung einer Generationsidentität. Der Song nimmt hier bereits das Konzept auf die Schippe, dass es irgendetwas zu bedeuten habe, Teil einer Generation zu sein, folgt doch diese triumphale Verkündung direkt auf die Erklärung, gern rumzuhängen und Sex zu haben – Aktivitäten, denen Angehörige vieler Generationen zugetan waren.«

> *I don't let anything trouble my mind.*

»Zen-mäßig entspannt und leer zu sein, ist eine Tugend der Beats. Die Behauptung dieser Zeile, er lasse sich durch nichts beunruhigen, dass also alles okidoki sei, bildet einen spielerischen Kontrast zu den Problemen, die in der nachfolgenden Strophe beschrieben werden.«

I belong to the Beat Generation
And everything's goin' just fine

[Dor, gesprochen]
Weirdsville, yeah!

»Im Slang der Fünfzigerjahre war es gängig, ›ville‹ an das Ende von Wörtern anzuhängen, in seiner bekräftigenden Bedeutung vergleichbar mit dem heutigen ›megamäßig‹.«

[Strophe 2: Tom]
Some people say I'm lazy and my life's a wreck
But that stuff doesn't faze me, I get unemployment checks
I run around in sandals, I never ever shave
And that's the way I wanna be when someone digs my grave.

»Ein Wortspiel mit der Slangbedeutung von ›dig‹ in der ersten Strophe, das hier im wörtlichen Sinn verwendet wird.«

[Dor, gesprochen]
What a beat in the White House.

[Refrain: Tom]
I belong to the beat generation, yeah
I don't let anything trouble my mind

»In seiner Interpretation des Songs ›Blank Generation‹ aus dem Jahr 1977 spielt Richard Hell mit dem Wort ›beat‹, indem er es durch einen Takt (= beat) Stille ersetzt: ›I belong to the _____ generation.‹ Hell schreibt: ›Ich wollte einen Generations-Song schreiben, eben über »meine Generation« für das, was Menschen wie ich empfanden. Allerdings hielt ich es für unwahrscheinlich, dass sich allzu viele Leute mit der Vorstellung identifizieren würden, … nichts zu sein. Aber ich hatte so eine Ahnung, dass ich vielleicht … ein paar neue Freunde finden würde?‹«

[Dor, gesprochen]
Sneaky Pete, yeah

[Refrain: Tom]
I belong to the beat generation
Where everything's goin' just fine

[Dor, gesprochen]
Back on the road

»Wieder auf der Straße. Eine Anspielung auf *On the Road* (*Unterwegs*) von Jack Kerouac, heute ein großer Kinofilm mit Kristen Stewart.«

[Strophe 3: Tom]
I knew a man who worked from nine to five
just to pay his monthly bills was why he stayed alive

»Eine Anspielung auf die festen Arbeitszeiten normaler, langweiliger Menschen, deren einzige Motivation die Jagd nach dem nächsten Gehaltscheck ist. Ähnlich wie ›Well Respected Man‹ von den Kinks (1967).«

›*Cause he gets up in the morning*
And he goes to work at nine,
And he comes back home at five-thirty,
Gets the same train every time … ‹
[Dor seufzt]

[Strophe 3: Tom]
So keep your country cottage, your house and lawn so green
I just want a one-room pad where I can make the scene.

»Die Beat Generation lehnte bürgerliche Werte wie den Besitz eines Hauses mit Garten ab und bevorzugte kleine Stadtwohnungen, wo sie hauptberuflich cool sein konnten; ein Verhalten, das unter jungen Leuten auch heute noch angesagt ist.«

[Dor, gesprochen]
So out it's in

»Die Formel der alternativen Coolness, nach der sich coole Leute etwas, das seltsam, merkwürdig oder fremdartig erscheint, zu eigen machen oder übernehmen, um ihren Status als ungewöhnlich oder einzigartig zu behaupten.«

[Refrain: Tom]
I belong to the beat generation
I don't let anything trouble my mind
Like-a, I belong to the beat generation
And everything's goin' just fine

[Dor, gesprochen]
Oh, oh man, poetry and jazz, yeah

»›In der Beat Generation geht es nicht mehr um Poesie. In der Beat Generation geht es jetzt um alles‹, schrieb der Dichter Gregory Corso in einem 1959 erschienenen Essay. Zu diesem ›alles‹ gehörte auch ein starker Einfluss auf die Musik. Richard Hell schreibt hier über die Verbindung zwischen Rockmusiktexten und Dichtung.«

[Tom]
I belong to the beat generation

[Dor, gesprochen]
Yeah

[Tom]
I don't let anything

[Dor]
Now that's my story

[Tom]
Trouble my mind, hey

[Dor, gesprochen]
Hey, let's split for the coffee house

[Tom]
I belong to the beat generation

[Dor, gesprochen]
Man, we've made this scene long enough.

[Tom]
Oh yes. Just fine

[Ausblenden]

[Tom]
I belong to the beat generation
I don't let anything …

11. Gleich und Gleich

Ich weiß nicht, ob ich angemessen in Worte fassen kann, wie bizarr die Firmenkultur war. Es war nicht so, wie man es heute in den verbreiteten Klischees über die Hightech-Kultur und das Silicon Valley sieht, es war keine Transhumanismus-Sekte. Es hatte nicht die Form einer Unendlichkeitsschleife, Schlafkapsel oder Kugel. Der Empfangsbereich war keine lebensgroße Nachbildung des Oval Office, es gab keine Elektroschocks, kein verordnetes Fasten, keinen Bahnsteig Neun Dreiviertel. Es entsprach sicherlich nicht meiner Vorstellung von Patagonia-tragenden Gojim, die sich vor Taco-Wagen gegenseitig auf den Rücken klatschten. Nein, diese Firma war das Produkt jüdischer Eliteuni-Absolventen von der Ostküste. Geisteswissenschaftler. Zusätzlich zu der kaum wahrnehmbaren, aber definitiv vorhandenen, schmuddeligen Atmo eines Lumpenhändlers aus dem frühen 20. Jahrhundert war es die ultimative Pervertierung eines männlichen literarischen Impulses. Und der Zweck der Firma war in gewisser Weise ein literarischer. Den Investoren hatten sie es als »Talmud des Internets« gepitcht. Es hatte etwas damit zu tun, das gesamte Internet mit einer Meta-Schicht aus Sprache zu bestreichen wie ein Sandwich. Da liegt so viel Code unterhalb der grafischen Benutzeroberfläche. Und eXe wollte der Text sein, der obendrauf liegt, auf der anderen Seite.

Mit ihrer ersten Version hatten sie versucht, das Urban Dictionary aus dem Markt zu drängen: ein Wörterbuch der Umgangssprache, das die Bedeutung von Slang-Ausdrücken und anderer obskurer neuer Wörter von seinen Nutzer:innen zusammentragen ließ – grob orientiert an der Form eines herkömmlichen Wörterbuchs, allerdings mit einem etwas komplexitätsfreundlicheren Ansatz. Was als einfache Website begann, die im Rahmen bestimmter Richtlinien frei bearbeitet werden konnte, wurde recht bald zu einem ehrgeizigeren Projekt. Die Jungs sahen darin das Potenzial für etwas Größeres, sie pickten sich das gemeinsame Dechiffrieren heraus und bereicherten es um aktive Konkurrenz. Schon bald wurde die eXe-Website zu einem spielerisch gestalteten System, das kostenloses Wissen aus einer brodelnden virtuellen Community junger »Netzgelehrter« sammelte, die die linguistische und kulturelle Arbeit erledigten und sämtliche Wörter und Phrasen definierten. Netzgelehrte sammelten Punkte, wenn ihre Definitionen von anderen Netzgelehrten verifiziert wurden, was ihre künftigen Definitionen innerhalb der sichtbaren Hierarchie der Site aufsteigen ließ. Und dieser punktebasierte Ansatz verschaffte eXe den entscheidenden Vorteil gegenüber dem Urban Dictionary.

Die Regeln, nach denen dieses Punktesystem funktionierte, waren streng geheim, die Gründer und ihr Entwicklerteam hatten sie akribisch in Google Docs zusammengestellt und in langen Kommentaren und Randbemerkungen erbittert ausgefochten. Oft galten die Regeln, kaum fertiggestellt, schon wieder als veraltet, doch die Vorläufer blieben im selben Dokument erhalten, was die überlebenden Regeln extra-super-meta machte.

»Das Leben an sich ist meta«, sagte Piet gern.

Laut einem Zitat von Seth in *The Surge* war die Entstehung der Website eine Reaktion auf die Herrschaft der Indie-Kultur gewesen, die in der Jugendzeit der Gründer Coolness definiert hatte. »Die Parole lautete: ›Wenn du danach fragen musst, wirst du es nie erfahren‹, und das fanden wir problematisch«, sagte er. Zuerst war die Website eine Reaktion irritierter Freund:innen darauf gewesen, dass Piet sogar von simpelsten kulturellen Anspielungen absolut keinerlei Ahnung hatte, doch dann hatte sie sich zu einer Möglichkeit entwickelt, eine breiter zugängliche, nicht-geheimnistuerische Form von Coolness darzustellen und zu leben. Mit der Zeit wurden die Einträge auf der Website immer länger. Wörter und Phrasen aus allen Textarten konnten auseinandergepflückt werden. Nachrichtenartikel, politische Reden, Nährwertangaben, Scheidungsverträge, Liedtexte, Entschuldigungen von Promis – von allem landete eine

Kopie auf der Website. Etwa zur Zeit der zweiten Finanzierungsrunde wuchs seitens der Community und Mitarbeitenden gleichermaßen der Wunsch danach, dieses Decodieren »unter die Leute« zu bringen und eine Schicht davon auf das ganze Internet zu streichen. Eine Landkarte, genauso groß wie das kartografierte Gebiet, oder sogar noch größer. »Man sagt Mansplaining, meint aber eigentlich Manspreading«, sagte Sadie bei unserem ersten Gespräch darüber, eigentlich wollen sie sich überall ausbreiten.

Als die Jungs mich ins Boot holten, beharrten sie darauf, dass diese neue eXe-Schicht das Internet irgendwie kritisch machen sollte, indem es einen Raum für ein wildes Durcheinander verschiedenster Stimmen schuf, gleichzeitig aber auch irgendwie alle Fakten prüfte und jeden Fakt zur Diskussion stellte. Ich konnte die konkrete politische Absicht dahinter schon damals kaum in Worte fassen, als man mir einen Riesenhaufen Geld dafür zahlte, und heute hält sich mein Bedürfnis, mir dafür ein Bein auszureißen, in engen Grenzen. Aber der Punkt ist: Für mich hörte es sich gut an. Es schien mir, als wäre diese zusätzliche textuelle Komplexität etwas Positives, Cooles für das Internet, dieser Raum für frische Stimmen über den herkömmlichen Quellen. Angesichts des Aufstiegs der Trollkultur und des Kollapses der freien Meinungsäußerung in der dazwischenliegenden Zeit scheint es blanker Wahnsinn gewesen zu sein, zu glauben, wenn man die Stimmen des Internets auf allem herumkritzeln ließ, hätte dabei irgendetwas anderes herauskommen können als dieses endlose Mandala aus Hakenkreuzen und Wichse. Aber damals war ich so optimistisch. Ich glaube, mega-erfolgreiche Investitionsrunden und sehr junge Menschen erschaffen tatsächlich Optimismus. Das mag einer der Gründe sein, warum die Kapitalgeber da mitmachen, selbst wenn sie sich ziemlich sicher wissen, dass es nicht gutgehen wird. Sie müssen es doch wissen, oder? Das ist, wie wenn man einem Jungen mit Ray Bans zum Schulabschluss einen Sportwagen schenkt, den er sofort zu Schrott fahren wird, und förmlich sehen kann, wie seine Lebensenergie übersprudelt. Vielleicht kann man einen Strohhalm hineinstecken und davon trinken.

12. Architektur

Was am bizarrsten auf mich wirkte, als ich bei eXe anfing, waren der Standort – ein Luxus-Wohnkomplex in Williamsburg – und die Sprache.

Roman berichtete: »Die ersten drei Monate in dieser Firma war ich durchgehend erkältet. Mit der Klimaanlage war es eiskalt da drin, aber gleichzeitig war es brüllend heiß, weil die Außenfassade des Gebäudes aus Glas war und den ganzen Tag die Sonne reinknallte.«

Als die Website an den Start ging, teilten sich Piet und Seth in diesem Komplex eine Wohnung. Als sie dann Investitionsgelder einsammelten und neue Leute einstellten, mieteten sie eine weitere Wohnung dazu, und dann noch eine und noch eine, und so entwickelte sich der Grundriss der Büros. Es war ein ungewöhnliches Phänomen, das aus fehlendem Einfallsreichtum etwas richtig Bizarres entstehen ließ. Acht der zwölf Wohnapartments, von denen aus das Unternehmen operierte, lagen im vierten Stock des Ostturms. Der Mittelgang bildete das Rückgrat, die Büro-Wohnungen zu beiden Seiten die Organe. Es war das Gegenteil eines Großraumbüros. Jeder Schreibtisch oder jede Tischgruppe befand sich in einem Raum, der eigentlich als Schlafzimmer vorgesehen gewesen war. Ich stellte mir das Gebäude gern im Querschnitt vor und ließ meine Gedanken über den East River schweifen, das Raster des Gebäudes löste sich auf, die aktivierten Zimmer, in denen sich die ganze Action abspielte, leuchteten pink. In der Zwischenzeit waren die beiden Jungs zum Wohnen in einen anderen Stadtteil umgezogen, arbeiteten aber immer noch zusammen in einem Apartment im vierten Stock, in dem riesige Eimer Proteinpulver standen, eine Sammlung von Ziegelsteinen der Skater-Marke Supreme, sowie Möbel aus Glas und Metall. Auf einem Aufkleber an einem Stuhlbein stand: »eXe

WIE SEX, PIET WIE STREET«. In der Nebenwohnung, bei den Back-End-Entwickler:innen, stand ein imitierter Nakashima-Holztisch, der ein Vermögen gekostet haben musste. Die Wohnung, in der ich am längsten arbeitete, war mit roten Nylonsitzsäcken und sechzehn kleinen Ikat-Teppichen ausgestattet, die kreuz und quer übereinanderlagen, und außerdem einem wilden Durcheinander an Kleindruckerzeugnissen mit Firmenmotiven, die mit Messingreißzwecken an die Wände gepinnt waren. Vier weitere Wohnungen auf anderen Etagen waren hauptsächlich mit IKEA-Möbeln eingerichtet und schienen ihre Lage mit dem Wetter zu ändern.

Die Mittagspause verbrachten wir in einem langen, schmalen Ein-Zimmer-Apartment, meistens im zweiten Stock. In dem Raum standen zwei lange Holztische mit Stühlen wie bei Oliver Twist. Montags und mittwochs aß hier die ganze Firma zusammen. Quinoa auf Salat. Plastikgabeln verbogen sich auf den Tellern. Bei Bekanntmachungen stand ich gern ganz hinten in der offenen Küche und störte mit Zwischenrufen. Meine große Klappe war nerven- und instinktgesteuert – eher wie eine Teenagerin, die in der Schule Widerworte gibt, als wie die scharfsinnige Kreativdirektorin, die ich gern gewesen wäre. Alle Meetings wurden gefilmt, und meines Wissens sah sich diese Aufzeichnungen so gut wie nie jemand an. Es entstand ein unsichtbares Mega-Archiv.

Nach dem Essen trotteten wir wieder in den vierten Stock und kehrten an unsere Schlafzimmerschreibtische zurück.

Ich stelle mir oft vor, wie ich auf meinen Bildschirm starrte, hinter dem das Fenster auf den East River und die Skyline von Downtown New York hinausging, und einen Rapper googelte, nur um ein Bild von ihm auf genau diesem, meinem, Balkon zu finden. Die Partys waren legendär, aber nach der zweiten Finanzierungsrunde bewahrten die Leute kein Gras mehr in den Küchenschränken auf.

Es gibt ein Foto von mir an meinem ersten Arbeitstag, vor der Kamera meines Computers, den Blick abgewandt und schüchtern gesenkt, auf dem Kopf einen gelben Schutzhelm mit dem ersten eXe-Logo darauf. Das waren genau die skurrilen Momentaufnahmen, nach denen ich suchte, egal, woher sie stammten. Meine Haarspitzen waren blond gefärbt, wie es damals modern war. »Halb-natürlich blond«, hatte ich unter meinen ersten Post geschrieben, in dem ich die neue Farbe zeigte. Auf dem Bild war ich im Bademantel im Loft meines Exfreunds. Er hatte seine Hündin einmal Bitch genannt, als sie im Müll wühlte, und mich einmal ins Gesicht geschlagen – im Spaß, aber gleichzeitig auch wieder nicht. Erst jetzt kommt mir der Gedanke, dass die Nähe zu den Männern in jenem Haus in der Tillary Street womöglich bereits die Konstellation in der Firma vorweggenommen hatte. Der Mitbewohner und sein riesiger, von Hand zusammengebauter analoger Synthesizer. Exfreunde auf jeder Etage. Benachbart, bekannt und hinter mir gelassen, für mich war das selbstverständlich. Wir wohnten immer alle im selben Haus, eine historische Anomalie. Wie in den Collegesommern in Providence hatte ich die Kollektivität als natürlich hingenommen. »Bust-down: ein Mädchen, das es mit einem ganzen Freundeskreis treibt«, hatten die eXe-Gelehrten auf der Website geschrieben. Was war mit meiner Beständigkeit?

Geometrien von Männern. »Vom Regen in die Traufe«, sagte an diesem Morgen eine Person mit feuerwehrroten, spitz abstehenden Haaren in der L-Bahn zu ihrer Freundin, und sprach damit genau meine Gedanken aus, als wäre das hier eine Art urbanes Musical. Ich genoss es, die eine Station mit der Linie L zu fahren, ein Schnellkurs in Anthropologie, und schon wieder vorbei. Wenn es warm genug war, sah mein Arbeitsweg zu eXe so aus: zu Fuß die Avenue A bis zur 14. Straße hinauf – eine Strecke, auf der ich mich nie ganz zu Hause fühlte, es war ein Spaziergang durch das New York einer anderen Person – dann eine Station mit der Linie L bis Bedford, da aussteigen und zu Fuß zum Flussufer. Auf dem Foto waren meine frisch gefärbten Haare über dem weißen Frottierbademantel meines Exfreunds zu sehen, ein harter Kontrast zu dem durch und durch verdreckten Apartment, in dem sich der Schmutz von vielen Jahren Brooklynleben angesammelt hatte. Ich sah meine halb-blonden Haare und machte vor dem staubigen Spiegel in jener Wohnung schnell ein Selfie. Bevor alles auseinanderbrach. Hatte ich sie selbst gefärbt? Ich weiß es nicht mehr genau, alles ist in diesem Foto einbalsamiert, und auch mein Ex ist grau und trügerisch. Zum Schluss habe ich die Erinnerungen an ihn ebenso in Fetzen gerissen wie die Fotos. Ich habe mich selbst anästhesiert.

»Vielleicht gefällt sie ihm ja, alles eine Frage der Perspektive«, entgegnete die Freundin der rothaarigen Person. Auf dem Foto mit dem Schutzhelm von meinem ersten Tag bei eXe hatte ich den Blick gesenkt, stahlgrauen Eyeliner auf dem Oberlid, eine dunkle Augenbraue; zu jener Zeit lernten wir alle die Gesichtsarchitektur vermittelt durch die Kamera kennen und entdeckten die nichtverhandelbaren Eigenschaften von Augenbrauen.

Sadie erinnert sich: »Es gab keine Einarbeitung. Apple war die Einarbeitung. Man bekam einen Computer in die Hand gedrückt und packte ihn aus.« Zerknittertes Plastik auf grauem Teppich. Sie sagte zu mir, Seth sei Violett (die Aura von Sektenführern), während Piet, ebenso wie ich, Magenta sei. Sie war überzeugt, man könne seine spitzen Strahlen durch die Wände hindurch spüren.

Anfänglich war Sadie im selben Zimmer untergebracht wie ich, zusammen mit Ethan Zimmerman, dem Leiter der Rechtsabteilung, der in derselben Straße aufgewachsen war wie ich. Das war mein Tribut: exiliert von der Kunstwelt fand ich mich wieder unter meinesgleichen, Jüdinnen und Juden aus der Metropolregion New York. Eine Pop-Country-Sängerin hatte gerade ein Crossover-Album veröffentlicht, und irgendwie hatten wir es auf Vinyl und es lief in Dauerschleife. Wenn ich an dieses Zimmer denke, sehe ich es in immerwährendem Dämmerlicht vor mir, und immer läuft dieses Album, gefangen in dieser nicht-linearen Form, in der man Popsongs verschlingt. Und genau wie dieser Zeitraum, bevor die Platte den Geist aufgab, war es kurz und endete unerwartet. Wir wurden neu zusammengewürfelt auf andere Zimmer verteilt, und dann war ich allein. Diese ersten Tage betrachte ich als eine Art Vorspiel.

Zum ersten Mal überhaupt hatte ich Geld auf meinem Konto. »Es ist nicht zu schön, um wahr zu sein«, mahnte Sadie, und das wurde unser Mantra.

Auf dem Schreibtisch in meinem zweiten, einsameren Büro am anderen Ende des Flurs sammelten sich Gegenstände an. Ich hatte ein komplett aufgemotztes MacBook, einen offiziellen eXe-Monitor, Laptopständer, Bluetooth-Tastatur, Sony-Overear-Kopfhörer, die ich nie trug, weil sie unbequem waren, viele Ausgaben der frühen Digitalzeitschrift *OMNI* – ich hatte sie von einem freundlichen Herrn bekommen, der sie vor dem Eingang seines Park-Slope-Hauses verschenkte –, eine Kollektion von Halbedelsteinen auf Pappe, von denen einer fehlte (die Leerstelle hatte ich mit einem Marker umkringelt), einen Stapel Muji-Notizbücher. Außerdem hatte ich das größte damals verfügbare iPhone mit dem größtmöglichen Speicher – ebenfalls eine Zusatzleistung der Firma. Bei eXe benutzte niemand Schutzhüllen für sein iPhone. Ein großes Fenster mit Blick auf den East River. Vielleicht war da auch eine Pflanze, damals hatte ich es noch nicht so mit Pflanzen. Roman schlug vor, mir für die Fensterbank eine große Bong aus Glas zu besorgen und eine Blume hineinzustellen, vielleicht eine Calla? Ich lehnte ab.

Die geschlossene Raumaufteilung schuf eine komplexe Dialektik zwischen Einsamkeit und Gemeinschaft. Wenn es gerade kein gemeinsames Mittagessen und keine Meetings gab, brauchte man kaum andere Menschen zu sehen. Man konnte die Tür geschlossen halten und in seinem kleinen Loch bleiben. In dieser Einsamkeit schob ich Fotos in einen Ordner, in dem ich Stimmungsbilder für das neue Markendesign der Firma sammelte. Meine Assistentin bestellte mir ein kleines Tipi aus Ton, in das ich brennende Sandelholzstäbchen stecken konnte, um den Rauchgeruch zu überdecken, und dann hockte ich auf der Fensterbank, hielt die Hand mit der Zigarette aus dem Fenster, und war vollkommen allein.

Ach Einsamkeit. In New York war ich richtig ausgehungert nach Gesellschaft. Ich wollte mich jeden Tag immerzu mit meinen Freundinnen und Freunden treffen. Ich fühlte mich immer noch jung genug dazu. Aber gleichzeitig hatte ich das ausgeprägte Gefühl, dass es »nicht okay« wäre, das mit jemandem zu tun, mit dem man nicht schlief oder zusammenarbeitete. Das war nicht etwa meine ureigene

Überzeugung, sondern schlicht und einfach eine Kultur. Es gab eine Grenze dafür, wie viel Zeit man mit jemandem verbringen durfte, mit dem oder der man nicht in sexueller oder ausdrücklich geschäftlicher Art verkehrte. Mein Trick bestand also darin, mit meinen Freund:innen zusammenzuarbeiten – um mich dann ironischerweise allein in einem winzigen Raum wiederzufinden, die längste YouTube-Playlist der Welt abzuspielen und Asche an der Außenwand eines Wohnkomplexes hinabzuschnipsen.

13. Memes

Wenn die architektonische Anordnung schon merkwürdig (und vermutlich illegal) war, dann war die Sprache in der Firma nicht von dieser Welt. Obwohl im Prinzip Englisch gesprochen wurde, war der Jargon der Mitarbeiterinnen und Mitarbeiter so anspruchsvoll, dass ich mich an meine Deutschkurse erinnert fühlte, in denen ich als Collegestudentin im Rahmen eines Auslandssemesters in Berlin keine Ahnung gehabt hatte, ob ich überhaupt irgendetwas verstand. In der Firma gab es eine ungeheure Menge an internen Wendungen, die auf einer nur für Mitarbeiter:innen zugänglichen Unterseite der Website aufgelistet waren, aber der wahrscheinlich signifikanteste Aspekt dieses Kauderwelschs war die innovative Verwendung des Wortes »Meme«. Meme bezeichnete hier nicht (einfach nur) ein virales Bild oder einen Satz aus dem Internet, und hatte auch nicht die Dawkin'sche Bedeutung eines kulturellen Gens, obwohl es mit beiden verwandt war. Nein, bei eXe war ein Meme ein »großes Abstraktum«, sowas wie »das Ding« oder ein Dingsbums, ein Wort, das man für praktisch alles benutzen konnte. »Okay, welche Memes liegen an?«, konnte die Einleitung zu einem Meeting sein und »bitte nennt die Themen für diese Besprechung« bedeuten. Ein Meme konnte auch ein großes Kulturphänomen sein wie das Hamilton-Musical am Broadway, das während meiner Zeit in der Firma zu einem riesigen Meme wurde: etwas, wovon alle total besessen waren, oder etwas, das in den Medien ganz besonders wichtig oder groß wurde, wahrscheinlich etwas, das mit zunehmendem Tempo mehr Erwähnungen oder Bedeutung bekam. Memes konnten aber auch klassische Topoi im Leben von Menschen sein, zum Beispiel seine Schwiegereltern zu hassen oder sich darüber aufzuregen, dass der Mitbewohner sein Geschirr nicht abwusch. Solche eher primitiven Probleme konnten mit der Wendung »ein wirklich klassisches Meme« bezeichnet oder geehrt werden. Noch lustiger war es vielleicht, wenn das Wort Meme im Kompositum verwendet wurde, was draußen in der größeren, weiteren Welt nie geschah. Ein Wort mit »Meme« zu modifizieren, bedeutete, dass es in irgendeiner Form kanonisch oder auffallend war: »Meme-Restaurant von Williamsburg« war das Restaurant, in dem sich die Leute am williamsburgischsten benahmen. Die Meme-Bar von Williamsburg war wahrscheinlich die Location mit den Feuerschalen, wo Heteros hingingen, um was abzuschleppen, wo ich mit meinem älteren Freund nie hingehen wollte, weil ich eine Heidenangst hatte, mit meinem gefälschten Ausweis vor den Augen seiner coolen älteren Freund:innen an der Tür abgewiesen zu werden. Es klang ein bisschen nach Institution, ein Meme-Irgendwas von Irgendwas zu sein. Katz's war das Meme-Deli von New York. Barney Greengrass war der Meme-Fisch-und-Bagel-Laden der Upper West Side.

Opening Ceremony war die Meme-Boutique von Soho. Dorthin ging ich mit Piet zum Shoppen, als wir gerade frisch Chef-und-Angestellte waren. Um uns näherzukommen und (wie ich annahm) ein Gefühl dafür zu bekommen, was ihn in ästhetischer Hinsicht ansprach, damit ich dieses Wissen auf den ästhetischen Aspekt des Markenaufbaus für seine Firma übertragen konnte. Damit ich eine bessere Grundlage dafür hätte, welche Designoptionen ihm gefallen würden. Mit Piet in ein Geschäft zu gehen, war, als wäre man mit einem Baby unterwegs. Oder einem Barrakuda. Er lief schnurstracks auf das glitzerndste und scheußlichste Teil zu, das er sah. Er liebte es offenbar, wenn er hinlief und es hochhob und mir damit vor der Nase herumwedelte und ich das Gesicht verzog und nein, nein, nein sagte. Er liebte es, gemaßregelt zu werden. Schließlich erlaubte ich ihm, ein Kleidungsstück zu kaufen, das er nur noch »Jeans-Hoodie« nannte, einen teilweise zerrissenen Ethno-Kapuzenpullover aus Denim von einem aufstrebenden argentinischen Designer. Gegen einen glitzernden Selfiestick legte ich an der Kasse ein Veto ein. Anschließend gingen wir zum Essen zu Dimes, wo es weitgehend leer war – ungewöhnlich für das Meme-Chic-und-Gesund-Restaurant von

Chinatown. Mit einem Blick auf die Speisekarte fragte Piet: Was ist hier denn gut? Und dann: Ach, egal, bestell einfach alle Memes. Und das tat ich, ich bestellte die beliebtesten und typischsten Gerichte von der Karte. Anschließend tranken wir Espresso, und er schnorrte eine Zigarette von mir. Eigentlich rauche ich nicht, aber eine Zigarette und ein Espresso nach dem Essen: das ist einfach ein Mordsmeme, sagte er. (Nur zur Info, ich habe die Häufigkeit des Wortes Meme nicht für einen literarischen Effekt erhöht; so oft fiel das Wort tatsächlich, wenn man sich mit Piet unterhielt.) Der letzte Fall bezieht sich auf eine Verwendung dieses Wortes, die bei mir am stärksten hängengeblieben ist, ein Phänomen namens »die Memes machen«. Die Memes eines Ortes zu machen, bedeutete: Wenn man in Rom war, ging man ins Kolosseum und zum Trevi-Brunnen und aß Pasta. Die Memes eines Sommers in Berlin wären, irgendwo auf einem Feld Bier zu trinken und achtzehn Stunden am Stück auf Ecstasy Party zu machen. Die Memes im ersten Jahr in einem Architekturbüro wären, die ganze Nacht im Büro zu bleiben und Fensterpläne für ein Bürohaus in Chicago zu entwerfen und seinen Chef gleichzeitig wie besessen zu lieben und zu hassen. Die Memes bei Hochzeitsvorbereitungen wären wohl irgendeine Form von Hungerkur mit grünen Säften und ein Nervenzusammenbruch wegen Blumen. Die Memes für die Collegevorbereitung wären das Lernen für die Zulassungsprüfungen und sich einen Collegeführer von Fiske oder der *Princeton Review* zuzulegen. Zu den Memes des Mardi Gras würden öffentliche Nacktheit, Perlenketten und Komasaufen gehören. Die Memes vom Burning Man wären … darüber will ich eigentlich gar nicht nachdenken. Jedenfalls bedeutete »die Memes zu machen«, Klischees a) als existierend, b) als legitim und c) als auf sich selbst zutreffend anzuerkennen. Auf sozial-moralischer Ebene bedeutete das Memes-Machen, dass man etwas nicht mied, nur weil es naheliegend war. Es bedeutete, dass man das tat, was am beliebtesten war, und zwar mit Genuss.

Diese Verwendung war es, die Piet mit Normcore in Verbindung brachte, was wirklich ein riesengroßes Meme, in der herkömmlichen Internetbedeutung, war. Aus Piets Perspektive ging es bei Normcore darum, in Sachen Kultur oder Stil »die Memes zu machen«, ohne sich darum zu sorgen, eigentlich origineller oder individualistischer sein zu müssen. Es ging darum, sich einfach darauf einzulassen. Ironischerweise erzeugte das Erstellen eines Memes über das Mitmachen ein Gefühl von individueller Coolness, was zufällig die B-Seite davon war, sich ganz und gar allein zu fühlen. Ich glaube, für zwei Menschen, die sich in der Welt oft fremd fühlten (Piet und mich), hatte diese Vorstellung etwas Aufregendes und Befreiendes, weil sie eine behagliche Form von Gemeinschaft suggerierte, die Wahrscheinlichkeit, dass da draußen noch viele andere die Memes machten, genau wie man selbst, und man sich zusammen mit ihnen aufgehoben und dadurch weniger fremd fühlen konnte. Kurz gesagt mochte ich an Piet, dass er so ein Super-Freak war. Das machte ihn mir grundlegend sympathischer als Seth, der auf eine herkömmliche Art viel charmanter und hübscher war, normal genug, um zu wissen, wie Coolness funktionierte. Piet verstand, dass es beim Memes-Machen nicht darum ging, sich aus einem tiefen Zynismus über die menschliche Individualität heraus absichtlich langweilig zu machen, sondern dass es vielmehr einer Hoffnung entsprang, die man in den Geschmack und die Wünsche großer Gruppen der Menschheit setzte, und in die Erkenntnis, dass wir tief im Inneren alle völlig verrückt waren und uns nur in seltenen Momenten mit anderen zu Hause fühlten.

Es gab noch einige weitere sprachliche Besonderheiten. Eine war die obsessiv inflationäre Verwendung des Ausdrucks Gettier, einem Begriff aus der Logik, dessen Bedeutung mir tatsächlich immer wieder entglitt, allerdings inszenierte ich dieses Unverständnis auch mit großem Vergnügen als übertriebene Show. Fürs Protokoll: Ein Gettier ist eine bloß zufällig wahre, gerechtfertigte Überzeugung. »Alice sieht eine Uhr, die zwei Uhr anzeigt, und glaubt, dass es zwei Uhr ist. Es ist tatsächlich zwei Uhr. Was Alice aber nicht weiß: Die Uhr, auf die sie schaut, ist vor zwölf Stunden stehen geblieben. Alice hat also eine gerechtfertigte Überzeugung, die nur zufällig wahr ist.« Ich rief gern »Gettier!« bei Sachen, die keine Gettiers waren, wodurch sich ein frommer Programmierer genötigt sah, zu stöhnen und mir in aller Ausführlichkeit zu erklären, was ein Gettier wirklich war. War die Erklärung zu Ende, hatte ich die Hälfte schon wieder vergessen. Manchmal machte ich mir einen Spaß daraus, nachzuhaken und so etwas zu sagen wie: »Moment, ich glaub, jetzt hab ich's – ein Gettier ist eine NICHT gerechtfertigte wahre Überzeugung – also wenn man etwas Richtiges denkt, aber aus einem falschen Grund«, was ihn dann so richtig ins Rotieren brachte. Mein Problem mit Gettiers war Teil eines größer angelegten Witzes, bei dem es um die überzogen häufige Verwendung von Wörtern ging, die man nie ganz in den Griff bekam: Bei Piet und Seth war es »unterminieren« und bei mir und Sadie »scheinbar«, beides Wörter, deren Bedeutung ein klein wenig von dem abwich, wonach sie klangen, und die daher oft falsch verwendet wurden. »Scheinbar« bedeutet, dass etwas anders ist, als es scheint, die meisten Menschen benutzten es aber in der Bedeutung von »anscheinend«, was ausdrücken soll, dass etwas tatsächlich so ist, wie es scheint (und das taten wir auch, um so zu tun, als wüssten wir nicht, welche der beiden Verwendungen die richtige sei). So in etwa ließ sich auch mein Verhalten in so manchen verstörenden Firmenmeetings zusammenfassen: Ich versuchte, die gebräuchliche, falsche Verwendung zum Besten zu geben, während ich mir insgeheim die wahre Bedeutung dachte.

Ein anderer Fall war die Wendung »Armin-van-Buuren-Situation«, womit im Grunde ein falscher Alarm gemeint war, etwas, das im Augenblick eine große Sache zu sein scheint, sich langfristig aber als irrelevant entpuppt. Der Name stammte von einem frühen gemeinsamen Erlebnis der Jungs, als sie un-be-dingt einen angesagten EDM-DJ sehen wollten und am Boden zerstört waren, als es nicht klappte – um dann später herauszufinden, dass der DJ mies und EDM öde war … irgendetwas in dieser Richtung. In der Existenz von Armin-van-Buuren-Situationen spiegelte sich die veränderliche Natur unserer Lesart kultureller Bedeutsamkeit sowie der aus dieser Lesart abgeleiteten Dringlichkeit wider. Was man heute wahnsinnig cool findet, kann morgen schon bedeutungslos sein. Überhaupt kein Grund zur Aufregung.

14. Ankündigung

Während des gemeinsamen Mittagessens, einige Tage nach unserem Shoppingausflug zu Opening Ceremony, ergriff Piet das Wort und verkündete, dass wir in den nächsten Wochen mit unserem neuen Produkt an die Öffentlichkeit gehen würden – oder sobald wie möglich, je nachdem, was zuerst eintrat. Niemand wusste, worum es sich bei diesem neuen Produkt handelte. Die Leinwand hinter Piet zeigte das Foto einer Reklametafel vor dem Himmel von Downtown Manhattan, mit einer leeren weißen Fläche, wo sich normalerweise die Werbeanzeige befand. Das wird unsere Reklametafel, verkündete Piet. Er trug den Jeans-Hoodie, den wir zusammen gekauft hatten, der Saum fiel ihm bis zur Mitte der Oberschenkel. Überall um mich herum gingen die Entwickler:innen in Abwehrhaltung. Roman flüsterte mir ins Ohr: »Die spinnen doch.« Seth saß ein wenig abseits und sprach mit Zimra, dem einzig wahren Erwachsenen in der Firma. Mit seinen leuchtenden Augen und hängenden Schultern sah er gleichzeitig verlegen und amüsiert aus. Draußen heulte der Wind, legte sich wieder, wurde böig. Fahle Sonnenstrahlen durchbrachen den Nebel. Totes Laub trieb durch die milchige Williamsburgluft und klatschte an die Fensterscheiben. Seit ich in der Firma arbeitete, war es täglich kälter geworden. Da ich stets auf Firmenkosten mit einem Chauffeurdienst zur Arbeit und zurück fuhr, hatte ich das Wetter kaum noch am eigenen Leib erlebt, und wartete die ganze Zeit darauf, dass irgendjemand gegen diese Ausgaben Einspruch erheben würde, doch das geschah nicht. Die Außenwelt rückte in immer weitere Ferne. Piet redete in einem fort weiter und blätterte durch die Folien. Mit dem Rücken am kalten Marmor der Kücheninsel lehnend, betrachtete ich das wachsende Unbehagen meiner Kolleginnen und Kollegen und die Unbeholfenheit des Jeans-Hoodies mit aufkeimendem Genuss. Für mich war Piets Aufmachung ein Omen zu meinen Gunsten, ein Zeichen meines Einflusses, ein kleiner Vorabtriumph. Zwei weiße Rechtecke – die gedoppelte Spiegelung der leeren Werbefläche – schwammen im Glanz meiner Augäpfel. Das war der Moment, auf den ich gewartet hatte.

Nach dem Meeting ließ ich mir auf dem Rückweg in meine Höhle reichlich Zeit, unterhielt mich mit Leuten und klaute ihnen ihre Snacks. Als ich am Apartment der Jungs vorbeikam, sah ich durch die offene Tür, wie Piet wütend auf Seth einredete. Er stand dicht vor ihm und zeigte mit einem Golfschläger Richtung Decke. Seth saß auf dem Ledersofa und kicherte trotz Piets sichtlicher Aggression. »Beende einen Satz nie mit einer Präposition!« Ich ging weiter. Meine Kolleginnen und Kollegen waren sichtlich aufgewühlt. Es stimmte, dass die Ankündigung lächerlich war, aber ich hielt meine Kolleginnen und Kollegen doch für ein wenig schlicht, weil sie vor den unverschämten Forderungen der Jungs zurückschreckten. Genau diese Eigenart war es doch gewesen, die ihnen überhaupt erst das Geld eingebracht hatte; es gab keinen logischen Grund, warum sie plötzlich von Hype zu Stringenz übergehen sollten. Außerdem gab es keine Regel, die besagt hätte, dass ein reales Produkt besser wäre als ein imaginäres. Eine Menge beworbene Produkte, in die viel Geld floss, wurden am Ende nie wirklich hergestellt, oder sie funktionierten nicht richtig oder gefielen dann niemandem. Was mich anging, glaubte ich, mit jeder Situation arbeiten zu können. Das war das Vorrecht der Künstlerin: Fang mit dem Heute an und verwandele alles in Modelliermasse, nutze die Firma, wie sie ist, als Treibgut.

Wieder in meinem Büro, setzte ich mich an den Schreibtisch, zündete das Sandelholzräucherstäbchen an und machte mich daran, Ideen zusammenzutragen. Ich startete die browserbasierte Plattform, auf der meine Bildrecherche gespeichert war, und fing an, die Bilder auf meinem Moodboard hin und her zu schieben.

Unter den Bildern auf meinem Moodboard befanden sich:

– eine in Quecksilber getauchte Menschenhand

- eine Ausstellungsansicht: ein großer Raum, die Wände bedeckt mit einer silbernen Folie, in die Text eingeritzt war und die mit Abfällen und Kleindruckerzeugnissen beklebt war
- eine erhobene Faust auf dem fotokopierten Umschlag des Buchs *Computer Lib*, auf den jemand mit schwarzem Filzstift »ihr könnt und müsst Computer jetzt verstehen« geschrieben hatte
- ein Porträt aus dem 19. Jahrhundert: ein Künstler, der einen roten Samtvorhang öffnet und den Blick auf Dinosaurierknochen und riesige Käfer in einem privaten Museum freigibt
- die stark vereinfachte Darstellung eines neuronalen Netzes
- eine berühmte blonde Hollywoodschauspielerin, aus deren ausgestreckten Fingerspitzen elektrische Blitze schießen
- ein Foto von einem dreihundert Jahre alten japanischen Baum, umgeben von einem Gerüst, bei Sonnenaufgang
- ein 3-D-Rendering einer Lissajous-Grafik
- blonde Tennisspieler, am Boden liegend
- ein Schwarz-Weiß-Foto von einem winzigen Buch in einer offenen Handfläche
- ein berühmter Rapper auf einem Eames-Stuhl
- ein silberner Tropfen, der einen silbernen Würfel umfängt
- der Sonic-Igel mit einer Fibonacci-Folge auf dem Gesicht
- das Foto eines Pringles neben der technischen Skizze eines Pringles
- ein Yin-Yang-Symbol mit einem Dollar-Zeichen auf der einen und einem Peace-Zeichen auf der anderen Seite
- ein Wikileaks-T-Shirt
- die Original-»Think Different«-Kampagne von Apple (John und Yoko)
- das Logo einer fiktiven Sekte aus einer großen amerikanischen Fernsehsendung
- das Logo von Psychic TV
- die Cartoonfigur Mr. Peanut
- eine frühe Anonymous-Grafik
- das Logo eines Hip-Hop-Kollektivs, gestaltet aus Donuts mit Zuckerstreuseln

- eine rot-schwarze Zeichnung eines Gehirns
- ein Tokyo-Fixie-Fahrrad
- ein goldener Oscar, der in den hochgereckten Händen einen Macintosh-Computer hält
- zwei kleine Pillen, eine schwarz und eine weiß
- ein aufgeschlagenes Ei auf einer schwarz-weiß gesprenkelten Arbeitsfläche
- ein Schnappschuss von einem Mann in dunkelgrünem Seidenhemd mit zwei Pythons an der Leine
- eine Wetterkarte
- eine Nahaufnahme von einem Teenager mit Zahnspange und Stickern im ganzen Gesicht

Diese Bilder schob ich in ihrem digitalen Ordner hin und her, um zu sehen, ob mir neue Kombinationen irgendwelche Ideen eingeben würden. Und dann tauchte urplötzlich ein Bild vor meinem geistigen Auge auf: ein gerahmtes Foto, das über Piets Schreibtisch hing, ein Bild von ihm, wie er am Fuß eines Bergs in einer rosa Laufjacke in die Kamera blinzelt.

Die Geschichte dahinter hatte mir Piet einmal beim Abendessen erzählt. Als Kind habe er sich weder mit Marken ausgekannt noch Stil gehabt, erzählte er und beschwor eine Florida-eske Collage herauf: Nautica-Hemden zu Cargo-Shorts, Flipflops, die feuchte Luft seiner Heimatstadt. Ein Flipflop hinterlässt einen schmatzenden Abdruck in Sumpfschlamm, der aussieht wie grüner Cappuccino. In dieser Collage wirkte Piet verloren, intelligent, ausgegrenzt: ein Teenager. Schüchtern. Verhätschelt. Mamis kleiner Liebling. Y Combinator sei der Wendepunkt gewesen, sagte er. »Der Druck, die Wüste, die Pillen.« Eines Tages verließen er und Seth das Wettbewerbsgelände, fuhren ein bisschen durch die Gegend und machten bei einem Laden der Heilsarmee in einem kleinen Einkaufszentrum Station. Dort kaufte sich Piet eine rosa Damen-Laufjacke. Als er sie anzog, habe er das unglaubliche Gefühl einer Transformation gehabt. Ich stellte ihn mir dort vor, ein wenig jünger als jetzt, mit dunklen

Locken, entschlossenem Gesicht und dem rosafarbenem Synthetikstoff, der über seinem Pullover spannte.

Für meinen Bericht über das Planetary Computing hatte ich einige Bücher über Energie und Magie gelesen. In einem Buch über Chaosmagie, einem meiner Lieblingsbücher, hieß es, man müsse Grenzen überschreiten, um die magischen Energien zu entfesseln, die einem im Universum zur Verfügung standen. Man müsse einen Betonklotz in einen Fernseher schmeißen oder etwas sexuell Riskantes ausprobieren, irgendetwas, wovor man sich ekele, wird dort vorgeschlagen. Aber bei mir blieb das Bild vom Betonklotz im Fernseher hängen. Ich stellte mir einen jungen Typen vor, einen Punk, der eine generalisierte urbane Jugendlichkeit des 20. Jahrhunderts verkörpert, definitiv in Latzhose, den Oberkörper zur Seite gedreht. Die rechte Schulter neigt sich übers rechte Knie, die Arme umschlingen einen Betonklotz diagonal und schleudern ihn diskusmäßig in das quaderförmige Gehäuse eines Röhrenfernsehers. In der Mitte des gewölbten Bildschirms birst ein Loch mit gezackten Rändern, wie eine Überraschung im Comic, Drähte zischen im Inneren des Fernsehers und brennen durch, und ein lautloser, stinkender Rauchfaden kringelt sich aus dem gezackten Loch und steigt in den grauen, nein, ich meine blauen Himmel hinauf. Ja, definitiv blau.

Die rosa Laufjacke war der Betonklotz, und Piet war der Fernseher. Sieht man Piet diesen Reißverschluss zuziehen, ist man Zeuge der Geburt eines expressiven Bewusstseins. Der Entstehung eines Planeten. Der Beurkundung eines offiziellen Innenlebens. »Da wusste ich: Wir würden verdammt noch mal Geld machen.«

Danach war alles anders. Die rosa Jacke inspirierte zu größerer modischer Unverfrorenheit und einem zuversichtlicheren unternehmerischen Geist. Ein wichtiges Stück war in jener Zeit ein ikonischer Hoodie der japanischen Streetwear-Marke Bape, der mit einem camouflageartigen Muster aus ineinander verschränkten Affengesichtern bedruckt war. Diesen Pullover trug Piet bei dem Meeting mit den Investoren, vor denen sie eXe pitchten und ihre erste wichtige Finanzierungsrunde gewannen: Millionen und Abermillionen von Dollar. In diesem schrillen, abstoßenden Sweatshirt Investoren zu überzeugen – als ich davon hörte, verzog ich das Gesicht, aber ich fand es toll. Wie ich da an meinem Schreibtisch saß und über die Werbetafel nachdachte, kam ich zu dem Schluss, dass wir genau diese Unverfrorenheit rüberbringen mussten. Doch statt ausgehend vom Sweatshirt verwandte Konzepte zu assoziieren, dachte ich, wir könnten das Sweatshirt selbst als Grundlage nehmen. Solche persönlichen Gegenstände unserer Gründer konnten das geheime Substrat unseres Brandings werden. Das wäre wie in Marcus' Arbeiten – Stücke aus dem echten Leben herausbrechen und in einen anderen Rahmen setzen. Doch bei Marcus war es eine horizontale Bewegung gewesen – aus der Geschäftswelt ins Museum. Er hatte reale Gegenstände gekauft oder anderweitig beschafft und sie als Kunst positioniert. Sehen Sie, hier ist der *echte* Handtuchhalter dieses *echten* Internetgenies, und sehen Sie, hier steht eine Museumswachperson direkt daneben. Ich hingegen würde die Referenz ein Stück rückwärts versetzen. Sie sozusagen hinter die vorderste Schicht schieben, auf die ich die echten Gegenstände dann von hinten projizieren würde – das Branding würde das, was darunter liegt, verdecken, aber gleichzeitig auch darauf Bezug nehmen. Der Bape-Hoodie sollte die Reklametafel werden.

Ich mailte einem Grafikdesigner, dessen eigene Streetwear in Seoul extrem gefragt war, und bat ihn um einen Rückruf. Der Designer war jemand, mit dem ich nicht-geschlafen hatte. Er war ein attraktiver Mann, und ich hatte ihn weder erfolgreich gevögelt noch war ich von ihm gevögelt worden, was nicht daran lag, dass ich es nicht versucht hätte. Es war in der Zeit gewesen, als ich gerade frisch auf Antidepressiva war. Rose O'Connell, eine Psychotherapeutin in der 79. Straße (und ihr Partner Dr. Bigelow, die Sumpfkreatur) hatte mir Lexapro verschrieben, als ich vor meinem Einstieg bei der Firma von den morgendlichen Weinkrämpfen berichtete. Zu Rose war ich ursprünglich durch die Empfehlung der besten Freundin meiner Mutter gekommen, die eine Zeit lang zu ihr gegangen war, nachdem man ihrer Familie mit einem uralten Ponzi-Trick das Geld gestohlen hatte. Für die Fahrten von Brooklyn zur Upper East Side nahm ich die noch teureren Firmen-Ubers, was bei anderen Arbeitgebern Stirnrunzeln verursacht hätte, aber bei eXe pflegte man eine positive Haltung gegenüber Therapien, das war eins der Firmen-Memes. Seth ging selbst vier Tage die Woche zur Analyse und erzählte den Mitarbeiterinnen und Mitarbeitern oft von familiären Traumata, die Piet seiner Ansicht nach noch aufzuarbeiten habe.

Zunächst fand ich es gut, dass meine psychische Erkrankung als Zeichen der Zugehörigkeit betrachtet wurde. Ich hielt es für entstigmatisierend, wenn ich allen Kolleg:innen, die danach fragten, von meiner neuen Medikation berichtete. Heute bin ich mir nicht mehr so sicher. Vielleicht war es mutig, verrückt, exhibitionistisch oder sozialer Selbstmord oder alles davon. Vielleicht war ich einfach verängstigt und einsam, und dachte, wenn ich darüber spräche, würde ich mich weniger außenstehend und besser verstanden fühlen. Ich wollte das Gefühl der Unterstützung, wenn mich Freund:innen in dem Wissen ansahen, dass ich fehlerhaft war, gestreift von den Teufeln und den Engeln des Wahnsinns. Jupp, genauso entstanden meine PowerPoint-Präsentationen – indem ein Dämon der Bedeutsamkeit von mir Besitz ergriff.

Durch Lexapro wurde ich asexuell und folgsam. Ich fing einen Sportkurs in der Nähe des Büros an: Pure Barre. Da musste man an der Wand hinunterrutschen, runter, runter, runter, und den Hintern in die Ecke des Raums schieben, genau wie man es beim Frauenarzt hört: Rutschen Sie weiter runter, bis zum Rand des Tischs. Das wird sich jetzt etwas kalt anfühlen, sagen Sie Bescheid, wenn irgendetwas unangenehm ist. Am Ende der Pure-Barre-Stunden wuschen zwanzig bis dreißig Damen auf Händen und Knien ihren Schweiß von Yogamatten, knieten schrubbend auf dem Boden wie es Frauen von jeher taten. Ich baute keinerlei Muskeln auf. Diese winzigen Bewegungen brachten einem nichts weiter bei, als sich kleiner zu machen, sich hinzuhocken und zu schwanken. Lexapro bedeutete außerdem, dass Sex eine Nullmenge war, was ich zunächst beruhigend fand – befreite es mich doch von einer lebenslangen Gier und

Ablenkung. Aber dann stand dieser Designer mit seinem nackten, sexy, muskulösen Rücken rauchend am Fenster meines Apartments, und ich lag auf dem Bett und dachte, hm, ein bisschen weniger träge zu sein, wäre schon schön. Nackt, mit frisch und teuer gefärbten Haaren, lag ich auf einer Schaumstoffmatratze auf dem Fußboden meines neuen, teuren Zimmers im East Village, sah ihm beim Rauchen zu und empfand nichts außer einer ruhigen Freundlichkeit und dem Wunsch zu schlafen. Um die morgendliche Erschöpfung durch die starken Antidepressiva zu bekämpfen, ging ich zur Croissanterie um die Ecke und trank einen Mandelmilchcappuccino mit vier oder fünf Espresso-Shots darin, bevor ich mich vom Chauffeurdienst über die Brücke fahren ließ.

Der Designer nahm unseren Vögelfail anscheinend gelassen hin (anscheinend, oder scheinbar). Ich fasste die Aufgabenstellung zusammen: neues eXe-Produkt, niemand weiß, was es ist. Bananenprinzip, Reklametafel an der Canal Street, am besten gestern. Ich erzählte von der rosa Laufjacke und dem Bape-Hoodie. Er machte hmmm, was mir den Eindruck vermittelte, er habe mich verstanden.

Dann wartete ich. Ich hatte es freigelassen und wartete nun darauf, dass es zu mir zurückkam. Briefings sind wie Brieftauben. Ich saß allein in meinem Büro und drehte mich auf meinem Schreibtischstuhl im Kreis. Das ist der Job von Kreativdirektorinnen: die Anweisungen rausgeben und dann Stuhlkarussell fahren, bis sie erledigt zurückkommen. Ich blieb mit der Sneakerspitze am Teppich hängen. Die Sneakers hatte ich umsonst bekommen, als Firmenvergünstigung. Kostenlose Schuhe hießen: keine Wahlmöglichkeit. Wenn sie weiß waren, war es umso besser. Es gibt kein Gefühl, das mit kostenlosen, nicht selbst ausgesuchten, ungetragenen, frischen, weißen Sneakers vergleichbar wäre; mein teilneutralisierter Körper.

Das ursprüngliche Muster auf dem Bape-Pullover bestand aus Affen, und gegen Ende der Woche schickte der Designer mir das gleiche Muster aus Babys. Es war perfekt, das reine Neue an sich. Noch provisorisch, aber frech, schutzbedürftig, fleckig, wiedererkennbar. Die Farben waren Abstufungen von Cyan, Magenta, Gelb und

Schwarz – lebendig und auffällig, dabei trotzdem gängig. Ich seufzte erleichtert. Ich liebte diesen Designer. Nur eben nicht im Bett.

So verkaufte ich es den Jungs: Das Babytarndesign war ein Muster, und ich war überzeugt, dass Muster ein moderner Ansatz im Branding waren: »Muster zu erschaffen, statt Botschaften zu wiederholen.« Während ich »Botschaften zu wiederholen« sagte, rümpfte ich die Nase, damit sie wussten, dass es etwas Widerwärtiges war. Muster konnten sich von selbst replizieren (und verkomplizieren), einen Bereich mosaikartig mit Einflussnahme füllen. Ich schlug vor, dass wir weder eXe noch irgendeine der üblichen Informationen auf die Reklametafel schreiben würden. Nur ein großes Baby, umgeben von Baby-Camouflage, und den Rest sollten sich die Leute selbst denken. Es war ein überraschend kurzes Meeting.

An dem Tag, als die Reklametafel installiert wurde, begleiteten mich Seth und Piet dorthin. Wir nahmen einen Wagen nach Soho. Wir aßen Hummerbrötchen in irrsinniger Kälte. Dann standen wir an der Ecke Broadway und Canal Street und sahen zu, wie das riesige Nylonsegel im Wind flatterte und dann straff an den Rahmen gezurrt wurde. Und da war es. Unsere Flagge war gehisst. Ich war in Hochstimmung. Schon immer hatte ich etwas Großes machen wollen, etwas physisch Großes, und das war das physisch größte Projekt, das ich je durchgezogen hatte, und es war verrückt, und es war da, und alle konnten es sehen. Wir machten ein Foto von uns, ich mit einem Peace-Zeichen, hinter meinen beiden Schultern jeweils ein Gründerjunge, über uns die Reklametafel.

Als Nächstes kam die zugehörige Plakatkampagne. Knitterndes Papier unter Kleister an der Manhattan-Bridge, immer klumpiger werdend auf dem Weg durch Chinatown, Little Italy, Soho und so fort. Babys, Babys, Babys. Wir ließen eXe-Gelehrte in Berlin, London und Tokio ihre eigenen nachgemachten Versionen drucken und anbringen und Fotos davon schießen.

Die Kampagne war ein Hit. In der Folgewoche schrieb der Architektur-Kurator des Guggenheim-Museums in einem öffentlichen Beitrag: »Während die meisten Reklametafeln Vehikel für den Transport von Logos sind, bleibt diese hier unbeansprucht. Stattdessen übermittelt dieses urbane Leuchtfeuer schlicht eine Vermählung von Memes. Oder, präziser ausgedrückt: die Entstehung eines neuen Memes, das über ein Möchtegern-Meme krabbelt … Warum? Vielleicht, weil jene, die erwiesenermaßen über die Fähigkeit verfügen, den Finger an den Puls eines entstehenden sozialen Wesens zu legen, glauben, dass es keinen Unterschied zwischen dem physischen und dem digitalen Raum gibt. Vielleicht glauben sie, die Welt sei vereint und Kultur könne sich unterscheidungslos zwischen Medien und bewohnbaren Umgebungen bewegen. Wenn das so ist, und wenn sie recht haben, dann ist dieses Bild einer Reklametafel in einer Reihe zu sehen mit dem *Erdaufgang*, dem Foto, das 1968 an Bord von Apollo 8 aufgenommen wurde, als die Astronauten die dunkle Seite des Mondes umflogen und zum ersten Mal die ›ganze Welt‹ aus dem All einfingen und eine völlig neue Sichtweise auf unseren Planeten schufen.«[4]

15. Gemeinsames Vorwissen

Zur Feier unseres Erfolgs gab es eine Party. Sie fand an einem Freitagabend statt, nachdem wir am Nachmittag eine Mitarbeiterversammlung gehabt hatten. Seth und Piet lieferten ungewöhnlicherweise eine gemeinsame Performance, in der sie den Mitarbeiterinnen und Mitarbeitern eine Diashow der Kampagne zeigten, plus einen Screenshot des Guggenheim-Artikels. Sie lächelten und wirkten glücklich, stießen sogar einmal die Hüften aneinander, die Arme in die Seiten gestemmt. Ich bekam eine Runde Applaus und Gejohle, und das firmeneigene Handzeichen kam zum Einsatz: die Hände locker ausgestreckt, im rechten Winkel zum Körper, und aus dem Handgelenk nach links und rechts wackeln. Es signalisierte Zustimmung, meistens »ja«, wenn jemand etwas sagte, aber auch »super, weiter so« in einer Situation wie dieser. Leider habe ich diese Geste bis heute beibehalten. Ich stand im Hintergrund und lächelte. Aus erhobenen Daumen und kleinen Fingern schossen Blitze der Anerkennung direkt in mich hinein. Nina, die Chefsekretärin der Jungs, saß in der ersten Reihe. Auch sie wackelte mit der Hand, doch als sie mich ansah, war ihr Blick zutiefst finster. Ein Entwickler neben ihr stieß ihr IPA um, und es ergoss sich schäumend über das Laminat.

Nach dem Meeting saß ich glücklich und zufrieden auf meinem Bürostuhl zwischen Baby-Merchandise aus weißer Baumwolle und schwelgte in feierlicher Vorfreude auf die Party. Ein sündiges, verspieltes Winterpartygefühl lag in der Luft, diese gemütliche, ein wenig in den Augen brennende Empfindung. »Bau dein Haus auf einem Berg aus Wahrheit, und lass deinen Grundstein frei von Ornamenten sein, damit er den Wänden guten Halt gibt«,[5] stand, mit Kreuzstich auf eierschalenfarbenes Leinen gestickt, in einem roten Rahmen in meinem Büroregal, in dem sich Deko-Artikel ansammelten.

Jemand klopfte an meine Tür. Es war Nina, sie war aufgelöst. Sie hatte eine Textnachricht bekommen und wollte sie mir sofort zeigen, wie eine heiße Kartoffel. Nina hatte am selben College Englisch studiert wie der Präsident, und jetzt trug sie Piet rund um die Uhr seinen Kram hinterher. Assistentin zu werden, gehörte zu den kompliziertesten Empfehlungen, die einem – vor allem Frauen – am College nahegelegt wurden. Es war eine Möglichkeit, die Spielregeln zu erlernen. Dahinter steckte vermutlich der Gedanke, dass man sich formell in unmittelbarer (unterwürfiger) Nähe zu einer mächtigen Person befand und sich von dort aus mittels Manipulation in eine höhere Position bugsieren konnte. Sich selbst zum Durchbruch verhelfen. In der Praxis habe ich noch nie erlebt, dass das besonders gut funktioniert hätte. Befand man sich einmal in einer dienstbaren Position, waren die Chefs später bestenfalls kompromittiert und fühlten sich einem verpflichtet, sodass sie das Bedürfnis verspüren mochten, einen in ihrer Nähe zu behalten, wenn die Firma wuchs. Echte Macht jedoch war nie eine Option. Dennoch stand auch immer noch der latente Vorwurf gegenüber Post-Finanzkrisen-Millennials im Raum, es sei Ausdruck einer schlimmen Anspruchshaltung, devote Assistenzstellen abzulehnen. Was ich damit zu sagen versuche, ist, dass die Laufbahn als Chefsekretär:in ein trügerischer Irrweg war, den viele kluge Menschen einschlugen.

Nina war intelligent und auf eine vertraulich-neckende, mädchenhafte Art witzig. Sie fragte einen immer aus und merkte sich sämtliche Antworten, die Namen von Bekanntschaften aus dem Ferienlager und was man am Wochenende zu Mittag gegessen hatte. Sie war die größte – im herkömmlichen Sinn attraktivste? – Frau in der ganzen Firma. Während eines langweiligen Meetings zählte ich einmal elf goldene Ringe an ihrem rechten Ohr.

An diesem Nachmittag kam sie zu mir, weil sie Piets Koffer für eine Geschäftsreise gepackt und seine Lederjacke obendrauf gelegt hatte, für den Fall, dass er sie im Flugzeug tragen wollte, und diese Uneindeutigkeit hatte ihn auf die Palme gebracht. »Beim nächsten Mal würde ich es vorziehen, wenn du konkrete Angaben machst:

›diese Jacke ist während des Transfers zu tragen oder zu Anlass X oder Y.‹ Leg sie *in* den Koffer oder leg sie nirgendwo hin – aber sie einfach da draufzulegen, nützt mir überhaupt nichts«, schrieb Piet in einer Serie von Textnachrichten, die über viele iPhone-Bildschirme reichten (und an Rufmord grenzten).

Woher stammt der Begriff »krankhafte Neugier«? Ich war entsetzt wegen Nina, aber auf eine morbide Art fand ich es auch amüsant, wie wenig Piet seinen eigenen Instinkten zu vertrauen schien. War er wirklich so beschäftigt oder so ignorant, dass er nicht würde entscheiden können, ob er im Flugzeug eine Jacke tragen sollte oder nicht? Er hinterfragte Normen bis ins kleinste alltägliche Detail. Jede blitzschnelle Entscheidung, jeden Anflug von Intuition konnte es treffen. Piet glaubte tatsächlich an kognitive Verzerrung, ein Konzept, das sich wie eine Seuche in der Branche verbreitete: die Vorstellung, dass wir in dem Moment, in dem wir ganz auf uns allein gestellt sind, garantiert in die Irre gehen, uns gehen lassen und falsch liegen würden. In Wirklichkeit war das Gegenteil der Fall. Eine »Korrektur der kognitiven Voreingenommenheit« war oft nur ein Deckmantel für Unvernunft oder Launen oder den Wunsch, das alltägliche Leben in ein Spiel persönlicher Dominanz zu verwandeln.

Schon seltsam, dass ich ein schlechtes Gewissen habe, das hier aufzuschreiben, weil ich so viel Mitgefühl für diese Männer – unsere früheren Geiselnehmer – empfinde, denn später konnte ich auch den Schmerz sehen und spüren, von dem ich glaubte, dass er Piet veranlasste, solche Textnachrichten zu schreiben. Ich hielt das für etwas, das er nicht unter Kontrolle hatte. Dazu kommt mir nun der Gedanke, dass ich überhaupt nur deshalb glaubte, mich in sie einfühlen zu können, weil ich mich für eine von ihnen hielt. In gewisser Weise war mir noch nicht vollends bewusst, dass ich eine Frau war – trotz der Grapschereien eines früheren Chefs, der Grausamkeit von männlichen Verwandten und einer Menge misogyner Freunde. Man muss Muster lesen können, um die ganze Misogynie zu sehen, und bei mir funktionierte diese Mustererkennung damals nicht richtig. Mein Kollektiv und meine Arroganz hatten mich davon abgeschirmt.

Durch mein Kollektiv war ich praktisch an eine bestimmte Auswahl an Männern gekoppelt gewesen, die immer irgendwo im Hintergrund mitliefen. Ihre Gegenwart hing über meinem Kopf wie Münzen in einem Videospiel. Selbst wenn ich allein irgendwo hinging, war ich eher eine maskuline erste Person Plural, das »wir« unserer Gruppe, als die erste Person Singular von mir, Emily, einem weiblichen Wesen. Das begriff ich allerdings erst später, was zum Teil an meiner Arroganz lag, die eher wie ein ständiger Bienenstich funktionierte, indem sie mich durch Endorphine und konstante kleinere Irritationen am Laufen hielt. Rhythmisch die Straße entlangstolzieren, auf dem Weg zur absoluten Herrschaft. Durch diese Brille (»Empathie«) konnte ich die Gründerjungs als Versionen meiner selbst sehen, als Fragmente von etwas, das ich um ein Haar selbst erreicht hätte, meine ausgesonderten In-Vitro-Drillinge.

Sadie hat ein Problem mit Empathie und der in ihren Augen trügerischen Unterscheidung von Mitgefühl. Wir kamen darauf, als ich ihr erzählte, was unsere frühere Professorin kürzlich in einem Vortrag gesagt hatte, in dem sie das Konzept der Empathie kritisierte. »Überlegen Sie doch mal«, sagte sie. »Wenn man sich den Schuh eines anderen anzieht, hat man der Person ihren Schuh *weggenommen.*«[6] Ich versuchte zu erklären, dass die meisten Leute glaubten, Mitgefühl bestehe darin, mit jemandem mitzuempfinden, während Empathie bedeutet, sich an die Stelle des anderen zu versetzen, aber sie wollte es nicht akzeptieren. Was ich verstehen konnte, da ich ein ähnliches Problem mit dem Dualismus von introvertiert und extrovertiert habe, den ich für Unsinn halte.

An jenem Abend vor der Party stand Nina da, geduckt wie ein abgesoffener kleiner Cherub, genervt und sauer, ihre verspielt-fröhliche Art wie ausgelöscht. Ich hatte mir bei den Kolleg:innen den Ruf erworben, eine Art Chef-Flüsterin zu sein, was zum Teil auf meine ungewöhnliche Verhandlungstaktik und seit dieser Woche auch auf den unerwarteten Erfolg der Reklametafel zurückging. Wie sie mich so hilfesuchend ansah, saß ich ein bisschen in der Klemme. Mich für Nina einzusetzen, war für mich in mehrerer Hinsicht problematisch.

Erstens würde sie dadurch kompromittiert werden. Wenn es etwas Schlimmeres gab, als eine Dienerin zu sein, dann war es, eine Dienerin zu sein, die in dem Ruf stand, den Mund nicht halten zu können. Vor allem dann, wenn die Beschwerde berechtigt war.

Zweitens hatte ich bereits den Eindruck gewonnen, dass es den Jungs gefiel, wenn man ihnen sagte, dass sie etwas falsch machten – es gefiel ihnen sogar sehr. Das war einer der Gründe für unsere rosarote Phase nach dem Vorstellungsgespräch gewesen, eine Chance, live und in Farbe zu analysieren, was falsch gelaufen war. Seth genoss den Stich des Beinahe-Scheiterns, und ich durfte es ihm im Ledergeschirr servieren.

Drittens war die Geschichte zwar fies, erschien mir aber nicht schlimm genug, um Erstens und Zweitens aufs Spiel zu setzen.

Bevor ich etwas sagen konnte, öffnete sich die Tür zu meinem Büro und eine weiße Hand schob sich durch den Spalt, gefolgt von einer Schulter und einem Körper. Durch die offene Tür sah ich, wie palettenweise Prosecco ins Wohnzimmer gekarrt wurde.

Wir wandten die Köpfe, auf den Lippen das angespannte Lächeln, wenn man bei einem Streit überrascht wird, bei einem verkrampften Abendessen oder dem Vorspiel zu etwas Niederträchtigem. »Wir sprechen ein andermal darüber«, sagte Nina und verschwand.

Mein Überraschungsbesuch war Marcus, der verfrüht zur Party kam. Bei ihm war ein gemeiner Silberfuchs, ein Kurator, der für ein großes Museum eine enzyklopädische Ausstellung über die Anti-Epoche plante, zu der Marcus und ich gehörten. Der Mann war aufreizend, attraktiv und unverschämt, er trug T-Shirt unter einem Blazer aus ungewöhnlichem, halb zerknitterten blauen Material. In der Hand hielt er einen frühen Entwurf eines Schlüsselbands, das Marcus und ich für die Ausstellung gestaltet hatten. Er hängte es über den silbernen Rahmen meines Schreibtischstuhls und küsste mich auf beide Wangen. Alejandro.

Ich öffnete den Mund und wollte schon weitererzählen, was Piet mit Nina gemacht hatte, überlegte es mir aber anders und schluckte es hinunter. Stattdessen zeigte ich den beiden Fotos von der Reklametafel und der Plakatkampagne auf meinem Bildschirm. »Warum Babys?« – »Babys sind praktisch der Inbegriff des Neuen. Die reine Neuheit an sich«, sagte ich. Beide machten hmmm. Ja. Dann nahm ich sie mit auf einen kleinen Ausflug in die Badezimmer der Büros in den anderen Etagen. Piet hatte sie höchstpersönlich mit eigens angefertigten Duschvorhängen ausgestattet … produziert nach der falschen Version, dem Rohentwurf unseres Babytarnmusters, das falsch verzahnt war, einfach vom Server geklaut, ohne auf Bezeichnungen wie Rohentwurf oder finale Version zu achten. Aber es spielte eigentlich keine Rolle. Akribisch darauf zu achten, welche Version wo landete, war Aufgabe der Vermarkter:in oder Künstler:in; ein Gründer konnte einfach loslegen und Tatsachen schaffen.

Einige Wochen später, nach dem Ende der Plakatkampagne, eröffnete Marcus in dem Museum eine große Intervention. Es war ein absoluter Geniestreich, über den ich damals vor Freude quietschte. Ja verdammt, es war eine Art offizielle Bestätigung für all unsere gemeinschaftlichen Mühen. Was auch immer ich mir darunter vorstellte. Inklusive einer krabbelnden Babypuppe und einem Haufen Gelatinekapseln, die in Alejandros Ausstellung als gefriergetrocknete Plazenta bezeichnet wurden – es war eine Art Volley, ein Riff auf die Babyreklametafel. Marcus nahm den Faden auf, den ich ihm hingelegt hatte, als ich die Stelle bei eXe annahm. »Du gehst ganz schön steil, Mädchen«, hatte Marcus gesagt, als ich ihm von dem ursprünglichen Angebot berichtete. Ich hatte mich zu ihm hinübergebeugt und ihm mein künftiges Gehalt ins Ohr geflüstert. »Verdammt«, sagte er. »So viel kann ich vielleicht in einem Jahr an Umsatz machen, aber niemals netto reinkriegen.« In Marcus' Nähe zu sein, war für mich, als wäre ich auf Drogen, als könnte alles, was ich sagte, richtig sein, als wäre die Luft zwischen meinen Thesen und der Realität lebendig und dünn und dann, husch, nicht mehr da. Er strich sich über den Ausschnitt seines neuen, kragenlosen Flanellhemds und versetzte mir einen leichten, gratulierenden Karateschlag auf die Schulter, unsere Freundschaft war wie auf Stelzen zu gehen.

Weil wir so oft die Köpfe zusammensteckten und lachten, glaubten alle, unsere Beziehung wäre auch sexueller Natur – aber eigentlich kam sie eher der Verbindung zwischen Zwillingen nahe, eine Konspiration zweier Entitäten, die auch eins hätten sein können. Ich fand seine Freundin wirklich hübsch, sie verübelte mir sein Interesse an mir. »Für ihn bist du das Mädchen mit dem Drachentattoo«, sagte sie einmal zu mir, was mich irritierte. Jahre später verstand ich, was sie gemeint hatte. Allein durch seine Gegenwart lehrte mich Marcus, dass Kunst eine Form toxischer Vorenthaltung sein konnte, was zu meiner Kalkablagerungstheorie passte. Er brachte es mir nicht explizit bei, es lag vielmehr in einer Art genial un(ter)artikuliertem, vernehmlichen Schweigen in Bezug auf die Gegenstände, nach denen die Leute fragten. Man kann alles darüber verraten, wie die Arbeit hergestellt wurde, aber man darf nie genau erklären, was sie bedeutet. Seine Kunst war wie ein chirurgisches Werkzeug, er schnitt draußen in der Welt Objekte aus und versetzte sie ins Museum. In dieser Hinsicht war er völlig unprätentiös. Alles war zum Abschuss freigegeben. In seiner Nähe schien es mir unmöglich, mich zu blamieren.

Der Kurator der Ausstellung, Alejandro, war ein brutaler, gerissener Mann, der ein Buch über künstlerische Unternehmungen in der Wirtschaft geschrieben hatte. Er war der kleinliche Barde dieser ganzen Tradition: Künstler:innen, welche die imaginäre Wand zwischen Kunst und Kommerz durchbrochen hatten, die Membran durchdrungen oder enthüllt hatten, dass sie gar nicht existierte. Rutherfords Goldfolienexperiment: Man kann Partikel direkt durch die Goldfolie strahlen, und sie treffen auf die dahinterliegende Wand, weil die Materie in Wirklichkeit nicht fest ist. Sie schwingt nur. Diese Künstler:innen waren entweder die Partikel oder die Strahlenpistole. Vielleicht waren Marcus und ich beides. Es gibt eine volkskundliche Vorstellung von »gemeinsamem Vorwissen«, an die ich manchmal denken muss, wenn ich mich daran zu erinnern versuche, was Marcus und ich eigentlich genau sagten, wenn wir über unsere Projekte sprachen. Vieles davon war bloße Bestätigung unter hohem Druck.

Nicht etwa Druck untereinander, eher Druck gegen eine nicht anwesende Stimme, die Stimme der Kunstwelt oder vielleicht der Welt-Welt, die unserer Ansicht nach eine falsche Vorstellung von Vereinnahmung hatte, von Aneignung, von Authentizität, eine falsche Vorstellung vom Leben eines Künstlers oder einer Künstlerin. Gleichzeitig hatten wir immer noch einen romantischen Blick auf unser Tun. Es hatte etwas von einem Abenteuer, aber es kamen nicht viele Eigennamen vor.

»Gemeinsames Vorwissen« ist das, was zwischen mehreren Menschen unausgesprochen als wahr vorausgesetzt werden kann. Marcus und ich hatten einiges an gemeinsamem Vorwissen, und ein großer Teil davon war, dass das, was wir machten, völlig naheliegend und wichtig war – für uns beide. Vielleicht war dieses gemeinsame Vorwissen von einer Art Privatlogik geprägt, oder von zwei privaten Logiken, die sich gefunden und es Kunst genannt hatten. Vielleicht war es auch eher eine negative Theologie für zwei.

Wieder im Büro, konnte ich Marcus und Alejandro ansehen, dass sie die Vorhangsache schrullig fanden. Wir blieben noch sitzen, bis die Party in Gang kam. Ich holte eine Flasche Prosecco und eine weiße Keramikschale mit Pita-Chips. Durch die Tür hörten wir das An und Aus der Musik, während das Soundsystem getestet wurde. Im Tarot gibt es eine Karte, die »Dicke-Katze«-Karte, die hier von Bedeutung ist. Es handelt sich um die Neun der Kelche. Ein Pascha in einer Robe sitzt auf einer Holzbank, die Knie weit geöffnet, die Arme vor der Brust verschränkt, und auf einem blauen Vorhang hinter ihm stehen in einer perfekten Reihe Neun Kelche. »Manchmal ist es herrlich, sich zurückzulehnen und in dem Wissen zu schwelgen, dass alles auf der Welt in Ordnung ist. Doch ein Wort der Warnung: Sie könnten in Versuchung geraten, es sich auf Kosten anderer gut gehen zu lassen (wie unsere schelmische Katze).«[7] Irgendwann wurde die Musik lauter und durchgängiger, in allen drei Apartments auf der Etage synchron. Gäste trudelten ein, zogen durch den Flur von einer Büro-Wohnung in die nächste. Es gab keinen Unterschied zu einer Hausparty, nur dass hier niemand zu Hause war.

Zwei Juniorassistentinnen räumten den Couchtisch aus dem Weg, sodass eine Tanzfläche entstand. Dutzende Leute gingen zum Rauchen auf den Balkon und brachten Schnee mit herein. Der Schnee schmolz und vermischte sich mit Dreck, die Scherben einer zerbrochenen Bierflasche verteilten sich immer weiter. Bekannte von Mitarbeiter:innen, queere Downton-Leute, kritische Tech-Leute, niederrangige Galerist:innen, Entwickler:innen, wilde Netzgelehrte, Mitläufer:innen, Leute aus dem Haus, alle tanzten zusammen. Es war ein Menschensalat. Ein weißer Stiletto-Pump knirschte auf einer Glasscherbe. Ein Schwall kalter Luft fegte von draußen herein.

Ich kannte jede und jeden und küsste alle Tanzenden auf die Wangen. In dieser Zeit vermischte ich meine sozialen Kreise, ich fand es wichtig, eine alternative soziale Gruppe zu pflegen – als wäre es politisch progressiv, wenn der queere Untergrund K vom Schreibtisch meines Chefs zog. Glaubte überhaupt noch jemand an den queeren New Yorker Untergrund, außer als Thema für einen *Dazed Digital*-Artikel? Aber für mich lebte er weiter als ein echter imaginärer Ort, ein Vermächtnis von Möglichkeiten, noch etwas, das mich in dieser Stadt festhielt. Von hier fortzugehen, würde bedeuten, diese Idee aufzugeben. Warum konnte ich Ideen nie Ideen sein lassen? Ich musste wohl irgendein grundlegendes Problem mit Inspiration haben. Transpiration?

Ein Typ ging an mir vorbei, sah mich an und sagte »weiße Mädchen mit Creolen Punkt tumblr Punkt com«, was ich beleidigend fand. Ich rempelte ihn aus dem Weg. Im Gewühl fing ich den Blick einer Frau mit einem Kordelzopf auf. Ich hatte sie eingeladen. Sie arbeitete für ein Start-up, das allmorgendlich mit Slang-Ausdrücken durchsetzte, auf Millennials ausgerichtete Wetterberichte verschickte. Wir hatten uns auf einer mörderisch langweiligen Netzwerkveranstaltung für Digitalmarketing kennengelernt, zu der ich nur gegangen war, weil Zimra mich bestochen hatte. Sie hatte mir einen gelben Werbe-Regenschirm gegeben. Sie hatte echt blaue Augen. An diesem Abend, auf der Party, experimentierte ich mit lesbischem Blickkontakt. Von lesbischem Blickkontakt hatte ich auf der Website

Autostraddle erfahren, in einem Beitrag darüber, wie man Frauen ins Bett kriegte. Der Rat lautete (ziemlich simpel): lesbischer Blickkontakt. Exakt vierundzwanzig Stunden, nachdem ich diese Zeilen gelesen hatte, war ich kurz davor, diese junge Frau auf eine Pool-Liege im Untergeschoss zu kriegen.

Der unterirdische Pool befand sich neben dem Fitnessraum der Wohnanlage und man hatte von dort Ausblick auf den East River. Unterwasserleuchten warfen Batikschattenmuster auf die Betonwände. Mein Gesicht in den Haaren der Frau vergraben, roch ich Chlor, Staub, Spucke und Santal 33.

Während sich die Frau an mich schob, summte mein Handy in meiner Hosentasche. Ich angelte danach und legte einen Finger zwischen ihrem und meinem Gesicht an meine Lippen, als hätte mein Handy einen Gaydar. Seth schrieb mir, es habe eine Beschwerde wegen des Lärms gegeben, und die Party solle geräumt werden. Wo ich sei. Ich müsse *sofort* wieder hochkommen. »Ich … äh …« Mein Blick glitt zu dem invertierten roten LCD-Dreieck. Blitzartiger Abgang. Ein paar Jahre später nahm ich in einem Supermarkt Blickkontakt mit ihr auf, und sie erkannte mich nicht.

Als ich im Flur des vierten Stocks ankam, wo Seth auf mich warten wollte, traf ich an seiner Stelle Piet. »Wo ist Seth?« – »Was ist das für ein Ohrring-Meme?« – »Was?« Ich fasste mir an den Kopf. Er lag unter der Pool-Liege. Der Symmetrie zuliebe nahm ich auch den anderen Ohrring heraus. »Zerbrich dir darüber nicht deinen kleinen Kopf!« Er machte einen schnippischen Laut, hinten im Rachen, dann zuckte sein Mundwinkel zu einem Lächeln nach oben. »Die Polizei sollte kommen, ist sie dann aber doch nicht.«

Die meisten Partygäste gingen und trugen den Schnee von unserem Balkon zu neuen Aussichtspunkten. Marcus und Alejandro waren verschwunden. Stroboskoplicht und schrille Gesprächsfetzen hinter meiner Bürotür ließen vermuten, dass sich in dem kleinen Raum wohl etwa zwanzig bis dreißig Leute aufhalten mussten. Piet stand hinter mir, als ich gerade allen sagen wollte, sie sollten jetzt gehen. Ich öffnete die Tür einen Spalt, spürte, wie er erschrak, und sah mich um. Piet hatte einen Blick auf das erhascht, was drinnen vor sich ging. Er fing meinen Blick auf, legte mir die Hand auf den Rücken und drängte sich an mir vorbei ins Zimmer.

Ich skizziere das hier, damit man sieht – damit ich selbst sehe – wie man die Dinge aus dem Ruder laufen ließ.

16. Das Gegenteil von Fortschritt

Eine Zeit lang lief in einer Fruchtblase aus Geld-ist-kein-Thema alles unverändert weiter.

In Bezug auf meine Designs dachte ich, ich könne mir die Ästhetik der Branche zunutze machen, um die utopische, demokratische Energie aus der Anfangszeit des Internets aufleben zu lassen – oder das, was ich mir ahnungsloserweise darunter vorstellte. Und ahnungslos war gut, denn ich sah Unternehmen als eine Art Fiktion – im Sinne von fiktional, nicht vorgetäuscht, was hieß, dass man in sie hineinschreiben konnte, wie Fanfiction oder ein Drehbuch.

Die Firma wurde bekannter. Wir stellten den am meisten bewunderten Musikjournalisten der Welt ein, und rund um den Globus orakelten die Zeitungen, ob sich damit eine dauerhafte Verschiebung der Medienlandschaft ankündige. Es gab eine offiziellere Feier für die Firma in Alejandros Museum. Ich lernte, dass man sich Steaks für achtunddreißig Dollar bestellen konnte, dass man mit der Firmenkreditkarte Geld am Automaten abheben konnte und dass einige der Kolleg:innen das auch taten. Zur Happy Hour lagen auf unseren Schreibtischen lauter leere Ketamin-Ampullen. Während einer Taxifahrt über die Williamsburg Bridge gerieten Roman und ich in einen furchtbaren Streit über die Ablauffrist unserer Aktienoptionen. Ich las ihm höhnisch das Kleingedruckte vom Bildschirm meines iPhones vor und sah, wie er nachdenklich wurde und hinter ihm am Himmel die Wolken erblassten. Obwohl sich das Bedeutungsnetz der Gelehrten über das Internet ausbreitete wie Öl auf dem Meer, hatten wir noch keinen roten Heller verdient. In der Presse tauchten geheime Gerüchte über die Firma auf, und wir hatten deswegen Mitarbeiterversammlungen, in denen mit Formulierungen wie »Knarre an den Kopf halten« um sich geworfen wurde. Der Börsengang blieb im Dunkeln. Alle paar Wochen wurde ich in die Suite der Gründer zitiert, wo an einem Tisch die vier Männer saßen, die die Firma leiteten: die beiden Jungs, der Betriebsleiter und der technische Direktor, alle mit einem eigenartigen, falschen Lächeln auf dem Gesicht. »Wir wollten dir nur sagen, dass wir finden, du machst einen richtig guten Job.«

Ich musste immer an einen bestimmten Post auf Safinas Blog denken, in dem stand, man solle Leute nur dann loben, wenn man ihnen das Gefühl geben wolle, nichts wert zu sein. »[Wir vertreten die Position], dass man in der Kindererziehung – und in allen anderen Formen der Kommunikation mit Menschen – kein Lob aussprechen darf. […] Ob wir jemanden loben oder tadeln, das ist nur Zuckerbrot oder Peitsche.«[8] Loben Sie auf eigene Gefahr, schrieb sie.

17. Autofahren mit Jungs

Während dieser Zeit träumte ich eines Nachts, ich hätte mit Piet auf dem Rücksitz einer Limousine rumgeknutscht. Es geschah ohne Vorwarnung. In dem Traum klappte er den Getränkehalter hoch, der die Nappalederrückbank teilte, und rutschte auf mich zu. Meine Hände in seinen Haaren, seine Hände an meinem Hals, um uns herum getönte Scheiben, eine erotische Atmosphäre. Gleichzeitig empfand ich eine Art Frustration oder Störung, der Kuss fing an und fing dann mitten im Anfangen noch einmal an, ohne dass es wirklich dazu kam ... eine asymptotische Annäherung an einen Kuss, die nie ganz ankam. Sirenen von Feuerwehr und Krankenwagen auf der 2nd Street weckten mich. Ich sah aus dem Fenster; von der Feuerleiter des gegenüberliegenden Hauses starrte eine graue Katze zurück. Sanftes Licht im frühen Morgengrauen. In diesem Apartment lief oft laute Musik, aber gute Musik, Bebop, und ich hielt dann mein Handy mit der Musikerkennungs-App aus dem Fenster, um mir die Songs in meine Wohnung zu holen, von der ich immer noch nicht recht glauben konnte, dass es wirklich meine war.

Später an diesem Vormittag, während meine Kolleg:innen sich ihr Frühstück zusammenstellten, zog ich Sadie am Ellbogen in die schillernde Glaskabine am Ende des Lunchraums und berichtete ihrem ungläubigen Blick im lauten Flüsterton von dem Traum. Ich habe geträumt, ich hätte auf dem Rücksitz einer Limo mit Piet rumgemacht! Da stand er auf der anderen Seite der Scheibe und mampfte Frühstücksflocken (Kashi), und es war dieses Gefühl, wenn man einen erotischen Traum von jemandem hatte und es einem dann peinlich ist, in dessen Nähe zu sein, als müsste derjenige unausweichlich Bescheid wissen.

Ich entwickelte ohnehin bereits die Wahnvorstellung, dass unsere Chefs in unsere Gedanken eindringen würden, was sie ja ganz offensichtlich taten. Das war meine ausgeprägteste paranoide Vorstellung über Seth: dass er als Chefhypnotiseur irgendwie in mein Unterbewusstsein eindringen und da drinnen das Steuer übernehmen würde. Dass man ihn nur selten im Büro sah, bestärkte mich nur in diesem Verdacht. Aber was sollte er davon haben, wenn ich erotische Sachen mit Piet träumte.

Vielleicht kam das nicht überraschend. Ich funktionierte bereits nach Skripten, die nicht meine eigenen waren, will sagen, als Arbeitnehmerin und Subjekt des Spätkapitalismus, als eine kleine Babygeisha, als Beraterin, die aussah wie eine Prostituierte, hatte ich schon längst nicht mehr die volle Kontrolle über mein Bewusstsein. Aber so sah ich es damals nicht. Die wichtigere Rolle spielte damals das eXe-Produkt selbst, ein Text mit ausgelagerter Autorschaft, der die Realität überlagerte, was an sich einem Traum schon recht nahekam.

In dem irisierenden Glas spiegelte sich unsere Kleidung: Sadies Kaschmir-Stehkragenpullover und die unvorstellbar abgetragenen Wranglers in Kontrast zu meinem grau-blau gefleckten Batikkleid, Superkompressionsleggins, schwarzen Springerstiefeln, großen Plastik-Creolen und mattschwarzen Augenbrauen. Es fühlte sich nicht richtig an. Ich wusste, dass ich ... schräg aussah. Nicht, dass ich geglaubt hätte, schlecht auszusehen (ich sah schlecht aus), aber das Anziehen als Informationssystem funktionierte nicht mehr – als lebendiger Prozess zur Entscheidungsfindung, der sowohl bekannte als auch unbekannte Variablen enthielt, wie das Wettergeschehen, Konfektionsgrößen und Emissionsgrade sowie unerwartete Geschehnisse in der Außenwelt in einer seriell ausgeführten, sich endlos entfaltenden Parade von Einkäufen, Kombinationen und Korrekturen. Es fiel mir zunehmend schwerer, jeden Morgen ein Outfit zusammenzustellen, ich verließ das Haus in immer weniger stimmigen Ensembles und fühlte mich unansehnlich.

Ich wollte Sadie fragen, wofür Piet ihrer Ansicht nach in meinem Traum stand – basierend auf dem alten Hut, dass Menschen in Träumen nicht für sich selbst stehen, sondern nur Chiffren für etwas anderes sind. Eine Du-kommst-aus-dem-Gefängnis-frei-Karte, für den Fall, dass man etwas Ekliges geträumt hat. Die ultimative Analogie dazu ist die Todeskarte im Tarot, »keine Sorge, du stirbst nicht, es kann das Symbol für das Ende eines Abschnitts sein, das Ende von etwas Metaphysischem, ein Augenblick der Transformation«, heißt es dann. Aber vielleicht stirbt man auch einfach.

Sadie schwang ihren Pferdeschwanz nach vorn. Rührte die Mandelmilch in ihren Kaffee. Wir beide waren zu der Übereinkunft gekommen, dass sie mich besser kannte als ich selbst. Das war das Grundprinzip unserer Freundschaft. »Und wenn es bedeutet, dass … dass du in Piet verliebt bist?« Bei dieser Vorstellung hellten sich unsere Mienen auf, wir kicherten. Wie pervers! Wie pervers. Das wäre das ultimative Schlimmster-Albtraum-Alibi, die ultimative Wendung der Geschichte. Wir lachten gackernd, und unser Lachen überschnitt und kreuzte sich, malte Muster an den Himmel, vernebelte den kleinen schillernden Raum.

Am liebsten wäre ich auf sie losgegangen, hätte sie zu Boden gerungen und eingegraben, damit niemand sie hören könnte. Stattdessen umarmte ich sie und flüsterte: »Du bist eine verdammte Irre, ich hasse dich.«

»Gleichfalls«, erwiderte sie und drückte mich. Freundschaft.

18. Sant Ambroeus

Unser Gelächter hallte einige Tage später nach, als ich tatsächlich mit Piet auf dem Rücksitz eines Wagens saß. Wir waren auf dem Rückweg von Sant Ambroeus, wo wir ein Brunch-Meeting mit der Chefredakteurin von *The Six* gehabt hatten, jener Modewebsite, die dem Terminus meines Künstler:innenkollektivs zu so großer Berühmtheit verholfen hatte, indem er in einem Artikel absichtlich missverstanden wurde:

> Normcore ist sicher. Normcore ist ich-auch. Der Normcore-Look ist eine absichtliche Verarsche des hetero-männlichen Wunsches, in Kleidungsfragen unauffällig zu sein. Normcore ist nicht mutig oder maskulin oder stylisch. Bei Normcore geht es darum, sich wie ein harmloser Geisteskranker oder ein verwirrter isländischer Austauschstudent ca. 1984 anzuziehen. Das ist einer der trügerischen Aspekte von Normcore. Es wirkt gutartig, kann aber, wie ich Ihnen darlegen werde, fatal und gefährlich werden. Das ist das erschreckende Normcore-Paradox.[9]
>
> Eigentlich ist es eine Beleidigung, dem normalen Menschen den Spiegel vorzuhalten, um dadurch den eigenen Kunststudent:innengeist zu befreien. Das erinnert mich an diese schöne Geschichte über Harmony Korine, der in Nashville *Gummo* drehte und in einem Kissenbezug ein Stück von einer menschlichen Schulter fand. »Sieh nur, was uns hier alles zur Verfügung steht«, soll er zu seinem schockierten Produktionsassistenten gesagt haben.[10]

Als wir beim Brunch ankamen, überreichte mir die Frau dieses abgekupferte Buch über das Phänomen, das sie zugesandt bekommen hatte, wie etwas, das man in der Kassenschlange bei Urban Outfitters kauft. Es war eine meisterhaft mehrdeutige Geste, fast schon zu vieldeutig, um gemein zu sein: Hey, schau in den leeren, durchsichtigen Spiegel dieses Memes, das wir antagonistisch gemeinsam erschaffen haben. Auch wenn im Grunde keine von uns davon profitiert hatte. Dank einer nicht autorisierten, auf Normcore basierenden Kampagne hatte sogar die Billigmodemarke Gap in einem einzigen Quartal dreißig Millionen Dollar Verlust gemacht. Das Restaurant war orange: Kunstlicht, gelbe Eidotter, weiße Tischdecken. Der Himmel draußen war strikt blau, absolut null Wolken. Wintersonnenbrillenwetter. Piet erläuterte das neue Produkt, ein fortschrittliches, unter Konkurrenz gemeinschaftlich erstelltes Wörterbuch, das sich über das Internet ausbreitete. Vielleicht könnte es sich auch über Modefotos ausbreiten. Sie hmmte. Ihr Schlüsselbein glänzte. Alle an diesem Tisch waren an der Entstehung dieser Marken, dieser Memes – dieser Babys – beteiligt gewesen, die nun das Gegenteil von Kapital erzeugten. Die wichtigen Memes lagen jenseits jeglicher Monetarisierbarkeit, und das galt auch für mich und Madame Redakteurin. Piet frühstückte ein Steak.

Im Auto, auf dem Rückweg zum Büro, sagte Piet: »Es ist schrecklich, das zu sagen, aber sie ist genau der Typ Frau, den ich eines Tages heiraten will.« Das ist lächerlich, du wirst mich heiraten, dachte ich, ohne nachzudenken. Meine Augen traten hervor, als würde ich an einer Gräte ersticken. Ich blinzelte.

Die Stimmung im Wagen war ohnehin angespannt. Wir waren dabei, einen Ausbruch von mir zu obduzieren, den ich kürzlich gegenüber dem technischen Team gehabt hatte und im Zuge dessen ich eine vernichtend bissige Mail an einen Front-End-Entwickler geschickt hatte, der den Text auf einer bestimmten Seite nicht zu meiner Zufriedenheit formatiert hatte. Zur Wirkverstärkung hatte ich die komplette Abteilung in cc gesetzt. »Das geht so nicht«, sagte Piet. »Wenn du merkst, dass du eine derartige Mail schreiben willst, schick sie einfach direkt an mich, nicht an das gesamte Team, okay?«

Dann stellten wir die wichtigste Szene aus *Der Teufel trägt Prada* nach. Sie kommt in den letzten zehn Minuten des Films, wenn Andrea (Anne Hathaway), nachdem sie ihre Kollegin Emily hintergangen hat, um zur Fashion Week nach Paris zu fahren, mit der verabscheuungswürdigen Miranda Priestly (Meryl Streep) auf dem Rücksitz einer Limo sitzt und die Lektion ihres Lebens erhält. Die Luft ist so dick wie die riesigen Gürtel, die Anne Hathaway in zahlreichen anderen Szenen des Films trägt. Ihr Handy – das sie wenig später an der Place de la Concorde in einen Springbrunnen werfen wird – ist ein klobiger silberner Sidekick, und sie hält ihn mit schwarzen Handschuhen umklammert, eine goldene Handtasche baumelt an ihrem Daumen. Unwissentlich in die Nachstellung dieser Szene verwickelt, gab Piet Meryl Streep zum Besten.

»Ich entdecke sehr viel von mir selbst in dir, weißt du«, sagte Piet, ganz getreu dem Originaltext. Der Wagen fuhr durch die Kent Avenue in Williamsburg, zur Linken flog verschwommen ein Wandbild vorbei.

19. Rekursive Pareidolie

Ich gebe ganz unverblümt zu, dass ich glaube, alle Logos sind ein Effekt (oder eine Pervertierung) von Pareidolie, der menschlichen Neigung, Gesichter in Unbelebtem zu sehen. Einen Mann im Mond zu sehen, ist Pareidolie. Das Gleiche gilt für ein Lächeln in der Stoßstange zwischen zwei Scheinwerfern. Logos nähren sich von Pareidolie. Sie reproduzieren sie rückwärts, platzieren vorab Gesichter in Mustern, um den Menschen die Vertrautheit mit dem Unbelebten in Erinnerung zu rufen. Von allen Arten der Mustererkennung ist Pareidolie die unheimlichste und liebevollste.

Nach dem Tod meines Großvaters sah meine Tante sein Gesicht in einer Dampfwolke, die aus einem Topf mit kochendem Nudelwasser aufstieg. Als sie das bei seiner Beisetzung beschrieb, kam ich nicht gegen den Gedanken an, dass er das gehasst hätte. *Spült sie meinetwegen im Klo runter – ich bin dann tot,* war seine Antwort auf die Frage, wo seine Asche verstreut werden solle. Er pflegte eine atheistische Abneigung gegen die Romantisierung eines Lebens nach dem Tod. Jedes Mal, wenn ich über diese Reihenfolge nachdenke – der Dampf, der aus dem Topf quillt, sein altes, graues, nach vorn gewölbtes Gesicht, seine Asche im Strudel einer Toilettenspülung (wo sie natürlich nicht gelandet ist) – erinnert mich das an die Arbeit eines Künstlers bei der Konferenz in München: eine Reihe mit Gold gefüllter Kapseln, die man einnehmen und dann ausscheißen sollte.

Die Asche meines Großvaters landete schließlich auf den Gesichtern der Jogger und Radfahrer im Riverside Park, wohin sie der wilde Wind an jenem Tag wehte, als meine Mutter den Plastikbeutel unbeherrscht, zu früh und in die falsche Richtung öffnete. Es war, wie mein Cousin MC es gern nannte, eine mittlere Pompeji-Situation.

Eine meiner liebsten Episoden aus der Geschichte der Markenstrategie ist die Entwicklung des Logos von Procter & Gamble, die 1985 einen kritischen Wendepunkt erlebte. Damals hatten P&G ihr einhundertvierunddreißig Jahre altes Logo neu gestalten lassen, nachdem Gerüchte in Umlauf kamen, es berge ein Mal des Teufels in sich. Ihr allererstes Logo war ein schwarzer Kreis gewesen, dessen rechte Hälfte vom Profil eines Männergesichts mit Hakennase eingenommen wurde, und die linke Hälfte war mit Pentagrammen gefüllt, ähnlich denen, die Kinder aus Bastelpapier ausschneiden. 1882 bekam das Mondgesicht mehr Details und ähnelte mit seinem verschmitzten Grinsen dem heutigen Neumond-Emoji. In den 1930er-Jahren wurde der Mann im Mond weiter ausgearbeitet, bekam eine wilde Mähne und einen gelockten Bart sowie deutlich stärker anthropomorphe Züge. Dieses Logo nun wurde zum Problem.

Spiegelverkehrt betrachtet sollten die Kringel im lockigen Bart des Mannes an die teuflische Zahl 666 erinnern, was absolut stimmte, wenn man es aus dieser Warte sah. Nachdem sie mehrere Millionen Dollar in eine Kampagne zur Bekämpfung des Gerüchts investiert hatten, inklusive Privatermittler, Gerichtsverfahren und einer kostenlosen Hotline, bei der jeden Monat Tausende Anrufe von besorgten Verbraucher:innen eingingen, gab das Unternehmen auf und änderte sein Logo in die schlichte, gute alte Textform P&G. Diese Entscheidung wurde damals von Marketingleuten als »seltener Fall, in dem ein riesiges Unternehmen einem kuriosen, nicht zurückverfolgbaren Gerücht unterliegt« beschrieben. Jahrzehntelang blieb es dabei – das Firmenblau, schlicht und träge, serifenloses P-Kaufmannsund-G. Der Animismus ging in diesen Buchstaben verloren – das ganze Logo war leblos geworden, sein Charakter wieder von der Sprache verschluckt.

2013 kehrte P&G dann fast ohne Vorankündigung zu einer neuen Version des ersten Mann-im-Mond-Logos zurück. In der auferstandenen Form war der Mann verschwunden, aber der Sichelmond blieb. Er hatte die Seiten gewechselt, von rechts nach links, und das Gesicht fehlte ... ausgelöscht, getilgt. Ein gesichtsloser

Mond, seiner Menschlichkeit beraubt. Wenn wir, wie die ängstlichen Konsument:innen, »jemanden dafür verantwortlich machen« wollten, wer wäre das? Der Teufel?

Der Mann im Mond hat einen kuriosen Status in Sachen Mustererkennung, weil er im Fall des P&G-Logos sowohl durch sie entstanden als auch ihr unterworfen war. Zuerst musste der Mann im Mond von Generationen »erkannt« und wiedererkannt werden, um zu einem bedeutungsvollen Symbol zu werden, das sich in ein Logo übernehmen lässt, wie das gute alte P&G-Logo. (Ich höre das Gemurmel im Hintergrund: Logos gehen auf »brands« zurück, also Brandzeichen für Vieh.) Dann wurde der Mann im Mond in einem zweiten Schritt selbst zum Objekt desselben Prozesses, indem die Menschen anfingen, in seinen Bartlocken und den Sternen am von ihm umgrenzten Himmel das Zeichen des Teufels zu sehen. Ängstliche Konsument:innen entdeckten also ein weiteres Muster. Was war nun zuerst da? Der Mann im Mond oder Satan? (Kann man das irgendwo überprüfen?)

Das Logo hat seine Sterne verloren, sie haben sich überall verstreut. Und diese Geschichte ist einer der Orte, an denen sie wieder auftauchen.

20. Babys erstes Meditations-Retreat

Ich war seit etwa sechs Monaten bei eXe, als es offiziell lächerlich wurde, dass wir uns noch immer nicht für ein Logo entschieden hatten. Unsere ganze Identität waren Babys, die über die Reklametafel und Plakate krabbelten, sowie ein zugehöriger Satz CMYK-Farben und eine ikonische Schriftart auf der Website, aber das Logo war immer noch dasselbe generische, das die Jungs ganz am Anfang hingeklatscht hatten, als eXe noch ein »Kunstprojekt« gewesen war. Sogar einigen der Netzgelehrten war das aufgefallen, und die waren in Bezug auf das Erscheinungsbild der Website notorisch konservativ. (Ein aggressiver Thread im Forum mit dem Titel »Jetzt hat es das Tech-Team mit dem Scheiß echt übertrieben« bezog sich auf etwas so Extremes wie den Wechsel zu einem blasseren Grauton als Hintergrundfarbe des Forums). In den meisten Threads wurde ich von den Gelehrten als »Frau mit unnützem Abschluss« bezeichnet, allerdings wurden einige von ihnen freundlicher, als die neuen Designs auftauchten, und sahen darin Ebenen, Pervertierungen, Störungen, einige fügten sogar Nutzernamen wie palimp$e$t und RauschenbOrg hinzu, um ihre theoretische Unterstützung zu bekunden.

Der Betriebsleiter Zimra fing ebenfalls an, Druck zu machen. Eine Vorstandssitzung stand an, und er sagte, es wäre eine *Shand,* wenn wir bis dahin nichts vorzuzeigen hätten. Die Dringlichkeit wurde immer realer. Ich rief einen Notfallkontakt in Finnland an, der dreißig Entwürfe machte, die ich hasste, dann zehn, die ich halb hasste, und dann, nachdem ich gedroht hatte, ihn rauszuschmeißen, drei, die bemerkenswert okay waren, und dann einen, von dem ich den starken Verdacht hatte, dass er ein Knaller werden würde. Das Gesetz der Drei steckt ebenso tief im Herzen des Marketings wie in dem des Katholizismus oder der Trigonometrie. Ich bereitete mich auf das Meeting vor, indem ich die Entwürfe auf Slides vor einem dezenten Verlauf von Perlmutt zu Grau anordnete. Einer war der Lockvogel, der zweite die scheinbar richtige Wahl, und der dritte, der Richtige, der vom Entscheider transgressiv gewählt werden konnte, indem er die scheinbar richtige Wahl verwarf, was der dritten Option noch mehr Schlagkraft verlieh. Das war der Idealfall. In vielen vergleichbaren Auswahlsituationen wurden, wenn man sich nicht korrekt an das Protokoll hielt, zwei okaye Optionen ausgewählt und in einem Prozess namens Frankenbranding miteinander kombiniert, was immer ätzend war. Was dabei herauskam, war weder modern noch postmodern, sondern das Logodesign-Äquivalent zu Weißweinschorle in Dosen.

Neben der Dringlichkeit war die größte Komplikation Seths bevorstehende Abreise in ein zehntägiges stilles Meditations-Retreat in Joshua Tree. Es war eine unpassende Zeit für eine solche Abwesenheit; wir mussten das Logo für die Firma festlegen, schlimmer konnte es praktisch gar nicht kommen. Es gibt im Geschäftsleben nur wenige Entscheidungen, die so bedeutsam sind wie die Auswahl des offiziellen Symbols, das die eigene Existenz repräsentieren wird. Und wir sollten in einem einzigen Meeting eine finale Entscheidung über dieses Symbol treffen. Aber er würde dafür die Erfahrung von »wahrer Stille« machen. Diese Art Selbstbestimmung war auch Ausdruck des therapiepositiven Grundsatzes der Firma, nur eben im ganz großen Stil. Es war das, was Seth brauchte. In gewisser Weise spiegelte diese Art, seine eigenen Wünsche zu verfolgen, die Identität der Firma besser wider, als es jedes visuelle Symbol je gekonnt hätte.

Direkt vor Seths Abreise las ich »Babys erstes Meditations-Retreat«, einen Text, den er geschrieben und auf die Website hochgeladen hatte. Darin beschrieb er seine erste Erfahrung mit einem solchen zehntägigen Retreat. Der Text war wirklich gut. Er porträtierte einen lebhaften Geist, der in der Stille zu sich selbst fand. Der nächtliche Schlaf zwischen den Meditationsphasen war fast genauso wichtig wie die Tage, und Seth beschrieb jeden einzelnen Traum aus dieser Zeit. Viele davon waren erotisch. In einem ging es darum, »in den Mund einer früheren Kollegin abzusahnen«. Das Wort »absahnen« fand ich super abstoßend, es suggerierte eine riesige Menge an Flüssigkeit – ich sah es quer über den Tisch schießen, auf der Oberfläche im Licht schimmern und von der Tischkante auf den Boden tropfen. Absahnen hatte etwas Grenzenloses, und im Mund einer Kollegin reichte es für den *Gawker* (den Blog gab es immer noch), und damit für eine öffentliche Demütigung. Mir war bewusst, dass dieser Text ein Relikt aus früheren Zeiten der Firma war, in denen sich derartige Selbstreflexionen größtenteils im Verborgenen entfalteten. Aber das hieß nicht, dass es nicht von der Site verschwinden musste, und zwar sofort. Ich rief Seth an und sagte ihm, wir müssten den Text aus dem Netz nehmen, bevor er Aufmerksamkeit erregte. Er brummelte etwas und wies mich an, die Seite zu verbergen, aber nicht zu löschen. Wenige Minuten später war er offline, schaltete sein Handy aus und schnitt sich für den Rest des Retreats von der sprechenden Welt ab.

Kaum dass ich aufgelegt hatte, lief ich Dideldei in die Arme, der gerade von der Toilette kam, und erzählte ihm von dem Abspritzen in Seths Text. Er nickte, nahm sein Handy aus der Tasche und rief ein weißes Rechteck mit einer Anime-Figur mit ernstem Blick und erhobener Faust auf. Die Figur sagte: »Ich find dich erste Sahne.«

»Ich glaube nicht, dass er das gemeint hat.«

»Das ist alles sehr rückläufiger Merkur. Ich hab gehört, Paula aus der Personalabteilung dreht durch, weil Seth nicht auf ihre Nachrichten geantwortet hat und sie dachte, sie würde rausfliegen. Aber dann stellte sich heraus, dass sie versehentlich einem Dealer mit demselben Namen geschrieben hatte.«

»Er ist ohnehin nicht in der Stadt.« Wir stießen die Fäuste aneinander.

In Seths Abwesenheit fällten wir die Entscheidung für ein Logo. Piet und Zimra saßen auf dem Ledersofa, während ich auf dem Flatscreen die zur Wahl stehenden Entwürfe zeigte. Ich hatte keine richtige Präsentation vorbereitet, wir waren mehr wie alte Kriegsgefährten, die durch Pornokanäle zappten, klick, klick, klick. Ich machte nicht zu viele Worte. Das hier war ihre Entscheidung; ich war ihre bescheidene Dienerin. Ich weiß nicht, von wem ich diese Vorgehensweise gelernt habe: umsichtig sein, die eigene Impulsivität beherrschen und den Mund halten, bis die andere Person den Raum mit deiner Entscheidung füllt. Es funktionierte. Beide wählten das Richtige. Im letzten Entwurf waren die drei Buchstaben unseres Firmennamens vertikal zu einem Gesicht angeordnet. Dazu gehörte auch eine Animationsoption, in der die Buchstaben größer wurden, sich nach oben bewegten und zwinkerten (!), wobei sich die Rundungen der kleinen »E«s und die Stangen des »X« beinahe berührten, um dann in die Ausgangsposition zurückzukehren.

Sofort schrieb ich ein Briefing für die Assets, und die ersten Prototypen wurden erstellt. Ich saß an meinem Schreibtisch, trank kleine Fläschchen Rohkost-Energybooster, fettete Sätze in Dokumenten und betrachtete die von anderen geleistete Designarbeit als Bausteine meines eigenen künstlerischen Prozesses, als Elemente eines größeren Ganzen, als Bewusstseinsfragmente, zu dem sich immer mehr Bewusstsein hinzugesellen konnte. Die Frühlingssonne fiel durch die Fenster, vor denen eine Jalousie aus perforiertem Nylon hing. Sie sah seltsam aus, und die Ränder rollten sich ein, wenn ich den Blick abwandte. Außerdem nahm ich die Ränder meines Blickfelds ungewöhnlich deutlich wahr – die gespenstische Nase, von der man immer vergisst, dass sie da ist.

Endlich war Seth wieder in New York. Er hatte sich das Logo-Ergebnis angesehen, als er das Handy wieder einschaltete, und bisher hatten wir keine Einwände gehört. Alle im Hauptsitz der Firma reagierten auf seine Anwesenheit. Obwohl, oder gerade weil, er weniger sichtbar war als Piet. Seth war unser persönlicher Promi. Er konnte zwischen sichtbar und unsichtbar umschalten, dann die Energie aufdrehen, Blickkontakt herstellen, die unerwartete Info raushauen, einen aus der Menge herauszitieren. Dann wieder Rückzug. Intermittierende Bestätigung, so machte man die Leute abhängig. Es war das erste gemeinsame Mittagessen mit allen, seit er aus dem Retreat zurück war. Inzwischen gab es neue Mitarbeiter:innen, die neue visuelle Auffälligkeiten mitbrachten, blondierte Haare und Tages-Pyjamas, die ich problematisch fand. Ich aß ein komplexes, teures, ohne Hitze und ohne künstliche Süßungsmittel zubereitetes Porridge, das ich im Café unten an der Straße bestellt hatte. Mein Koffeinkonsum war zu dieser Zeit exorbitant, und ich setzte dem eine sklavische Vermeidung von Zucker entgegen. Zum Ende der Mahlzeit sprang Seth von seinem Platz auf, wies den Kameramenschen an, nicht weiter zu filmen und setzte die Crew über einige Dinge in Kenntnis, die er da draußen gelernt hatte. Der erste Teil seiner wortreichen Rede befasste sich mit Mondphasen: wie sich gute Stimmung in einem unaufhörlichen, konstanten Rhythmus in schlechte verwandelte. Im Grunde lief es darauf hinaus, dass Bipolarität grundlegend für die Existenz war, sogar oder ganz besonders in der Stille. Einige Entwickler:innen wackelten an diesem Punkt mit besonderem Eifer mit den Händen, Blitze schossen auf Seth zu. Im zweiten Teil ging es um die Offenbarung körperlicher Schmerzen, von denen er glaubte, sie seien eigentlich allgegenwärtig, aber in unserem täglichen In-der-Welt-Sein irgendwie von uns abgeschirmt. Wir erlebten nicht nur den Schmerz des täglichen Lebens, sondern hielten gleichzeitig unseren unmittelbarsten und essenziellsten Schmerz von uns fern. Bei ihm war es ein wandernder Gesichtsschmerz, irgendwo unter der Oberfläche seiner Züge. Er war stark und bewegte sich. Ich stellte mir vor, seine Haut wäre durchscheinend geworden und der Schmerz wie ein Tintenfleck, ein Muttermal, ein Land auf einer Landkarte, das sich selbst nord-süd-ost-west-wärts auf seinem Gesicht ausrichtete. In meiner Vorstellung änderte sich die Größe des Gesichtsschmerzes nie, nur seine Umrisse verschoben sich. Einmal schob er sich wie eine Augenklappe über Seths linkes Auge. Roman beugte sich zu mir und flüsterte mir zu: »Wusstest du, dass er sein Schweigen gebrochen hat? Am dritten Tag hat er Piet aus dem Retreat angerufen, um ihn etwas zu fragen.« – »Das ist idiotisch«, sagte ich, und das war mein Ernst. War es bei dem Retreat denn nicht eigentlich nur darum gegangen, dass er sich hundertprozentig darauf verlassen konnte, kein Wort mit Piet wechseln zu müssen?

Nach dieser Ansprache hatte ich ein Einzelgespräch mit Seth in seinem Büro, um ihn auf den neuesten Stand zu bringen und den Logo-Prozess neu zu strukturieren. Bevor wir richtig einsteigen konnten, erzählte er mir, in den ersten drei Tagen des Retreats habe ihn die Vorstellung verfolgt, dass ich, die ich mich nicht gut genug mit der Technik der Website auskannte, die Seite mit seinem Text gelöscht hätte, statt sie nur zu verbergen. »Ich weiß, das klingt vielleicht verrückt, aber ich habe mir echte Sorgen gemacht«, sagte er. »Ich war so sicher, du hättest die einzige künstlerische Arbeit gelöscht, die ich in den letzten fünf Jahren geschaffen habe.« Damit hatte ich nicht gerechnet. Ich wurde hellhörig. Offenbar befand ich mich in Gesellschaft eines weiteren exzentrischen Schriftstellers. Rückblickend stelle ich mir vor, dass sich meine Augen in schwarze Obsidiankugeln verwandelten, die wild kreiselten, als wäre ich von einem Dämon besessen, und auf denen in roten Zirkusbuchstaben ein »?!« prangte. In Wirklichkeit starrte ich ihn wohl nur finster an.

Als ich etwas später im selben Quartal in meiner Leistungsbeurteilung den folgenden Satz las, war unmissverständlich, worauf er sich bezog: »Es kann schwierig sein, Emily Feedback zu geben. Nicht immer, aber zu oft. Emily neigt zu defensiven Reaktionen, Unterbrechungen und mimischen Ausdrücken von Ungläubigkeit und an Entsetzen grenzender Skepsis.«

21. Reflexionspause

Ich verabschiedete mich von Seth und machte einen Spaziergang durchs Haus, um einen klaren Kopf zu bekommen.

Hinter mir sah ich durch die Fenster der Westfassade den Nebel über den East River heranrollen. Ich persönlich bevorzugte den Hudson, der hübscher und weniger vermüllt war. In der alten Wohnung meiner Großeltern im Riverside Drive hatte man von jedem Westfenster der Wohnung, einschließlich dem im Badezimmer, einen spektakulären Blick auf den Hudson. Es fehlte nicht viel, und man hätte auch in den Schränken sitzend den Sonnenuntergang sehen können. Als Kind saß ich dort in der Badewanne und betrachtete die flammend orangefarbenen Wolken über dem Fluss. Dann krabbelte ich auf den knotigen blauen Teppich, zog die Hitlerliteratur mit ihren Frakturtiteln aus den unteren Bücherregalen und las die alten *MAD*-Hefte meines Onkels. 2007 wurden meine Großeltern mit einem hinterhältigen Trick aus der mietpreisgebundenen Wohnung getrieben, der Eigentümer ließ die Wohnung renovieren und vermietete sie für die siebzehnfache Monatsmiete an einen erfundenen Oligarchen in einem fremden Land. Als meine Großmutter aus der Wohnung auszog, schickte sie mir einen Transporter voller Bücher in mein Wohnheimzimmer in Providence und spendete die psychoanalytische Sammlung meines Großvaters einem Institut in Chicago. Einhundertvierundzwanzig Kisten mit sonstigen Büchern schleppte sie zu *The Strand*. Jedes Mal, wenn ich dort war, blickte ich in die Regale und fragte mich, welche Bücher davon eigentlich mir gehörten. In jener Zeit war der Rose-Lesesaal in der New York Public Library geschlossen, weil die Bücher vermoderten. New York entäußerte sich seines Wissens wie durch eine Knoblauchpresse.

Ich fuhr mit dem Aufzug eine Etage nach unten und lief dort über den mit Teppich ausgelegten Flur bis zu Apartment B12. Ganz hinten in diesem Apartment, im Meditationsraum, legte ich mich hin, den Kopf auf eines dieser halb-donutförmigen Kissen gebettet, das mit senfgelbem Sackleinen bezogen und mit Bohnen gefüllt war.

Eine Sache, die du über Seth lernen wirst, hatte Piet bei einem unserer ersten Treffen gesagt, ist, dass er nicht der Typ Mensch ist, der Sonnenuntergänge mag. Damals fand ich das amüsant (und glamourös) – es suggerierte Freiheit von der Tyrannei dessen, was einem zu gefallen hatte.

Der Zylinder zwischen meinem Hals und meinem Solarplexus bebte vor Anspannung. War es meine eigene Anspannung oder die von Seth, oder lag sie in der Luft? Ich versuchte mir vorzustellen, wie er in Joshua Tree meditierte, wie sein wilder animalischer Geist eine ununterbrochene Abfolge von Szenen projizierte, in der ich seinen Text vernichtete und seinen einzigen authentischen Output der letzten fünf Jahre an die eisenharten Kiefer meines weiblichen Urteils (meine Version) oder meiner hinterhältigen Inkompetenz (seine Version) verfütterte.

Es stimmte, dass Markenstrategie immer auch etwas Zerstörerisches an sich hatte. In der Agentur hatte das bloß bedeutet, dass ein Projekt baden ging, hinweggefegt wurde wie ein Mandala im Sand. Ein PDF für eine Million Dollar wird auf den Desktop eines Kunden geschoben und nie wieder gesehen. Und selbst K-HOLEs Planetary-Computing-Bericht, mitsamt allem seelischen Ringen, das in seine Erstellung geflossen war – was kam dabei am Ende heraus? Nichts. Mir kam der Gedanke, dass dieser Teufelskreis womöglich in neuer Gestalt wiederkehrte.

Als Künstlerin in einem Unternehmen zu arbeiten, war für mich anfangs die Möglichkeit gewesen, mir etwas zu bewahren, was man eine »post-ironische« Einstellung zu seiner Arbeit nannte. Jetzt würde ich das »post« streichen und es eine schlichtweg ironische Distanz nennen, wobei die Ironie dafür steht, dass man sich des Abgrundes im Herzen des Wissens bewusst ist, des fundamentalen Oszillierens zwischen zwei Polen, bei dem kein fester, wahrer Kern zurückbleibt. Man dreht sich um und erblickt sich selbst im Moment des Verschwindens – alles das ist Ironie, literarische Ironie, sicher, aber wahrscheinlich auch dieselbe Ironie, die in einer guten trockenen Bemerkung steckt. Im kritischen Seitenblick eines witzigen Menschen. Ironie ist immer Post-Ironie. Und Künstler:in zu sein, ist in jeder Umgebung nur ein Code dafür, dass man ein anderes Wertesystem hat. Dabei zu sein, aber nicht dazuzugehören. Ich konnte Erfolg anders definieren. Ich konnte die anfänglich festgelegten Kriterien für Erfolg einfach abstreiten.

Und dazu muss festgehalten werden, dass es eigentlich nie irgendwelche Erfolgskriterien gegeben hatte. Ich hatte den Verdacht, dass meine Anstellung als Poeta Laureatus mit der Aufgabe, »das Statement der Firma auszuarbeiten« und »ihr ein Gesicht zu geben« in Wirklichkeit ein heimlicher Plan von Seth und Piet war, um mich dazu zu bringen, den Zweck des Unternehmens als Ganzes zu definieren. Was ich natürlich nicht vorhatte. Einerseits, weil es in diesem profitlosen Geschäft gar keinen Zweck gab, und andererseits, weil ich kein Interesse daran hatte. Ich hatte ein theoretisches, intellektuelles und ästhetisches Interesse an dem Unternehmen; ich hatte ein soziales und vielleicht sexuelles Interesse an meinen Kolleg:innen und den Gründerjungs. Ich hatte ein ehrgeiziges oder eitles Interesse daran, wie meine eigene, persönliche Marke in der Welt wahrgenommen wurde – mir gefiel die Vorstellung, dass ich mich durch die verschiedenen Sphären dieser Branche bewegte, von Kunst zu Branding zu Hightech und wieder zurück, und ich stellte mir vor, dass mich das flexibel oder magisch wirken lassen würde – aber ich hatte kein besonderes Interesse daran, der Firma zu Geld zu verhelfen. Abgesehen von meinem Jahresgehalt und meinen Spesen interessierte mich deren Geld nicht.

Das Verrückte daran, sich in die Meditation einer anderen Person hineinzuprojizieren, ist, dass man nicht nur versucht, den Geist dieser Person nachzubilden, sondern das in einem Moment zu tun, in dem dieser Person gerade auf eine neue, beängstigende Art ihre eigene wahre, unbeherrschbare Wildheit bewusst wird. Was sich wiederum gar nicht so sehr davon unterscheidet, überhaupt den Geist einer anderen Person nachzubilden. Wie ich da im Meditationsraum saß und über mein Gespräch mit Seth nachsann, kam mir der Gedanke, dass meine Anwesenheit in diesen heiligen Hallen jenem Teil von Seths Persönlichkeit gegen den Strich zu gehen schien, der es ihm ermöglichte, gleichzeitig Gründer zu sein und diese Rolle als Schriftsteller öffentlich zu reflektieren, und damit auf eine besondere Komplexität und intellektuelle Distanziertheit verwies. Indem ich den Text löschte – stellte ich mir vor, dass Seth es sich vorstellte – hatte ich sein Entferntsein entfernt und so seine spezielle Synthese zerstört. Demontiert und auf das reine Anti zurückgeworfen, blieb ihm keine andere Funktion, als mich in die Schranken zu weisen.

Roman praktizierte dieselbe Form von Meditation und meinte, sie könne qualvoll sein. Er glaubte, die Schwierigkeiten von Meditationsanfängern, auch unter Schmerzen achtsam zu bleiben, entspringe einem grundlegenden Missverständnis. Man dachte sich Achtsamkeit als etwas vom Schmerz Verschiedenes, doch das war sie nicht. Achtsamkeit existierte nie nur für sich allein, sie hatte immer einen Gegenstand, und ein Gegenstand war so gut wie jeder andere. Er hatte an einem Retreat in Schweden teilgenommen, wo einer Frau das schweigende Dasitzen so unerträglich geworden war, dass sie das Schloss am Fenstergitter ihres Schlafraums aufgebrochen hatte, fünf Kilometer bis zur nächsten Tankstelle gerannt war und von dort ihren Freund angerufen hatte, damit er sie abholen käme – Roman imitierte ihre krächzende Stimme, als wieder Sprache aus ihrer Kehle hervorbrach. Als man ihr Fehlen bemerkte und in ihr Zimmer stürmte, fand man nur noch den sich bauschenden weißen Vorhang am Fenster und ein frauenförmiges Loch in der Betonwand, wie in einem Cartoon. »Echt?«, fragte ich. »Natürlich nicht«, sagte Roman glucksend und gab mir einen Klaps auf den Hintern.

In diesem Raum hielt die Firma jeden Dienstagmorgen von sieben bis neun eine Gruppenmeditation ab, und ich empfand beinahe Ehrfurcht vor der Naivität der Mitarbeiter:innen, die daran teilnahmen.

»Achtsamkeit ist die Übersetzung des Pali-Wortes ›Sati‹«, schrieb Seth in der E-Mail, in der er die Mitarbeiterinnen und Mitarbeiter zu der Übung einlud. »Sati ist eine Tätigkeit. Was aber ist das genau? Es kann keine präzise Antwort geben, jedenfalls nicht in Worten. Worte werden auf den symbolischen Ebenen des Gehirns ausgedacht und beschreiben jene Realitäten, mit denen sich symbolisches Denken befasst. Achtsamkeit ist vor-symbolisch. Sie ist nicht an Logik gebunden. Dennoch kann Achtsamkeit erfahren werden, und man kann sie beschreiben, solange man im Sinn behält, dass die Worte nur Finger sind, die auf den Mond zeigen. Sie sind nicht der Mond selbst. Die wirkliche Erfahrung liegt jenseits der Worte und hinter den Symbolen. Es wäre möglich, Achtsamkeit in völlig anderen Begriffen zu beschreiben als denen, die hier benutzt werden, und jede Beschreibung könnte immer noch richtig sein.«[11]

Es war mir nicht möglich, keinen Vergleich zu dem Produkt von eXe herzustellen: der Text, der die Realität überlagerte, aber ich wusste nicht genau, ob die E-Mail damit konsistent war oder im Widerspruch dazu stand. Trotz meiner Vermutung, dass das Retreat ein passiv-aggressiver Versuch war, Piet aus dem Weg zu gehen, der in dem extrem spannungsgeladenen Endspurt zur Logo-Entscheidung immer mehr durchgeknallt war, kam mir jetzt der Gedanke, Seth könnte versucht haben, den einzigen Zustand wiederherzustellen, in dem er sich je in der Lage gesehen hatte, einen Text zu verfassen. Es musste demütigend für ihn gewesen sein, diese Realität nicht ohne Piets Hilfe aufrechterhalten zu können. Nach seiner Rückversicherung – hatte er da ganz aufgehört, an mich zu denken?

Ich fand Piet in seinem Büro, er hatte einen Arm in die Luft gestreckt und strich mit einem Golfschläger immer wieder über die Sonnenblende am Fenster. Er konnte weder bestätigen noch dementieren, dass Seth ihn aus dem Retreat angerufen hätte. »Aber coole Rede, oder?«, fragte er und schlug den Golfschläger gegen die Lampenfassung, was ein hohl-klingelndes Geräusch machte. Er sagte, es sei eine Schande, dass wir es nicht gefilmt hätten. Aber in Bezug auf das Logo habe er ein ziemlich gutes Gefühl.

22. Schimmern

In den darauffolgenden Tagen ereignete sich in meiner Welt eine Reihe anormaler psychischer Phänomene. Das oberflächlichste darunter war meine wachsende Abneigung gegen mein Aussehen, das ästhetische Äquivalent zu einem Steinchen im Schuh. Egal in welchem Spiegel, ich fand, ich sah abstoßend aus. Ich befragte mein Horoskop, legte mir zwanghaft jeden Morgen ein Keltenkreuz-Tarot oder ein Drei-Karten-Orakel über Vergangenheit, Gegenwart und Zukunft, in dem immer wieder der Teufel auftauchte, so oft ich auch mischte. Ich legte die Karten wieder ins Regal und beäugte sie argwöhnisch.

Im traditionellen Horoskop war das Ablehnen des eigenen Aussehens ein Symptom einer rückläufigen Venus, eine Form fehlgeleiteter Eitelkeit. Doch meine modische Störung trat im rückläufigen Merkur auf – es ging also eher um Information als um Eitelkeit. Das entsprach der Interpretation von Mode, zu der ich im Laufe der letzten Jahre gelangt war. Der Aufstieg der *Fast Fashion* sowie die Globalisierung von Handel und visuellen Codes hatten zu einer Situation geführt, in der die physische Erscheinung von Mode vom geistigen Eigentum überlagert wurde. Man hatte immer geglaubt, Mode würde die Menschen an erster Stelle kleiden und an zweiter Stelle mit ihnen kommunizieren. Jetzt war die Kommunikation zur Hauptsache geworden und die Bedeckung der Körper ein Nebenaspekt. Einfach ausgedrückt: Aus Mode war Information geworden.

Ein berühmter Journalist hat das Phänomen folgendermaßen beschrieben: »Wie das ›*fast*‹ in *Fast Fashion* impliziert, liegt der Wettbewerbsvorteil der Firmen im Tempo, und nicht im Wiedererkennungswert der Marke, der Haltbarkeit der Stoffe oder vernünftigem Design. Sie hat Mode von einem Handel mit Stoffen in einen Handel mit Information verwandelt ... Zara ›kann ein neues Kleidungsstück in nur zwei Wochen entwerfen, produzieren, ausliefern und in die Schaufenster bringen‹, und dieser Informationsfluss ist bei Weitem das Bedeutsamste, was diese Firma produziert, wesentlich bedeutsamer als paspelierte Schürzenkleider, Blazer aus Baumwollsamt oder irgendeines seiner übrigen 40.000 Artikel ...«[12]

In der Praxis hat dieses Tempo auch das Merchandising erfasst: Zara schaffte es, das Interieur seiner Shops nach den Anschlägen vom 11. September innerhalb von zwei Wochen komplett auf schwarz umzustellen. Seinerzeit war Zara die Marke, die am bekanntesten dafür war, Mode als soziales Medium in die Sozialen Medien zu übertragen. Doch selbst diese Innovationen waren in der Zwischenzeit von einem virtuellen Szenario überholt worden, in dem Informationen und Stoffe gleichzogen.

Aus diesem Blickwinkel betrachtet, war es nur logisch, dass unter einem rückläufigen Merkur modische Störungen auftraten. Als Informationsdomäne wurde Mode nun nicht mehr von der Venus, sondern von Merkur gesteuert.

Meine Modeprobleme erschienen mir nun als die persönliche Fortsetzung des Arguments, das ich in dem Planetary-Computing-Bericht angeführt hatte:

> In einer Wissensökonomie, in der jedes Unternehmen ein Fluss von Informationen ist, wird womöglich überhaupt alles von Merkur gesteuert. Das würde die steigende Signifikanz des rückläufigen Merkurs erklären. Rückläufiger Merkur wäre nicht mehr nur ein spezifischer astrologischer Transit, sondern könnte als Bezeichnung des Zeitgeists betrachtet werden: die komprimierte Zusammenfassung einer globalen kulturellen Situation, in der sich eine informations-/wissensbasierte Wirtschaft (»Merkur«) in einem permanenten Krisenzustand (»rückläufig«) befindet. Es ist keine vollständige Störung, kein Chaos, in dem nichts mehr funktioniert. Vielmehr begünstigt oder erleichtert er gewisse Übergänge, nämlich alte oder wiederkehrende. Im Gegensatz

zur »Leidenschaft der Mode für das Neue auf allen Ebenen der Existenz« bringt der rückläufige Merkur eine Perspektive, die sich gegen das Neue richtet. Unterschreibe keine Verträge, es sei denn, es sind alte Verträge. Verschiebe deine Upgrades, aber cancele sie nicht. Kehre zum Ort des Verbrechens zurück. In einem Zeitalter, dessen Sprache das Primat der disruptiven Innovation verkündet, könnte der rückläufige Merkur die Entwicklung einer Umgangssprache sein, in der es um Nicht-Fortschritt, Nicht-Neuheiten geht, darum, zurückzublicken, von unseren Ahnen/Dämonen/Leichen im Keller oder Geistern der vergangenen Weihnacht besucht zu werden. Rückläufiger Merkur ist voller Ex-e. Er macht uns anfällig für unsere eigenen abgelegten oder verbrauchten Identitäten – nicht als Regression, sondern weil sich die Aneignung neuer Identitäten verzögert oder verschiebt. Wir werden in unsere alten Klamotten gezwängt; wir dürfen uns nicht ahistorisch stylen. Rückläufiger Merkur ist jemand, »der morgens geschafft aufwacht und erst mal einen Kaffee braucht. Er läuft gegen Möbel.« Diese Gottheit ist per definitionem nicht die Erste am Markt. Und sie ist nicht markendifferenziert. Rückläufiger Merkur ist generisch in seiner Schläfrigkeit. Seine Fähigkeit, die eigene Energie und damit auch die Energie anderer zu steuern, ist unterdrückt.

Aus Fallstudie C, K-HOLE Nr. 4,5
»Planetary Computing und das Unbehagen daran«

Die Kolleg:innen im Büro wurden immer beunruhigter, und dieses Mal fand ich das nicht mehr ganz so schlicht von ihnen. Gehälter wurden innerhalb eines Nachmittags zusammengestrichen und wieder auseinandergestrichen – in dunklen Zimmern auf den unteren Etagen. Tränenfleckige Millennialgesichter kehrten nach Auswärtsterminen mit den Jungs in die Lobby zurück. Es war schwer verständlich. Da waren diese ganzen Investitionen – eine Kapitalmenge, die dem doppelten BIP von Tuvalu entsprach – das musste doch heißen, dass wir reichlich Vorlaufzeit hatten, oder? Wie teuer konnten diese Kaffeemühlen und Eisskulpturen und Partys unter der Woche schon sein? (Sie hatten doch dieses ganze *Spielgeld*, oder nicht?)

Ich war immer überzeugt gewesen, dass man seinen Job nicht vernünftig machen könne, wenn man Angst hatte, ihn zu verlieren. Chefs konnten Angst riechen und verachteten einen dafür. Ohne die individuelle Fähigkeit, diese Dynamik zu sprengen, wird einen das Machtgefälle immer wieder fertigmachen. Andererseits, wer hätte wohl keine Angst, seine Existenzgrundlage zu verlieren (hier elterlichen Sermon einfügen: *»und das in dieser Wirtschaftslage«*)? Leichtfertige Selbstmissachtung war daher ein Element zur Selbsterhaltung. Eine unerlässliche Selbsttäuschung. Das nur zum Verständnis, warum es mir Sorgen machte, dass ich mir auf einmal solche Sorgen um meinen Job machte. Diese Sorge war mir fremd, sie fühlte sich an wie etwas Implantiertes. Und wie eine Schwäche. Sie erinnerte mich an die kurze Phase, in der ich was mit einem berühmten Internetkünstler gehabt hatte. Jedes Mal, wenn ich in seinem Bett schlief, träumte ich vom Boxen oder von Border Collies auf Farmen. Diese Träume gehörten nicht zu mir. Ich wusste, dass ich dämliche Abklatschträume von diesem Typen träumte.

Merkwürdiger war ein anderes Phänomen: ein allgegenwärtiges Schimmern in meinem gesamten Blickfeld. Wenn ich in meinem Büro saß und in die junge Frühlingssonne blickte, zog sich das Schimmern vom Rand des Fensters aus über die weiß gestrichene Wand. Es war nicht räumlich umgrenzt, es oszillierte und überzog üblicherweise ruhige Farbflächen mit seiner wogenden Struktur. Eine ähnliche Sehstörung hatte ich Jahre zuvor schon einmal erlebt, und zwar nach meinem ersten Acid-Trip. Ich hatte auf dem Betonsims vor einer Kirche an der Upper East Side gesessen und mir angeschaut, wie sich Öl auf dem Gehweg ausbreitete und sich der regenbogenfarbene Verlauf in Fraktale verwandelte, dann hatte ich aufgesehen, und Autoscheinwerfer waren aufgeflammt. Jetzt ließ das Schimmern Oberflächen schillern, verursachte Augenlärm, brachte Partikel zum Tanzen. Ich beobachtete und beobachtete. Schimmern auf dem U-Bahn-Fenster. Schimmern auf meiner eckigen

Arzttasche. Schimmern auf der Hausfassade. Am schlimmsten war das Schimmern auf meinem Handybildschirm. Da bekam der Widerschein auf dem Glas seinen eigenen Meta-Schimmer. Ich kramte in meinem Gedächtnis danach, wann das angefangen hatte. Das Schimmern hatte mit dem Lexapro angefangen, hatte mein Sehen vom ersten Rezept an unauffällig verändert und wurde jetzt von Tag zu Tag ausgeprägter.

Mein Aussehen zu hassen und Angst um meinen Job zu haben – so etwas sollte unter so hohen Dosen Lexapro eigentlich nicht passieren. Genauso wenig ein dauerhaftes visuelles Trip-Gefühl. Ich sah diese Quasi-Symptome in Zusammenhang mit meiner Sexlosigkeit, diesen Beinahe-Begegnungen, von denen meine derzeitige romantische Situation geprägt war. Die Phänomene bewegten sich alle in der Dialektik zwischen willkürlich und unwillkürlich, in dem Sinne, dass ich sie zwar nicht steuern konnte, sie aber sichtbar wurden, wenn ich den Blick darauf richtete. Es war merkwürdig, solche Symptome im Nachgang einer »Depression« zu haben: Ich hielt mich nicht für depressiv. Das Weinen hatte aufgehört und auch die tägliche Verzweiflung. Jetzt war ich post-depressiv, was vielleicht sogar noch schlimmer war. Ich war zerstreut und fühlte mich – zu Ninas Leidwesen und zur Beunruhigung meiner Kolleg:innen – in Bezug auf die Nachrichten und auch, was das Sexleben unseres sozialen Umfelds anging, zunehmend betäubt. Es war der Anbruch einer Art von Gefügigkeit, wie ich sie nie gekannt hatte. Ein mattsamtiges Gewebe, das sich auf meine Welt herabsenkte, oder eine gallertartige Schicht (psychisches Agar). Vielleicht bedeutete das Schimmern den Zusammenbruch des Gewebes, oder erste Partikel traten nun daraus hervor und nahmen vor dem Hintergrundlicht Gestalt an.

Meine Therapeutin Rose O'Connell glaubte nicht an den Schimmer. Sie glaubte an vieles nicht. Sie saß mir im Sprechzimmer gegenüber, im Erdgeschoss eines Marmorgebäudes an der Upper East Side, schräg gegenüber der Society Library und dem J.Crew-Premiumstore, trug maßgefertigte Croc-Pumps und einen gefärbten schwarzen Haarknoten wie Diana Vreeland. Rose O'Connell strahlte

Skepsis aus. Zum einen war sie von Seths Hypnosekünsten nicht beeindruckt. »Ich könnte Sie auch hypnotisieren«, sagte sie spöttisch. »Jeder kann alles hypnotisieren. Es ist eine Bewegung und eine bestimmte Form der Aufmerksamkeit. Keine Zauberkraft.« Es klang fast, als ob sie eifersüchtig wäre. Mit finsterem Blick saß sie in ihrem rohseidenen Bleistiftrock oder dem Escada-Strickkostüm da. Manchmal war ihre Skepsis aufschlussreich. So manche soziale Unsicherheit meinerseits wurde dadurch abgeholzt. Einmal hatte ich bei einer Ausstellungseröffnung einem Modedesigner, einem Bekannten von mir, übertrieben zu einem wichtigen Preis gratuliert, indem ich ihn am Hals fasste und flötete: »Ich bin so stolz auf dich!« Ich schämte mich furchtbar – überzeugt, dass er mich für eine Schleimerin hielt. »Meine Güte, Emily«, sagte Rose. »Das kann doch wohl kaum Ihr Ernst sein.« Unter ihrem prüfenden Blick schwand meine Scham. Besonders der Schimmer konnte Roses wachsamem Misstrauen nicht entgehen. Sie hatte noch nie davon gehört, dass SSRI die Sicht beeinträchtigen würden. Es gab nur eine Erklärung: Ich dachte mir das aus. Ich wand mich. In meinen Augen war sie elegant und einschüchternd und witzig und im Irrtum. Hinter dem Sprechzimmer, in dem ich auf dem Chesterfieldsofa saß und mit Rose sprach, befand sich das Privatbüro ihres Partners, dem Sumpfkönig Dr. Bigelow, einem alten Walross mit einem derart ausgeprägten Mundgeruch, dass ich mich manchmal fragte, ob es sich nicht eigentlich um Gebäudefäule handelte. Durch farbverkrustete bodentiefe Fenster blickte man von seinem Büro aus in einen Innenhof-inklusive-Lichtschacht und in ein älteres Upper East Side wie nach Narnia. Dr. Bigelow glaubte an das DSM-V und daran, die Regeln zu befolgen. Offenbar lebte er unter einem Stein, denn er glaubte, seine Kolleginnen und Kollegen würden es genauso halten. Als ich berichtete, von einem Quacksalber jahrelang verschreibungspflichtiges Speed bekommen zu haben, wurde Dr. Bigelow hellhörig, öffnete sein scheußliches Maul und duschte mich mit dem Duft fauliger Männlichkeit. »Ich kann nicht glauben, dass der Mann so etwas getan hat. Sie können kein ADHS haben, Sie haben einen Abschluss von einer Elite-Uni. Dann schärfte er mir ein, unter Lexapro niemals Alkohol zu trinken – keinen einzigen Tropfen. Diese beiden Elemente zuzüglich Blutdruckmessungen und meiner Versuche, die Nase in der Bluse zu verstecken, bildeten die Kernbestandteile unserer Sitzungen. Besonders viel Freude hatte er daran, seiner Entrüstung über meine Fehldiagnose Ausdruck zu verleihen. Er begann jede neue Sitzung damit.

Während der Schimmerphase liebäugelte ich mit einem nicht ganz neuen Medikament namens N, das kein SSRI war, keine Sexlosigkeit oder Trägheit verursachte und, da keine Pharmafirma ein Patent darauf hatte, bei Frauen wie mir untervermarktet war. Es war ein Psychopharmakon der Extraklasse. An diesem Tag ging ich mit dem geheimen Vorsatz zu Dr. Bigelow, ihn dazu zu bringen, mir N zu verschreiben, ob er wollte oder nicht. Aus diesem Blickwinkel kam ich auf den Gedanken, seinen wiederkehrenden »Sie haben kein ADHS«-Sermon neu zu bewerten: Vielleicht war es kein frühes Symptom von Senilität, sondern seine Vorahnung, dass ich ihn eines Tages austricksen würde, um statt der Medikamente, von denen er wollte, dass ich sie nahm, die zu bekommen, die *ich* wollte. Es war nicht schwierig. Ich hatte die klinischen Studien für N gelesen, und Dr. Bigelow nicht. »Haben Sie die [Statistik X] gelesen? Kennen Sie [Statistik Y]?« Die meisten Menschen werden in der Nähe von Zahlen zu Vollidioten. Sie fangen sofort an zu zittern. Er war entweder zu stolz oder zu dubios, um zuzugeben, dass er die Artikel nicht gelesen hatte. Er willigte ein, dass ich das Lexapro absetzen und zu einer niedrigen Dosis N wechseln könne. Er meinte sogar, es sei in Ordnung, die Übergangsphase abzukürzen und Lexapro in einer Woche, statt über mehrere Monate auszuschleichen, und direkt mit N anzufangen.

Das sollte sich als Pyrrhussieg erweisen. Als ich meine Lexapro-Dosis herunterfuhr und begann, N zu nehmen, ging das Schimmern zwar zurück, wenn auch nicht vollständig, dafür trat an seine Stelle eine grässliche Übelkeit. Es war eine Phasenverschiebung: Die Störung verlagerte sich aus dem Bereich des Visuellen in meinen Solarplexus. Im Design-Meeting um zehn Uhr an diesem Morgen, in dem die eXe-Assets im Vorfeld des neuen Produktlaunches überarbeitet wurden, glaubte ich, ich wäre verkatert. Ich knabberte am Rand einer Narkolepsie-Pille, die ich im Portemonnaie aufbewahrte, und schraubte einen Rohkost-Boosterdrink mit extraviel Koffein auf. Auf dem Weg zurück in mein Büro kippte die Achse des Universums zur Seite, mein Innenohr schrie nach Gleichgewicht, und o mein Gott, musste ich mich jetzt übergeben? Ich rief Sadie per Textnachricht zu mir ins Büro, und als sie ankam, konnte ich nur noch heulen.

23. Willkommen in der Zukunftsübelkeit

Die nächste Woche verbrachte ich zu Hause im East Village im Bett. Der Schimmer hatte sich jetzt mit der Übelkeit verbündet. SSRI waren jene schlechte Art von Fehlverordnung, die schnell in furchtbare Fehlver*un*ordnung umschlug. Das Absetzen sei wie ein Heroinentzug im Film, heulte ich Roman am Telefon vor. »Ich mix dir besseren Stoff, aber damit du den trinken kannst, muss es dir erst besser gehen«, sagte Roman. Im Hintergrund hörte ich Vögel zwitschern.

Wie soll man funktionieren, wenn man nach Skripten lebt, die nicht die eigenen sind? Mein modisches Versagen erschien mir geradezu idyllisch, verglichen mit dem darauffolgenden Entzug, der sich mit dem Schimmer zusammentat. Aber vielleicht hingen die beiden zusammen. Konnte mein Entzug eine Art Zukunftsübelkeit sein? Eine Verzerrung des erarbeiteten Normalitätsbereichs, der sich ausdehnt, um Platz für die Zukunft zu schaffen? Es war nicht ganz das Gefühl, ständig kurz vor dem Erbrechen zu sein, sondern etwas diffuser. Das Gefühl des Versagens, die Paranoia, alles so persönlich zu nehmen – ich staunte über die körnige Beschaffenheit davon, die endlose Vielzahl an Punkten, an denen man den Verdacht oder Beweis für ein Scheitern festmachen konnte. Ein großes Thema war, dass ich Plagiatorin war, jemand, die die Lorbeeren für anderer Leute Arbeit einstrich, und dass ich darin nicht einmal gut war. Nicht-Künstlerin, schlechter Marketingmensch – ein Smoothie aus zeitgenössischem Garnichts.

Auf meinem Couchtisch tummelten sich Fläschchen mit kalkigem Lexapro, runden N-Kügelchen und freiverkäuflichen Narkolepsiemedikamenten. Alle diese Tabletten zeigten Wege für mich auf, so, wie wenn ich das Tribunal meiner vervielfachten Ichs einberief, indem ich die Spiegeltüren meines Badezimmerschränkchens links und rechts von meinem Gesicht aufklappte und sah, wie sich meine Spiegelbilder bis in die Unendlichkeit multiplizierten: neun Emilys, zwölf, wenn ich die Türen näher zu mir zog. Dieses Tribunal konnte ich befragen. Jedes Gesicht ein Sonderfrieden, jedes ein anderes Schicksal.

War der Lexapro-Schimmer meine Zukunftsübelkeit? War es ein Anzeichen für eine verzerrte Realitätsebene, eine Gehirnchemie analog zu der Frank-Gehry-Louis-Vuitton-Tasche, die Rihanna getragen hatte? Trat meine Zukunft im Schimmer zutage oder in der Übelkeit, die durch den Versuch herbeigeführt worden war, den Schimmer zu bekämpfen (indem ich die Medikamente absetzte)? Zuerst hatte ich im Entzug das Gefühl, mein Kopf würde nach oben und meine Augen auseinandertreiben, kurz davor, davonzufliegen. Mein Hirn und ich und zwei Paar Wimpernverlängerungen erhoben sich in die Luft und hielten wie am Faden gezogen auf den Horizont zu. Das Twitterlogo schlug mit den Flügeln, der Snapchat-Geist verschwand.

Ich hatte seit Ewigkeiten nicht mehr geschrieben. Meine »Kunst« existierte virtuell, in der Ferne, erschaffen von anderen, verbreitet von anderen, im Interesse von anderen, auf den Bildschirmen von anderen, in Konkurrenz mit fremden Kräften des Marktes.

Und dann auf einmal, mit dem schwachen Geschmack von Kotze im Hals, schrieb ich wieder. Was hatte das zu bedeuten? Es ist die Überzeugung der Depressiven, dass Schreiben an Leiden gekoppelt ist, Punkt – und das eine ohne das andere zu wollen, ist ein Witz, einen Trick dagegen finden zu wollen, ist ein Witz, man kann das Gehirn nicht auf diese Art überlisten, man ist nicht ein bisschen Schriftstellerin. Ich wusste, dass dieser Teil nicht ganz der Wahrheit entsprach (mein Leben lang sammelte ich Gegenbeispiele als Kur gegen meine Selbstzweifel). In meiner direkten Umgebung gab es Konzeptdichter:innen und Künstler:innen, die Romane schrieben, und Historiker:innen mündlicher Geschichte, die unsichtbare Archive erschufen, es gab das Schreiben fürs Fernsehen und K-HOLE (vielleicht sogar auch die eXe-Gelehrten mit ihren annotierten Bedeutungsnetzen – alles Beispiele, welche die binäre

Vorstellung, es gäbe nur entweder Schriftsteller:innen oder Nicht-Schriftsteller:innen praktisch widerlegten. Dennoch litt ich am Erste-Hand-Syndrom: Wenn du es nicht wirklich selbst erschaffst, ist es nicht deins, und du bist keine Künstlerin und hast die entsprechende Befriedigung nicht verdient.

Als ich den Planetary-Computing-Bericht erstellt hatte, war es mir peinlich gewesen, über den rückläufigen Merkur zu schreiben. Obwohl es gleichzeitig antik und zeitgeistig war, schien es mir so *vorbei* zu sein, als würde ich versuchen, eine Einsicht zu fassen zu bekommen, die gerade um die nächste Ecke verschwunden ist. Trotzdem verfolgte mich das Thema und hörte nicht damit auf.

Irgendwann kam mir der Gedanke, dass der rückläufige Merkur eine neue Spezies von Viralität andeuten könnte. Die Geburt des langsamen Memes. Langsame Memes konnten virale Entitäten sein, die sich selbst mittels Sprache reproduzierten. Doch statt in kurzer Zeit den Höhe- und Kipppunkt zu erreichen, reproduzierten sie sich langsam und schleichend über einen langen Zeitraum. Über den rückläufigen Merkur zu schreiben, war seltsam, weil das Phänomen an sich Kommunikation verhinderte oder störte, indem es sie auf Umwege und ineffiziente Kanäle leitete. Auf rückläufigen Merkur berief man sich, wenn einem die Ausdrucksmöglichkeiten fehlten, um das Fehlen der Ausdrucksmöglichkeiten zu beschreiben. Rückläufiger Merkur war per Definition immer schon wieder aus der Mode. Selbst als Geist der Zeit hätte er einen ältlichen Beigeschmack. Man würde immer das Gefühl haben, es sei zu spät, um über rückläufigen Merkur zu schreiben, während er zugleich seine eigene Definition erzwang. Ich begann »rückläufigen Merkur« als neue Vokabel für unvollendete Angelegenheiten zu betrachten, die einen bisher übersehenen Bereich des Pionierdilemmas abdeckte. Es könnte die Gegenseite des »Scheiterns« repräsentieren, das in der Start-up-Landschaft, in der ich weilte, so zelebriert wurde; es war der disruptive Zwilling der Disruption. Rückläufiger Merkur zwang mich, die wahren Lücken und Datenverluste anzuerkennen, die sich nicht in kreative Zerstörung umwidmen ließen.

Zum Ende der Woche hatte Romans Mutter eine neue Therapeutin für mich gefunden, eine kroatische Psychopharmakologin, die in Romans Familie ein Kind vor dem Suizid bewahrt hatte. Ich fuhr wieder zur Upper East Side und weinte vor ihr. Sie stellte eine Bipolar II-Diagnose und verschrieb mir ein Epilepsie-Medikament, das in Fällen wie meinem off-label eingesetzt werden konnte. Sie erklärte mir, der Schimmer käme von überschüssigem (nicht wiederaufgenommenem) Serotonin, das in meinem Gehirn verblieb und mir die Sicht wie mit Sternenstaub vernebelte – derselbe Mechanismus wie beim Ränderschimmern, das typisch für den Anfang eines Acid-Trips ist. Sie trug einen glänzend schwarzen Bob und eine lange goldene Halskette, hatte ein winziges, elegantes Lispeln, knorrige, studiogebräunte Hände mit breiten Knöcheln und einen Band über Hypnotherapie hinter sich im Regal.

Ich löste das Rezept in einer Apotheke auf der Madison Avenue ein. Von dort aus ging ich zu Fuß zum Central Park und kam an der Stelle hinter dem Metropolitan Museum of Art vorbei, wo der Konzeptkünstler Robert Barry 1969 zwei radioaktive Tabletten aus Bariumisotopen vergraben hatte. Alejandro hatte in seinem Standardwerk darüber geschrieben: »Barry hatte sie über einen Katalog für Wissenschaftsbedarf bestellt und ein Isotop seines Namensvetters ausgewählt, Barium-133, das Einzige von zweiundzwanzig bekannten Isotopen dieses Elements, das nicht binnen Sekunden oder Minuten gefährlich strahlend zerfällt. Er ging zur Großen Wiese hinter dem Metropolitan Museum of Art und vergrub die Kapseln dort unauffällig an zwei verschiedenen Stellen. Dann machte er schnell ein Foto von den beiden Orten und nannte es die 0,5-Microcurie-Radioaktivitäts-Installation. Mit einer Halbwertszeit von etwas mehr als zehn Jahren zerfällt das Barium-Isotop noch heute. Solange sie also nicht ausgegraben werden, strahlen sie eine schwache, aber geladene Energie ab wie das unsichtbare Signal eines sterbenden Sterns, ohne dass die Ballspielenden, die Hundeausführenden und die Picknickenden auf dem Rasen obendrüber etwas davon wüssten.«[13]

Barrys Tabletten sollten sich für alle Zeit in der Zukunft zersetzen. Sie zersetzen sich noch heute, während Sie dieses Buch lesen. Diese Überlagerung hatte etwas Schönes, fand ich. Seine Kapseln lösten sich unter der Erde auf, meine in meinem Gehirn. Leichte Windstöße trieben durch die Luft. Die Definitionen von eXe breiteten sich aus. Hubschrauberähnliche Samenkapseln segelten zur Erde. Hinter der Großen Wiese funkelte die Skyline; Sterne starben. Ich fuhr mit dem Zug zurück nach Brooklyn.

Das Schimmern und die Übelkeit hörten auf. Das Wetter wurde wärmer.

Für eine Weile war alles besser.

24. Zucken

Verrückt wurde es dann wieder im Sommer. August ist immer die Hölle für mich, der klassische Hexenkessel. Sommer in New York, brutzelnde Spiegeleier auf dem Asphalt, dampfende Hitze und beißender Uringestank – aber zugleich ist es dynamisch, alles kann sich verändern. In Manhattan drehten selbst normale Menschen im Sommer ein bisschen durch. Das wochenendliche Pläneschmieden, um all dem zu entfliehen, endete meistens damit, dass ich mit Sadie und Roman nach Rockaway fuhr und mich mit unserer Kollegin Paula oben ohne im Meer treiben ließ, aber dann dachte ich an einem dieser Wochenenden: Wenn ich noch ein einziges Mal an diesem blöden Strand liegen muss, bringe ich mich um. Es war so langweilig. Als Dreijährige hatte ich mir ein Jahr lang jeden Tag den Zauberer von Oz angesehen, und erst im August jenes Jahres bekam ich Angst vor der Bösen Hexe. Vorher konnte ich das Böse noch nicht verarbeiten, und so ging es mir auch mit der sich allmählich verwurzelnden Langeweile dieses Sommers.

Langsam von Begriff, hatte ich im Büro so wenig zu tun wie noch nie. Die Designs vom Jahresanfang wurden nun umgesetzt, und so saß ich in meinem Büro und wartete auf die Momente, in denen ich Feedback geben konnte. Das fiel im Allgemeinen positiv aus, es sei denn, mir war gerade besonders langweilig, dann wurde es ausführlich und ätzend. Um etwas zu tun zu haben, entwarf ich ein Pilotprogramm, in dem die Nutzenden ihre eigenen eXe-Merchandise-Artikel gestalten konnten. Ich richtete eine Mikrosite ein, auf der man T-Shirts gestalten konnte, wofür eine Bibliothek mit offiziellen Marken-Assets (darunter unsere offiziellen Logos, Schriftarten und Farben) sowie Bildern von Goldkettchen, rosa Kunstpelz und auf eXe umgemünzte Versionen aktueller Memes zur Verfügung stand. Über diese Schnittstelle konnten Nutzer:innen aus dem ganzen Kram Collagen erstellen und mit digitalen Pinseln und Sprühfarbe alles auf die T-Shirts schreiben und malen, was sie wollten. Die T-Shirts kosteten dreißig Dollar das Stück, und solange wir sie nicht gezielt entfernten, konnte jeder alle auf dieser Seite erstellten Designs kaufen. In einem Entwurf prangte das Logo unseres neuen eXe-Betaprodukts neben zwei abstrakt, aber erkennbar gezeichneten Pobacken und dem Text »eXe Beta ist fürn Arsch«. Der Entwickler, der das Produkt betreute, bestellte das Shirt und trug es auf der nächsten Firmenparty.

Gerüchte machten die Runde, die nächste Vorstandssitzung stehe an, und die Stimmung war angespannt – die Frage der Monetarisierung wurde ernst. Auf eine Anregung von Zimra hin versuchte ich proaktiv zu sein. Ich begann, eine Simulation einer fiktiven Markenwelt zu entwerfen: eine Kooperation von eXe und Pepsi. Es war ein Fantasiesponsoring, in dem Pepsi dafür bezahlte, das Definitionsnetzwerk der Gelehrten auf die physische Welt New York Citys auszuweiten. Anstelle des normalen Pepsi-Logos verwendete ich eine Version, die ich in einem geleakten Internetdokument von ihnen aus dem Jahr 2009 gesehen hatte, in der die rot-blaue Pepsi-Kugel mit geologisch aussehenden Mustern überzogen war, was die Magnetfelder der Erde unter Einfluss der Sonnenstrahlung und Windbewegung darstellen sollte. Zusammen mit meinem Lieblingsdesigner überzogen wir ganz New York damit und setzten Markierungen für das Netzgelehrten-Glossar der Stadt – eine planetare Geometrie über der lokalen. Wir fügten Pepsi+eXe-Reklametafeln ein (natürlich), mehrstöckige Werbeanzeigen an Gebäuden, vollständig bedruckte Parkbänke. Wir entwarfen Dokumentation zur Kampagne, die auf fliegenden digitalen Tablets verfügbar war, verschmiert mit Fingerabdrücken und den Atemspuren von Konsument:innen, die lautlos aus dem Bild verschwunden waren. Wir ließen die Kampagne als Spiegelung in den Augen zahlloser Reihen von Nutzer:innen auftauchen wie auf einem dieser Fotos vom Publikum eines 3-D-Films mit ihren Brillen. Man schaute ihnen beim Zuschauen zu. Die Aussage dieser Präsentation ging über die Informationen in den Rechtecken hinaus: es war das Leuchten der gesamten Kooperation. Das machte mir Spaß. In dieser fiktiven Version der Markenwelt fühlte ich mich viel wohler, als wenn ich an etwas Realem arbeitete. Reale Markenstrategie bewegte sich bei mir immer im Konjunktiv. »Wenn wir dies täten, würde das passieren, falls … man könnte am Ende … Weltwirtschaftsforum … könnten wir sein … Ihr Chef … Vogue … wenn … falls … Standard & Poor's 500.«

Roman nannte diese Tendenz bei mir scherzhaft »Konjunktivitis«.

Mitte August gab es eine Umstrukturierung, die zum Teil dadurch angestoßen wurde, dass wir neue Räume im obersten Stock des Hauses übernahmen. Die Bauarbeiten dort waren gerade abgeschlossen. Im Prinzip war es ein Gewächshaus, das auf den ursprünglichen Wohnkomplex draufgesetzt worden war. Während die Aufzugtüren auf den bisherigen Etagen zu normalen Fluren mit blauem oder grauem Teppichboden und normalen Wohnungen führten, die wie Organe davon abgingen, hatte diese neue Diamantetage einen wabenförmigen Grundriss mit sechs Bereichen, die jeweils als Büros oder Lofts genutzt werden konnten. Jeder der Aufzüge im Haus endete direkt in einem dieser Bereiche. Die Decke war beinahe unsichtbar. Poliertes Blaugrau. Riesige Oberlichter. Glaskästen im Zentrum dienten als Konferenzräume. Zu beiden Seiten davon gab es Modulsofas, Sitzsäcke, Topfpflanzen und Couchtische in Form leuchtender Würfel, dazwischen U-förmige Schreibtische, die an schwarzen Säulen zu Arbeitsgruppen formiert waren. Es waren mit Abstand die professionellsten Räume der Firma. Kolleg:innen spazierten staunend umher, wischten sich unsichtbare goldene Kordeln vom Gesicht, Staubkörnchen trieben in den Strahlen des einfallenden Tageslichts.

Die Frage, wer in diesen neuen Gruppenbereichen sitzen sollte, hatte zu einer Umstrukturierung im Management geführt. Entwickler:innen und technische Mitarbeiter:innen würden auf der einen (Piets) Seite sitzen, User Experience und die »weiche Seite« auf der anderen (Seths). Für mich war das problematisch, weil ich eine von der weichen Seite war, die Entwickler:innen und Designer:innen, mit denen ich arbeitete, allerdings zum technischen Bereich gehörten, was uns auf verschiedene Seiten der Trennlinie brachte. Zudem war es für mich ein Problem, weil ich Angst davor hatte, direkt für Seth zu arbeiten.

Alle anderen Kolleg:innen freuten sich, als wir die Mail bekamen, aber ich fühlte mich wie vor den Kopf geschlagen und protestierte – eine Umkehrung des normalen Musters. Mein Widerspruch führte zu einem Vermittlungsgespräch in Anwesenheit von Zimra, der uns so lange nachsichtig glucksend und lächelnd beaufsichtigte, bis eindeutig feststand, dass mir in diesem Punkt keine Wahl blieb. Ich muss Seth zugestehen, dass er vermutlich auch nicht gerade hingerissen davon war, mein Vorgesetzter zu sein.

But here we go
There we are
Here again together

Gegen Ende der Woche präsentierte ich meine Markenwelten im zentralen Konferenzraum. Es war ein turbulenter Tag. Ein weißer Himmel, aus dem es jeden Moment zu regnen drohte, füllte die Streifen zwischen den zinngrauen Balken. Es war wie im Inneren einer Wolke. In diesem Licht sah die Haut der anderen irgendwie undurchlässiger aus. Das Meeting bestand aus mir, Zimra, Ethan, Seth und Piet. Ich klickte mich durch die Pepsi-Slides. In den neuen Räumen waren wir exponierter. Eine nicht ganz geschlossene Fontanelle. Vielleicht konnte etwas Neues entstehen. Auf dem Bildschirm: »Commit to something«, plärrt eine echte Equinox-Werbung, auf der eine rothaarige Frau neugeborenen Zwillingen die Brust gibt, ihre Hände triefen vor Diamanten. Die Anzeige befand sich an einem Parkhaus in Soho, wo ich per Photoshop auch einen unserer Fantasieentwürfe installiert hatte – so ganz kapierte ich die Equinox-Werbung nicht, aber sie diente Plausibilitätszwecken. Bei jedem Mausklick klackerten die Kügelchen meines Armbands auf dem Lacktisch. In den beiden anderen Besprechungsräumen standen Klarglastische, deren Untergestell aussah wie Hockeyschläger mit Rennwagenaufklebern. Extremsport-Tische. Die mochte ich lieber. Der Bildschirm hatte eine Störung und wurde blau.

Bam-bam, die Maus; meine Collegedozentin hatte mir beigebracht, dass man bei Technik eigentlich nichts machen konnte (abgesehen davon, alles zu ölen). Wenn so etwas passierte, musste man ein Weilchen mit offenem Mund dasitzen, musste einen Moment lang in der Unterbrechung verweilen. Ich hatte die Haare zu einem hohen Pferdeschwanz gebunden, und sie spannten. Ich löste das Gummi, schüttelte aber nicht den Kopf wie die Bibliothekarin, die sexy wird, sondern ließ sie einfach auf meinen Rücken fallen, es war nicht der richtige Zeitpunkt. Dann war das Bild wieder da. Die Männer im Raum waren beeindruckt von der Präsentation. Unsere Marke da draußen zu sehen, und sei es noch so fiktional, das war berauschend. Und neben dem Pepsi-Magnetfeld, naja … das roch nach der Möglichkeit von Geld. Ich versprach, mit denen (Pepsi) zu telefonieren; ich kannte da jemanden. Ohne ein Bindeglied zum Zucker würden wir gar nichts erreichen. Die Ironie an diesen sogenannten neuen Modellen (und den Finanzmitteln, die sie anlockten), ist, dass sie auf die gute alte Limonade angewiesen sind. Ohne Cola im Tank fährt das Auto nicht los.

Zwei Anzugträger kamen vorbei, von Nina und Ninas neuer Praktikantin wie Hunde umhergeführt: Besuch vom Andreessen-Mutterkonzern. Anzugträger trugen heute keine Anzüge mehr, dafür tibetanische Gebetsperlen an den Handgelenken. Aber sie glitten anzugartig dahin. Seth klopfte an die Scheibe, um sie auf sich aufmerksam zu machen, winkte sie herein und zog sie in eine spontane, herzliche Männerumarmung.

Ich strahlte wie ein Kind (besorgt). Sie blickten zum Bildschirm und waren beeindruckt, dort so viel eXe zu sehen. In ihren Augen erwachte ein kleines Lächeln. »Emily wird dieses Projekt bis Ende des Jahres leiten«, sagte Seth, wobei er mir langsam den Kopf zuwandte und mich mit durchdringendem Blick ansah. Ein direkter, entschiedener Blickkontakt, ein gesättigter Vollblick – mein linkes Auge zuckte und fiel zu. Mein Kopf ruckte ein kleines bisschen unkontrolliert. »Alles in Ordnung?« Erster Anzugträger. »Oh, ja, entschuldigen Sie. Nur Lidzucken.« Breiteres Lächeln, warme Hände auf Seths und Piets Schultern. »Bis heute Nachmittag?« Und mir nichts, dir nichts hatte man mich mit Schulden überhäuft. So hatte mein Augenzucken angefangen, und es war geblieben – variabel für zwölf bis fünfzehn Minuten am Tag, bis es irgendwann in der mittelnahen Zukunft plötzlich und für immer verschwinden würde. Als Maßeinheit auf einer Orgasmus-Skala hatte ich ein bisschen Lidzucken immer ganz nett gefunden, aber dieses bereitete mir keinerlei Vergnügen. Mir war deutlich bewusst, dass mein Gesicht aufbegehrte.

Nach diesem Meeting taten Seth und ich etwas Ungewöhnliches: Wir verließen das Gebäude. Wir gingen zu Fuß zum neuen Whole Foods in der Bedford Avenue, das am selben Tag eröffnet hatte wie die neue Gewächshausetage der Wohnanlage.

Seth bestellte pochiertes Hühnchen auf einem riesigen Bett aus gehacktem Kohl mit Dressing. Ich hatte ein lila Blumenkohlgratin, das ich in etwa vier Sekunden verspeiste. Mein Auge zuckte immer noch.

Mit sinnlichen Freuden war das bei der Arbeit so eine Sache, nach dem Motto: Warum war dieses ganze teure Zeug eigentlich gar nicht schön? Weil den Jungs der Geschmack dafür fehlte. Piet hatte etwas mehr Sinn für Stil, hässlich und kitschig zwar, aber ich zollte ihm Beifall, während Kohl und pochiertes Huhn ein Teil von Seths größer angelegtem Plan zur Selbstbestrafung waren. Ich musste an das Buch einer orthodoxen Jüdin denken, die zum Christentum konvertiert war. Eine gute Beziehung zu Nahrungsmitteln sei eine gute Beziehung zu Gott, schrieb sie. War Seth eitel, oder quälte er sich nur? Perfekt in Form war er bereits.

Mir ist aufgefallen, dass du in dem Meeting überrascht gewirkt hast, sagte Seth. Tut mir leid, wenn dich das unvorbereitet erwischt hat. Ich weiß, wir hatten noch nicht so direkt darüber gesprochen –

über die Leitung dieser Sponsoring-Geschichte. Aber Piet und mir liegt wirklich viel daran, dass du in diesem Bereich Verantwortung übernimmst. Ich würde gern ein Ziel festsetzen und es in Zahlen fassen. Er trank einige große Schlucke Mineralwasser und fuhr sich mit dem Handrücken über den Mund. Vielleicht irgendwas um die hunderttausend bis Jahresende.

Ich entspannte mich ein bisschen. Für ein Unternehmen mit grob sechs Millionen Dollar Investmentkapital waren hunderttausend nicht so viel. Ich übersetzte es mir folgendermaßen: Emily, irgendwann in den nächsten Monaten musst du wirklich irgendwas verkaufen. Du musst eine kleine Menge Geld herbeischaffen. Er sagte, er würde ein Google Doc erstellen, in dem er neben meinen Verantwortungsbereichen auch die von allen anderen in der neu gegründeten Abteilung auflisten wollte. Und in dieses Dokument würde er mein Umsatzziel mitaufnehmen. »Toll, ich freue mich!« Ich strahlte gleißend. (»Ich verfüge über Geldmagie, das Geld kommt zu mir!«, lautet die traditionelle Bestätigungsformel in der Selbsthilfe). Geht der Spaß schon los. Nach dem Lunch fiel mir der Regenbogen aus Lara-Energieriegeln und Stillbedarf an der Kasse ins Auge. »Bei Whole Foods kriege ich immer Lust, was zu klauen«, sagte ich. »Klassisches Meme«, sagte er, klappte sein Handy auf und zog die Augenbrauen hoch. »Scheiße, wir müssen zurück.«

Auf dem Rückweg zum Büro kamen wir an den E-Ladestationen auf dem Parkplatz vorbei. Das war nicht mein New York. Ein Gesundheitstempel auf einer Giftmülldeponie; der atomare Wald unter der Stadt; der East River strömte dem Nachmittagsnebel entgegen. Ein Blitz zuckte über den Himmel, es fing an zu regnen.

25. Ausgehen

An diesem Abend ging ich mit meinen Freunden Freddy und Beatriz in einer japanischen Brasserie in Soho essen. Die beiden supercoolen Brasilianer kannte ich aus einer früheren Phase meiner Karriere. Sie wollten meinen Rat zu einer hochgeheimen Präsentation, die sie vor einem großen internationalen Konzern für abgepackte Nahrungsmittel halten sollten. Sie zeigten sie mir auf einem winzigen MacBook Air, die Bildschirmhelligkeit so weit wie nur möglich heruntergedimmt. Sie sprachen sehr langsam und dehnten die Vokale. Im Gegensatz dazu wurden meine Worte immer schneller und gepresster, mein Herzschlag legte zu, obwohl nichts Aufregendes geschah. Die Luft schien vor Glück zu funkeln, die aufregende Möglichkeit eines Abenteuers schwebte im gedämpften Licht. Ich steckte meine Stäbchen in welken Spinat mit Sesamsamen.

»Babyyy, was ist denn mit deinem Auge?« Freddy streckte die Hand nach mir aus. Beatriz wirkte majestätisch in ihrem makellosen weißen Oxfordhemd. Beide sahen sexy und besorgt aus. Ich gestand, dass etwas Seltsames passiert war. Seth habe mich in einem Meeting angesehen, und als sich unsere Blicke trafen, habe mein Auge angefangen zu zucken und seitdem nicht mehr aufgehört.

»Hmm, sehr mysteriös«, murmelte Freddy. Dann erzählte er mir etwas, das er in einem Kabbala-Kurs gelernt hatte: Man könne Informationen – gute oder böse – mithilfe der Augen übertragen. Von rechtem Auge zu rechtem Auge war es eine positive Übertragung. Mit dem linken Auge könne man die Übertragung blockieren: Wenn man blinzelte, würde das Böse abgewendet (wenn man schnell genug war). Zu Illustrationszwecken zwinkerte er der Kellnerin zu. Beatriz bestellte eine weitere Flasche Sake. Nach dem Essen besorgten sie und ich uns ein Tütchen Koks und gingen in einen Stripclub in der Bronx.

»Ihr seid wirklich süß«, war alles, was ich zu den Stripperinnen sagen konnte. Beatriz machte sofort ganz ungehemmt und hypereinvernehmlich mit ihrer rum, und ich war eifersüchtig und wie erstarrt. Den ganzen Abend versuchte ich die Stripperin auf meinem Schoß zu ignorieren und malte mir stattdessen (in Warpgeschwindigkeit) aus, wie sich ihre wohl anfühlte. Im Morgengrauen fuhr ich auf Firmenrechnung mit einem schwarzen Suburban nach Hause und war immer noch kein bisschen müde. Ich zog die Vorhänge in meinem brutal teuren kleinen Schlafzimmer zu und lief auf und ab. Schrieb mit imaginärem Lippenstift Gleichungen an die Fensterscheibe. Ganze Abhandlungen nahmen Gestalt an und zerfielen wieder zu Nichts. Ich legte mich hin, wälzte mich unruhig hin und her. Ich stand auf und tanzte vor dem Spiegel. Ich zerschnitt ein paar Kleidungsstücke, an denen ich hing. Ohne dass ich ein Auge zugetan hatte, kam der Morgen. Ich war auf die Minute pünktlich im Büro. Mein Auge zuckte heftig und in regelmäßigen Abständen. Ich hielt mir einen Iced Coffee an die Wange, und sie reagierte auf die Kälte, indem sie sich krampfartig zusammenzog. Wenn das nicht manisch ist, weiß ich's auch nicht, sagte ich zu Sadie, die mich und meine steifen Schultern immer wieder umarmte, bis sie zu ihrem Morgenmeeting musste. Hypomanie, Liebes, sagte sie und flitzte hinaus in den Flur.

26. Japan

Mein Urlaub stand vor der Tür. Ich hatte so viele Monate im Voraus gebucht, dass ich ihn beinahe vergessen hatte, aber jetzt war es so weit. Wenn einem die eigene Freizeit unvermittelt an den Kopf knallt. Ich hatte schon immer nach Japan reisen wollen, weil Japan der coolste Ort der Welt war. Mein Cousin MC, der in Deutschland lebte, hatte ein bisschen Geld verdient, indem er Schundromane für amazon.de ins Englische übersetzte.

»Ich schwör dir, diese Protagonistin hat eine Essstörung, die hatte ständig irgendeine Vorspeise vor der Nase, das war wie eine deutsche Fassung von *How Stella Got Her Groove Back*, nur dass nicht gevögelt wurde.«

»Klingt scharf.«

»Ich habe das Geld, sollen wir jetzt richtig verreisen?«

Noch an Ort und Stelle kauften wir billige Tickets. Alle hatten viel zu viele Ratschläge, was wir in Japan tun sollten. Das Lesen der Google Docs, die ich zu dem Thema geschickt bekam, war derart ausufernd, dass ich fast genauso gut das gesamte Internet hätte befragen können. Ein durchgeplanter, übererklärter Japan-Trip war für eine bestimmte Klasse Teil der Persönlichkeitsbildung. Wenn man als New Yorker Paar innerhalb eines Jahres nach Dia Beacon, Marfa und Japan reiste, würde man heiraten, das wusste jeder. Und zwar Upstate. MC war schwul und ausgewandert und scherte sich einen feuchten Dreck um derartiges »gemeinsames Vorwissen«, und wegen genau dieser Feuchter-Dreck-Einstellung in Bezug auf die Matrix, in der wir aufgewachsen waren, war er mir moralisch überlegen. MC verbreitete Koan-mäßige Ratschläge, wenn ich mich verrannt hatte und nicht weiterwusste. Statt der Google Docs hatte er seine eigene Methode, um herauszufinden, was wir in Japan machen würden.

Er tippte »Hipstergegend Osaka« ins Browsersuchfeld, ohne hinzusehen – wenn man nicht sah, wie man es tippte, zähle es nicht, erklärte er. Einfach wegschauen und ganz schnell tippen, dann bekommt man die Ergebnisse, die man will.

Ich richtete eine Abwesenheitsnotiz für die Büro-Mails ein und packte für hohe Luftfeuchtigkeit. Die Schlaflosigkeitsphase meiner Hypomanie ließ nach, und jetzt hatte ich einen beißenden Geschmack am Gaumen und vor mir die salzige Brise von einem Meer der Erschöpfung. Ich stand vor irgendeinem Abgrund. Im Flugzeug verpasste ich sämtliche Mahlzeiten in einem mattschwarzen, sabbernden Schlaf. Wir hatten einen Aufenthalt in Hongkong. Ich fing an, ein für mich besonderes Buch zum zweiten Mal zu lesen. Bei der ersten Lektüre hatte sich die Welt um mich herum verändert, während sich die Geschichten entfalteten. Der Text war faszinierend. Vom Cafeteriabereich auf der Zwischenebene hatte ich Ausblick auf ein öffentliches Kunstwerk: einen Buddhakopf aus Tausenden von Sardinenbüchsen. Wie ich da saß, mit dem aufgeschlagenen besonderen Buch vor mir und dem friedvollen Fischbuddha zu meiner Linken, öffnete ich mein Notizbuch und machte mir zum ersten Mal seit dem Absetzen der Medikamente Notizen. Vielleicht kam da etwas.

In Tokio sah ich MC beim Schlafen zu, grellgelbe Sportsocken auf dem Tatami. Licht fiel von der Straße herein. Seine Ferrari-Muskeln: die Festigkeit eines starken Körpers in Ruhe. Hier auf dem Boden, neben jemandem, den ich liebte, fand ich ein wenig Ruhe.

Wir holten uns Reisbällchen und betrachteten die Flammen in den Spielautomaten, den Glanz auf den Schnallen der Plateauschuhe, die Luft in den Tempeln. Wir beeilten uns beim Rauchen in den ausgewiesenen Raucherzonen und kauften Schreibwaren und Matcha-Oreos und konzeptionelle Golfmode und tranken in einer Bar mit Beatles-Motto Whiskey mit einem Moderedakteur, der sich bereiterklärt hatte, sich mit uns zu treffen. Die ganze Zeit über redeten wir in einem Cousin-und-Cousinen-Jargon, der bis zur völligen Unverständlichkeit zusammengestückelt war – ein Zweipersonendialekt. Obwohl wir ununterbrochen redeten, gingen wir in diesen ersten paar Tagen nicht in die Tiefe. Wir schauten nur und schauten und schauten. Ich sah die coolste Person ever: Er trug drei weiße, löchrige T-Shirts, eine speckige Lederhose mit Bundfalten, mehrere Kilo Edelstahlschmuck – und MC machte Würgelaute.

In Japan stand ich vor Nervosität so unter Spannung, dass ich wie elektrisiert war. Mein Auge zuckte immer noch. Ich fragte mich, ob das ein Trend war, denn es stand in *The Six*: »Augenzucken. Vier Gründe, warum Ihr Auge nicht zur Ruhe kommt.« Sadie schickte mir einen Screenshot. Zuckende Augen sind das neue Schwarz. Wir scherzten beide, Valtrex würde zur neuen Power-Droge werden. Wenn man stressbedingte Herpesbläschen vorbeugend mit Big Pharma behandelte, dann war man wirklich erwachsen. »Mir hat mal jemand gesagt, wenn sich weiße Frauen ihre braunen Haare platinblond färben oder umgekehrt, sei das genauso ein Stress-Symptom, wie wenn ein Tintenfisch Tinte verspritzt«, sagte MC. »Soll das hilfreich sein?«, fragte ich. Meine Fingernägel passten zu meinem Eis, das war cool.

Shibuya 109, Augenzucken. Reihenweise fetter Thunfisch, Augenzucken. Regionalbahn, Augenzucken. Onsen, Augenzucken. Im Wasser liegen und einweichen, Augenzucken. Rohes Bären-Carpaccio, Augenzucken. Mich in die Hightech-Toilette erbrechen, Augenzuckenzuckenzucken. Ich war immer noch rastlos, willkommen in meiner Übelkeitszukunft. Vor dieser Phase konnte ich an zwei Händen abzählen, wie oft ich mich übergeben hatte. Das war nichts Normales für mich, es kam mir vor wie das Ende der Welt. Andernfalls wäre ich bulimisch geworden, das entspricht voll und ganz meinem Profil. Bulimie war das ultimative Win-Win-Szenario. Die wahrhaftigste Art des Seins. Man tut nicht so, als ob man das, was man isst, wirklich *gewollt* hätte. Man musste es nur essen; aber man brauchte es nicht zu behalten.

»Siehst du das Zucken?« Wir saßen in Kyoto am Flussufer. Ich machte mir Sorgen, dass ich nicht mit MCs Tempo mithalten konnte; er war inzwischen bei seiner elften Dose gekühltem Grüntee an diesem Tag. Ich musste pinkeln und hatte das Gefühl, ohne echtes

Speed nicht mehr lange durchzuhalten. In Japan gibt es keine Drogen, das ist irgendwie komisch. Lichter der Stadt spiegelten sich auf meiner Iris, ich spannte die Haut um mein Auge mit den Fingern wie mit einem Spekulum, wie man es beim Brauenzupfen machen soll: die Haut straff ziehen. MC sah mit zusammengekniffenen Augen hin. »Ein bisschen.« – »Zimra sagt, das kommt vom Kaliummangel. Deshalb kippen die Leute in der Wüste auch um, wenn sie dehydriert sind. Salz braucht Kalium, um die Muskeln zu regulieren, irgendwie sowas.« – »›Zimra sagt‹? Diese Umsatzsache muss dir wirklich zu schaffen machen.« – »Eigentlich nicht … ich meine, naja, wenn ich die Ziele erfülle, ist das super, aber wenn nicht, wen interessiert's, ich bin schließlich Künstlerin.« MC bedachte mich unter hochgezogenen Augenbrauen mit einem unvergleichlich verwirrt-zweifelnden Blick. An diesem Abend aßen wir zweiunddreißig köstliche kleine Gänge, die ich nicht auskotzte, und schliefen dann Kopf an Fuß ein.

In Kyoto sahen wir kleine Jungs bei einem Sumo-Ringkampf und ein altes Shinto-Ritual, in dem eine Prinzessin vorkam. Anschließend suchten wir uns in der Hitze ein Lokal am Straßenrand. Dieser Laden war einfach vollkommen. Es widerstrebt mir, eine Karikatur daraus zu machen, er ließ westliche Vorstellungen von Kitsch und Götzenbildern weit hinter sich. Wir aßen gegrillte Käsesandwiches. Später würde MC dieses Gespräch als »Die Abrechnung« bezeichnen. Es fiel mir immer schwerer, die Widersprüche meines Jobs mit mir selbst zu vereinbaren, ich musste ein Buch schreiben und mit diesem Mist aufhören, er wusste das, und ich wusste das auch. Und doch rauschten die Win-Win-Szenarien heran wie eine Flut. Das Neueste: Ich ging davon aus, dass ich es schaffen würde, bis Ende des Jahres einen Deal abzuschließen, und wenn nicht, konnte ich das Scheitern als Vorwand nehmen, um mich feuern zu lassen oder selbst zu kündigen, als Beweis, dass ich dem Job nicht gewachsen war. »Kennst du den Ausdruck, die könntest du mir auf den Bauch binden, ich würd sie nicht ficken?« – »Na klar.« – »Ich hab dich echt lieb, Süße, aber so geht es mir mit deinem Leben.«

Wir sahen dem Nebel dabei zu, wie er sich in einem Tal auflöste. Affen kreischten, während MC von seinem Liebeskummer erzählte. Wir kehrten von einem Schrein zurück, nackte Füße auf den Holzbohlen eines über siebenhundert Jahre alten Holztempels. Meine Angst ging nicht weg, aber sie wurde zeitweilig unterbrochen von meiner Liebe zu MC, der Dankbarkeit für den Nebel sowie an- und abschwellenden Wogen von Selbstvorwürfen.

Was mir am meisten zu schaffen machte, war, dass ich mir das alles selbst ausgesucht hatte. Ich war aus freien Stücken dort. Und mit »dort« meinte ich sowohl eXe als auch diese Ära, diese Phase meines Lebens und meiner Karriere. Und jetzt, wo ich dabei war, wollte ich gewinnen. Ich wollte wirklich gewinnen. Ja genau, das ist der Teil, der mir am meisten zu schaffen machte. Und was dem Ganzen die hässliche Krone aufsetzte: Ich verspürte den tiefsitzenden, ehrgeizigen Wunsch, dass es wirklich als Kunstwerk »zählen« sollte, was ich nicht einmal selbst vollkommen verstand. Warum musste meine Kunst siegreich sein, bevor sie überhaupt existierte? Welchen Sinn hatte es, sein ganzes Leben um eine künstlerische Geste herum aufzubauen, die nicht einmal die engsten Freund:innen oder die eigene Familie verstanden? Warum sollte man seine Zeit damit verbringen, im Job von jemand anderem zu verdummen und sich mit Verwirrung zu quälen? Es war eine schwerwiegende Verschmelzung von Theorie und Alltäglichem gewesen.

In Narita heulte ich, als MC sich am Gate von mir verabschiedete. Dann ließ ich mich von einer eleganten Maskenbildnerin am Shu-Uemura-Stand im Duty Free schminken – so dezent, dass man es überhaupt nicht sah.

27. Drei Theorien

Während ich meinen safrangelben Koffer in Hongkong durchs Terminal zog, überlegte ich mir eine Reihe von Theorien über mein neues somatisches Problem.

Erste Theorie: Mein Augenzucken hing mit der kabbalistischen Linkes-Auge/Rechtes-Auge-Übertragung zusammen, von der Freddy im Restaurant berichtet hatte. Die mystische Ablenkung war zu spät ausgeführt und mittendrin gestört worden, sodass der Versuch, den Splitter des Bösen (oder geringfügigen Ärgernisses) zu blockieren oder zu lösen, fehlgeschlagen war. Diese Theorie war ein Reiz-Antwort-Modell, eine Echtzeitreaktion auf etwas, das gerade erst passiert war – also in dem Moment, als Seth mich in dem Meeting ansah und mein Auge anfing zu zucken.

Die zweite Theorie hingegen war auf die Zukunft gerichtet. Sie leitete sich von diversen antiken Vorstellungen ab, die körperliche Zuckungen im Allgemeinen und Augenzucken im Besonderen mit Omen in Verbindung brachten. Sie sind frühe Anzeichen bevorstehenden Unheils. Ein bisschen wie Morsesignale: Man blinzelt die Botschaft direkt dort, wo man sie lesen sollte. Mein zuckendes Auge könnte also eine Nachricht aus der Zukunft sein. Das ergänzte sich perfekt mit meinem Verdacht bezüglich des Schimmersehens: ein Zeichen, dass sich meine Realitätsebene ausdehnte, um Raum für die Zukunft zu schaffen.

Die dritte Theorie, vielleicht die am weitesten hergeholte, lautete, dass ich mich in unser Logo verwandelte. Spulen wir zurück zu dem Meeting und sehen dort, auf der Leinwand im Besprechungsraum, nach: wie sich unser kleines Logo an der Wand verbiegt und vor sich hin blinzelt. Bevor mich die Jungs eingestellt hatten, hatte das eXe-Logo so gewöhnlich ausgesehen, dass die Trockenbauwände, die für den Umbau des Wohngebäudes geliefert wurden, genau dasselbe trugen. Beim Rebranding hatten wir den ersten und letzten Buchstaben des Firmennamens genommen und horizontal angeordnet, sodass ein Gesicht entstand. Durch Vertauschen von Licht und Schatten konnte man die Tongebung der Buchstaben so aussehen lassen, als würde das Gesicht spöttisch lächeln, und in der Animation hatten wir die neu hinzugekommenen Augen zwinkern lassen. So wie auch mein Auge jetzt zwinkerte.

Zwinkern an sich konnte recht gefährlich sein. Im Büro hatte ich es stets nur aus Faulheit ausgeteilt. Es war einfacher, als Kolleg:innen mit Worten zu grüßen. »Ich will ja nicht slutshamen, aber das Arbeitsklima ist ganz schön sexuell aufgeladen«[14], sagte Roman. Einmal hatte ich einem Chef zugezwinkert (in einer anderen Firma), und er hatte mich daraufhin an der Hüfte gepackt, Weihnachtsfeier mit Blinis, und als ich aufwachte, fühlte ich mich elend. »Ach, Schätzchen, vielleicht erinnert er sich gar nicht daran«, sagte meine Mom, als ich ihr am nächsten Tag im Zug per Textnachricht davon berichtete. Männer waren immer empört, sie wollten den Kerl umbringen, aber bei Frauen war es zu der Zeit eher ein: »Oh, Mist« – vielleicht lachten sie – »tu einfach so, als wäre nichts passiert«. Was das Logo und ich gemeinsam hatten, war, dass unser Zwinkern kein herkömmliches Zwinkern war, es geschah nicht aus freiem Willen. Auch war es keine Anmache. Zumindest in meinem Fall verwies mein Zwinkern nicht einmal auf irgendwelches gemeinsames Vorwissen oder eine gemeinsame Erfahrung mit dem Betrachter. So gesehen, war es eigentlich gar kein Zwinkern.

Ich kam noch einmal an dem Sardinendosenbuddha vorbei, der diesmal von Touristen mit digitalen Spiegelreflexkameras umschwärmt war wie von Paparazzi, und machte ihm heimlich ein Zeichen der Dankbarkeit.

28. Enthüllung

An meinem ersten Arbeitstag nach dem Urlaub kam Sadie in mein Büro. In der Hand eine Tasse Kaffee mit Mandelmilch, die manchmal klumpte. »Hast du schon gehört?« Nein, was? Sie drehte ihren Messingsiegelring drei Mal an ihrem Finger. »Seth hat gesagt, du würdest eine Million Dollar reinholen.« Wovon redest du. »Bei der Versammlung am Freitag. Seth hat gesagt, du würdest bis Dezember eine Million Dollar machen.« Das waren noch sechzig Tage. »Du würdest die ganze Umsatzsache reißen.« Ich sah sie herzlich und mitleidig an. Ach Schatz, das muss irgendein Missverständnis gewesen sein, er hat doch noch nicht mal etwas in das Google Doc geschrieben, da musst du was durcheinanderbringen. »Nein!« Jetzt war sie unerbittlich. »Nein, ehrlich, du musst dir das Video ansehen.« Ich drückte ihr einen kleinen Schaumstoffhummer in die Hand, den ich bei Tokyu Hands gekauft hatte, und ging hinaus in den Gemeinschaftsbereich.

Das Freitagsmeeting war das größte der Woche. Jeder trat vor die Leinwand, trug sein Liedchen vor und führte sein Tänzchen auf. Wie jede Versammlung in dieser Firma wurde es mit einem iPhone gefilmt. Der Typ, der immer filmte, sah ziemlich heiß aus, war aber mal in eine Schlägerei geraten, als ihn Kids aus der Nachbarschaft Wigga genannt hatten. Er hatte einen silbernen Ohrring und wechselnde Stellenbeschreibungen, die bei der Umstrukturierung besonders schwierig unterzubringen gewesen waren.

Ich streckte den Kopf in sein Büro und fragte nach dem Video. »Ist noch nicht fertig«, sagte er, ohne den Kopf zu drehen. Ich verstand nicht, was an einem kurzen, mit dem iPhone aufgenommenen Filmchen »nicht fertig« sein konnte, aber das war nun mal der Lauf der Welt, wenn einen im Büro jemand nervt, dann verzögert man einfach dessen Anfragen, aufschieben, aufschieben, aufschieben. In der Wartezeit lief ich durchs Büro, sammelte Augenzeugenberichte, und konnte nur hoffen, dass Augenzeugen wirklich unzuverlässig waren, denn die Leute hatten alle möglichen Storys darüber parat, was in diesem Meeting passiert war. »Stimmt es, dass Seth gesagt hat, ich würde eine Million reinholen?« – »Seth hat dich überhaupt nicht erwähnt«, dreht sich auf dem Stuhl im Kreis und tippt weiter. »Ja, aber er hat nur 500.000 gesagt, und ihr würdet es zusammen machen«, sagte ein freundlicher Mensch wunschdenkend, andere konnten sich nicht genau erinnern, vielleicht war es eine Million in den nächsten zwölf Monaten, also von jetzt an ein Jahr, das Wort Million selbst hatten sie nicht gehört, sie wären ohnehin nicht so überzeugt von der ganzen Neustrukturierung, und so weiter. Endlich war das Video »fertig«, und ich konnte es mir ansehen. Da stand Seth auf dem Podium, vor dem projizierten Bildschirm, auf dem nichts als ein Farbverlauf zu sehen war. Er stand breitbeinig da, die Hände neben das Gesicht erhoben, und wackelte mit den Fingern. »Emily Segal wird das Geld reinholen. Emily wird das ganze Geld reinholen.« Spul, spul, noch mal von vorne. »Emily wird das ganze Geld reinholen!« Verzerrte Häschenstimme im schnellen Vorlauf. »EMILY WIRD DAS GANZE GELD REINHOLEN … Die Kooperation mit Pepsi ist in die Wege geleitet … Eine Million Dollar für uns in den nächsten zwei Monaten.« Also stimmte es, er hatte alles mir aufgebürdet. Es war dumm gewesen, an Sadies Worten zu zweifeln – Sadie, die geborene Reporterin, mit einem profunden Verständnis für die Realität und einem sicheren Händchen für Informationen.

Scham und Wut packten mich. Die ganze Reise über hatte ich mich mit Gesichtszuckungen herumgeschlagen, und vielleicht war das die Botschaft: Ich war ein Blitzableiter, Punkt. Seth würde mich eiskalt auflaufen lassen, damit die anderen glaubten, es gäbe einen Plan, wir würden ein konkretes Ziel ansteuern und stünden nicht kurz vor dem Absaufen. Aber es gab keinen Plan. Trotz meiner ausgiebigen Spekulationen in Japan war ich zu keiner sinnvollen Idee darüber gelangt, warum es nötig war, dass Seth mich in diese Richtung drängte. Offiziell hatte er mein Ja nicht akzeptieren wollen; er musste meine Unaufrichtigkeit durch die Brille seiner eigenen erkannt haben. Ich rede von Wut, aber vielleicht war mir auch schlecht. Von Demütigungen wird einem leicht mulmig, man muss sie zu Wut aufkochen und sich davon aufputschen lassen, sonst blubbert sie nur zitternd und bebend vor sich hin. Ich stürmte die Betontreppe hinauf in Zimras Büro. »Okay, als Erstes musst du dich beruhigen.« Er hatte immer ein ruhiges Auftreten, was für ein Held, manche sagten, er sei ein Playboy, auf ihn muss das alles ziemlich lustig gewirkt haben, wenn man bedachte, wie viel reines Kapital seine alte Firma abwarf, er konnte sich jetzt im Grunde bequem zurücklehnen und sich treiben lassen. Er machte gern früher Feierabend, um dann in Smoking und Zylinder im Impro-Theater seiner Frau aufzutreten, was für ein Kerl, vielleicht wollte er mehr als das und würde wieder ins Finanzwesen gehen, wenn das hier vorbei war. Ich ließ mich besänftigen und aufbauen. In einer solchen Situation müsse man Fragen stellen, sagte Zimra. »Du kannst ihn konfrontieren, aber du musst … sokratisch vorgehen. Nur im Fragemodus. Stell keine Anschuldigungen in den Raum. Setz dich nur ruhig hin und frag: Warum hast du das gemacht? Und dann hör dir an, was er zu sagen hat.«

Seth, in kurzer Jogginghose, war unbeirrbar. »Es hätte nichts geändert, wenn du dabei gewesen wärst. Ich hätte nichts anders gemacht.« Aber dann konnte ich sehen, wie es zu bröckeln begann. Durch die gläsernen Wände der neuen Penthouse-Etage sah ich hinter ihm das geschäftige Büro, wenn man mit geschäftig meint, dass es aussah wie in einer Jugendherberge. Die Leute hingen herum, aßen Hummus, bekamen Seamless-Produkte in Aluschachteln geliefert, unterhielten sich, drehten sich auf ihren Stühlen im Kreis. Langsam, mit gesenkter Stimme, begann ich, Fragen zu stellen. Warum hast du gesagt, es seien etwas um die hunderttausend bis Jahresende? Warum hast du dem Rest der Firma gesagt, ich würde eine Million machen? Warum sollte ich den ersten echten Dollar für eXe verdienen? Warum stand nichts von alldem im Dokument? Warum hast du nicht … Moment. Warum warum warum warum. Meine oberflächliche Ruhe war boshaft und hinterhältig. In Wahrheit war ich kein bisschen gelassen, aber ich drang zum Kern der Sache vor, und das verschaffte mir eine gewisse Genugtuung. Mit einem Mal brachen auf seinen Promi-Gesichtszügen Wogen der Scham hervor: die Zoombini-Augen, die Mädchenwimpern, die ewigen Schlafanzüge, breite Schultern, eine Kluft zwischen Attraktivität und Selbstvertrauen – ist das an sich schon sexy? Für manche Menschen vielleicht. Die glasigen Augen füllten sich mit Scham, und ich sah etwas [kleiner][faden][durch][brenn]. Er fing an, immer wieder tut mir leid zu sagen. Eine Litanei, ein Gebet, das Wahrhaftigste, was er je zu mir, nein zu sich selbst, gesagt hatte. Es tue ihm wirklich sehr, sehr leid, dass er dieses furchtbare Chaos angerichtet habe, so leid so leid so leid so leid so leid so leid so leid so leid so leid so leid

Unser Gespräch verhallte eher, als dass es beendet wurde.

29. Verhandeln

Am nächsten Morgen hörte ich in der Bahn zum Büro einen Song aus der Playlist meiner Kollektivkollegin Greta. Gesprochen hatte ich seit einem Jahr nicht mehr mit ihr, aber auf der Musikplattform, die wir beide nutzten, konnte sie sehen, was ich hörte. Noch immer rief ich diese Playlists auf, wenn ich Trost suchte. Ein Gefühl von gemeinschaftlichem Verständnis. Wir hatten unsere Jugend eingelagert.

I can't believe in or sing a sad song
You know you get what you need
It all comes around
You just can't get it wrong
You make it all as you see[15]

Warum hatte mich Seth so wütend gemacht? Zum einen hatte er mich ans Messer geliefert, und auch wenn er es vor sich selbst damit rechtfertigte, dass er die absolute Kontrolle darüber zu haben glaubte, was er tat, hielt ich es in seiner Reflexivität für eine leichtsinnige Form von Selbstsabotage. Er sagte, er hätte den Leuten IRGENDETWAS sagen müssen, und sei es noch so unwahr; das sprach für ein Vertrauensverhältnis zwischen uns. Wenn mir daran gelegen gewesen wäre, zum inneren Kreis zu gehören, hätte mich das vielleicht zufriedengestellt, aber nein. Jetzt, im letzten Moment, zu spät, stellte sich heraus, was ich eigentlich wollte, nämlich dass dieses Unternehmen nicht unterging, damit es nicht zu einem dunklen Fleck in meinem Kalender wurde: verschwendete Zeit – denn nichts zu verschwenden, nichts zu verlieren war doch mein ultimatives künstlerisches Credo. Den ersten Dollar für ein Unternehmen zu verdienen, war etwas anderes, als den zweihunderttausendersten Dollar zu verdienen. Wenn man zum ersten Mal Umsatz generierte, war das ein Zustandswechsel wie von flüssig zu gasförmig. Nicht jeder Dollar ist ein Dollar, die ganze Welt drehte sich um mich (das wusste ich), aber das war zu viel, den ganzen Sinn und Zweck eines Unternehmens (Geld zu machen) einer einzelnen Person aufzubürden, die im Grunde nicht einmal genau wusste, wie das geht. Ich hielt es für eine Win-Win-Situation, aber für Seth war es ein typisches Kopf-ich-gewinne-Zahl-du-verlierst-Spiel, und ich glaubte, es umkehren, auf den Kopf stellen zu können, sodass er bei Zahl verliert, denn hier ist niemand, der Geld generieren oder die umsatzträchtigen Beziehungen herstellen könnte, er verliert bei Zahl, weil er offenbart, dass er mich nicht im Griff hat, ich gewinne bei Zahl, denn zu verlieren würde endlich beweisen, dass ich doch eine Künstlerin bin, jemand, auf dessen Verhältnis zu Geld ein Fluch liegt. In dieser Hinsicht sind sich Künstler:innen und Jüd:innen ähnlich. Ich brauchte mich nur um meinen persönlichen Profit zu sorgen, nicht um den von größeren Instanzen …

Auf der Straße legte mir jemand von hinten die Hand auf die Schulter. Ich schrak hoch. »Herrgott!« (Verfickte Scheiße, du Wichser.) Es war Seth, ebenfalls auf dem Weg zur Arbeit, der mir gefolgt war. Er schlug vor, einen Kaffee zu holen und zu besprechen, was am Tag zuvor schiefgelaufen war.

Gepresste, kehlige Worte, Besprechungen mit Seth – ernsthafte Besprechungen – waren wie Trennungsgespräche am College. Während wir mit unseren schwitzenden Iced-Coffee-Bechern die Straße hinuntergingen, war Williamsburg wie ausgestorben. Vom East Village dorthin zu pendeln, hieß, in ein evakuiertes New York zu kommen. Man machte alles in die entgegengesetzte Richtung (rückläufig). Während der normalen Arbeitszeiten waren die Züge leer, ebenso wie das Mikro-Wohnviertel, in dem sich unser gigantisches Büro befand. Ich sagte ihm, was wir beide wussten: dass ich wohl würde kündigen müssen. Er war clever. Er fing an, alles zurückzunehmen. Ich müsse das Umsatzziel nicht erreichen, wenn ich nicht wolle. Vielleicht könne ich an einigen Tagen der Woche von zu Hause arbeiten. Wir fingen an zu verhandeln.

Ich sagte, ich könne vielleicht bis zum Jahresende bleiben und dann zu einer freien Mitarbeit wechseln. Ich gewann den Kampf, einen Kampf, den ich doch gar nicht wollte. Seth hakte nach, er schien herausfinden zu wollen, wie ernst es mir war, fragte, ob es einen konkreten Grund gebe, warum ich zu Hause arbeiten wolle, oder ob ich einfach nicht so viel im Büro sein wollte. Das war eine lustige Frage, weil die Antwort so offensichtlich war. Ich erzählte ein bisschen Nicht-Gelogenes über andere Projekte, die ich in der Schwebe hatte. »Projekte.« Ich konnte sehen, wie er dem Geschmack dieses Wortes nachspürte. »Das muss schön sein«, sagte er in säuerlichem und zugleich gewinnendem Ton und starrte zum Horizont.

Ich glaube, das war der einzige Moment echter Freundlichkeit zwischen uns. Der Moment, in dem sich der Schalter umlegte. Die geheime Botschaft war übermittelt. Sie lautete: Lauf! Mein Auge kam zur Ruhe. Es war vorbei. Das Zucken hatte für immer aufgehört.

30. Blutmond

Später an diesem Abend traf ich mich mit Budman und früheren Ateliersgenoss:innen im Barrio Chino zum Abendessen. Alle waren sie wegen ihres experimentellen Theaterstücks im Whitney in der Stadt. Ich weiß noch, dass mir ihr Leben irgendwie exotisch vorkam. Das Restaurant war für mich vorbelastet, auf manchen Lokalen liegt ein Fluch, manche Restaurants sind für größte Not und höchste Zeit, für das feierliche Gefühl, dass etwas kurz vor dem Zusammenbruch steht. Wir saßen an einem hohen Tisch in der Mitte und tranken Blutorange-Margaritas, während über der Stadt der Blutorangenmond aufging. Wir sahen seinen Feuerschein zwischen den Hochhäusern. Ich machte ein Foto mit dem Handy und schickte es einer Frau, mit der ich damals flirtete, vielleicht würde ich kündigen, um am nächsten Tag etwas zu haben, das ich ihr schreiben konnte. Ich weiß noch, dass ich es ihr als einer der Ersten erzählte. Budman riet mir zu kündigen. Sie alle repräsentierten für mich das Künstler:innenleben. Eine Parallelrealität, zum Greifen nah, in die ich noch zurückkehren konnte. »Diese Stiefelleckerei ist überbewertet«, sagte Budman. Eine wichtige Kunstkritikerin hatte mitten in ihrem Stück das Theater verlassen und kopfschüttelnd gesagt: »Das ist richtig schlecht«, und irgendwie war das nach ihrer Philosophie, ihrer Pro-Abjektions-Haltung, okay, es machte ihnen nicht viel aus. »Es ist überbewertet, ihr Lieben«, sagte Budman noch einmal.

Der Mann am Nebentisch zog sich im Sitzen auf seinem Aluminiumstuhl um, und jedes Mal, wenn er lautstark irgendwo anstieß, zuckte jemand zusammen, ist alles okay?, kein Terroranschlag, nur ein Stuhl, okay, alles normal, alle lehnten sich wieder zurück, New York City, Blutmond, alle sprachen Englisch und Spanisch, alle gemeinsam an diesem Abend, wir wussten, wie alles richtig ging.

31. Kündigen

Sadie hielt es für impulsiv. Sie hatte es nicht kommen sehen. Ich schrieb den Entwurf für die E-Mail in meiner Notizen-App, und als ich ihn ins Mailprogramm kopierte, blieb die ungewöhnliche Schriftart erhalten, worauf mich beide Jungs hinwiesen. »Wenn du nicht gekündigt hättest, hätten sie dich allein dafür rausgeschmissen«, sagte Sadie später, aber eigentlich hatte sie die Neuigkeit zuerst von Roman gehört und war sauer. »Du kündigst????«, schrieb sie mir. »Bleib locker«, schrieb ich zurück, »bin gerade im Call mit DD/DD, schreib mir jetzt nicht, Kuss«, unsere Nachrichten erschienen immer auf dem Präsentationsbildschirm. »Scheiße, ich hab große Besprechung, schreib du mir auch nicht«, textete Sadie. »Das läuft über die große Leinwand.«

Seth sprach im Büro nicht mehr mit mir, nachdem ich die Mail abgeschickt hatte, er sah mich nicht einmal mehr an. Ich sah, wie er den Blick abwandte, erwischte ihn genau in dem Sekundenbruchteil, wenn er voller Abneigung aus dem Glaskasten in den Gemeinschaftsbereich starrte und dann den Kopf herumriss und seinen bösen Blick auf einen anderen richtete: »Hey Mann, was liegt an?«, sagte er zu einem Entwickler, den er vorher monatelang ignoriert hatte, er konnte mich nicht einmal ansprechen, schließlich waren wir beide ausmanövriert worden; wenn es keine Zufälle gibt, dann musste alles Absicht sein, ein Akt der Selbstsabotage, er selbst und andere werden von der Firmenpersönlichkeit ausgelöscht, die Marke bläht sich auf wie ein Ballon, eine Blase, gefüllt mit echter oder metaphorischer heißer Luft, und dann dehnt sich die eigene Persönlichkeit auf ein Logo aus, das sich wie ein Zelt über das Leben und die finanzielle Sicherheit der Mitarbeiter:innen breitet, die Teil von einem selbst geworden sind. Im Nussknacker kommt in einer Szene ein Rock vor, der so groß ist wie ein Haus, und Kinder kommen herausgelaufen, es ist eine Frauenfigur, aber oft von einem Mann gespielt, was ich als Kind aufregend fand, wow. Wow war mein erstes Wort, das allererste Staunen. Ich war schon immer ein Nimmersatt.

Piet war anders. Er war nicht mal sauer. Halloween stand vor der Tür, und Ende der Woche sollten wir uns im Veranstaltungsbereich alle zum gemeinsamen Kürbisaushöhlen treffen. Sadie sollte einen Mordspreis gewinnen, weil sie es fertigbrachte, das Wu-Tang-Logo in Kürbisfruchtfleisch zu schnitzen, aber das lag noch in der Zukunft. Ich war in Piets Büro, das ursprünglich Seths Büro gewesen war, aber die beiden hatten getauscht. Dieses hier hatte richtige Wände; Seth war in eines mit durchsichtigen Wänden gezogen, vielleicht als Zeichen der Transparenz, ähnlich dem, was Norman Foster mit dem Reichstag gemacht hatte (ein gläsernes Treppenhaus zu installieren, damit man sehen konnte, wie das deutsche Parlament im Inneren Nicht-Nazi-Akte der Gerechtigkeit ausführte). Seth war wie besessen von Büchern über Hitler und den Holocaust, was einem unmöglich guttun kann, und einmal hatte er sogar einer Journalistin der *New York Times* davon erzählt, was ich für eine bedenklich schlechte PR-Entscheidung hielt, aber vielleicht lag ich da falsch … gut möglich, dass ein Hauch von düsterer Obsession der Firma eine gewisse Ernsthaftigkeit verlieh.

Piet war in seinem Büro und packte gerahmte Fotos aus einem Karton. Die Glasscheiben waren zerbrochen, teils, weil sie wegen unachtsamer Umzugswagenfahrer in den Kartons herumgeflogen waren, teils wegen der ungestümen Behandlung im Büro. Er hatte Fotos von sich und Seth, von anderen frühen Mitarbeiter:innen und Collegefreund:innen vergrößert und gerahmt. Auch Piets Exfreundin Betsy war darunter, eine Dichterin, die in den Anfangstagen einen großen eXe-Preis gewonnen hatte oder dafür nominiert gewesen war, Sadie meinte, Betsys selbst produziertes Buch handle von Piet, einer literarischen Figur ohnegleichen, wie man vielleicht schon gemerkt hat. Ein besonders melancholisches Foto war darunter: Betsy im Bett, anscheinend in einem Landhaus, weiße Daunendecke, lange honigbraune Haare mit Mittelscheitel wie eine Folksängerin, Seth saß im Fleecebademantel auf der Bettkante. Es hatte die Intimität von Collegefreunden, und Piet sah selbst so zerbrechlich aus wie Glas, als er auf dieses Bild blickte, zurück in eine Zeit, die so weit entfernt war von dieser übersättigten und nimmersatten Umgebung aus schillernden Büros und wütenden Mitarbeiter:innen.

»Das Leben ist lang, Piet«, sagte ich, und unsere Blicke trafen sich.

Ich dachte, da wäre ein Moment zwischen uns. In diesen letzten Wochen fand ich meine Kolleg:innen ganz plötzlich hinreißend und dreidimensional. Das Gemeinschaftsgefühl war unvergleichlich. Fast tat es mir leid, dass es zu Ende ging. Das hatte ich schon früher erlebt: eine Art Euphorie vor dem Tod, wie die Art, die man bei einem Nierenversagen empfindet.

Doch dann setzte Piet sich. Rollte auf seinem Stuhl hinter den Computerbildschirm, über den in unablässigem, gleichmäßigem Rhythmus Definitionen liefen. Die Definitionen der Netzgelehrten strömten über die Seite, sein personalisierter Bildschirmschoner. »Dystopie: DEFINITION.« – »Utopie: DEFINITION.« – »Heterotopie: DEFINITION.«

»Du wirst uns weiterhin beraten, oder?«, fragte Piet. »Lass uns bald mal zusammen was rauchen.«

Ich schloss die Tür hinter mir ein klein wenig fester, als unbedingt notwendig gewesen wäre, und hörte zerbrochene Bilderrahmen in ihrer Kiste klirren.

32. Das Gemälde

Nicht ganz eine Woche später tat ich genau das. Ich fuhr zu Piet nach Hause, um was zu rauchen.

Es überraschte mich, ihn dort in Geschäftskleidung anzutreffen, tiefschwarze Hose mit Bügelfalten und weißes Oxfordhemd. Er wirkte auf eine Art gestresst, die mich dunkle Wolken unter seinen Achseln vermuten ließ, doch die waren nicht da. Seine Füße waren der Stilbruch – gerippte Socken in Gänsedaunenslippern, einem limitierten Modell von Supreme und Northface, an denen noch das Preisschild hing.

Als ich an diesem Abend zu ihm ging, um einen draufzumachen, zu kiffen und richtige Freunde zu werden, trug ich besondere grüne Stiefel aus echtem Eidechsenleder. Es hatte angefangen zu nieseln, und ich musste mich auf dem Weg von der Bahn zu seinem Haus sputen, um die Stiefel nicht zu ruinieren. Die Firmenwagen konnte ich nicht mehr nutzen. Piet und ich mussten jetzt aktiv etwas zusammen unternehmen, weil wir nicht mehr offiziell zusammen arbeiten würden. Trotz meiner endlosen Beschwerden fand ich diese Zeit in seiner Nähe und seinem Vertrauen auf eine leise Art elektrisierend. Ich fand ihn wirklich unterhaltsam, aus irgendeinem Grund brachte er mich dazu, hysterisch lachen zu wollen – mein Brustkorb zog sich zusammen, als würde ich jeden Moment losprusten. Nicht ganz ohne schlechtes Gewissen allerdings: Ich fand ihn so merkwürdig und war insgeheim stolz, dass ich damit spielen konnte wie mit einem Gummiball. Es war wie die Sache mit den Yippies, ein alberner Gag ohne Ende und ohne Pointe. In meinen Augen war Piet ein echter Exzentriker. Er spielte Sprachspiele und scherte sich nicht um die Gegenwart, wie so ein Dada-Typ, der in einem Meer aus Geld schwamm und soziale Normen radikal missachtete.

Was an diesem Abend gleich zu Anfang geschah: Piet zeigte mir auf seinem Handy ein Foto von einem Ölgemälde, das er in Auftrag gegeben hatte. Genauer gesagt war es ein Screenshot von einer Website namens instapainting.com.

Der Screenshot zeigte ein im Entstehen befindliches Gemälde von einem Mann, der dem Betrachter den Rücken zuwandte, das Gesicht zur Seite gedreht, und in der Hand einen Stift, mit dem er offenbar gerade ein Graffiti malen wollte. Er schrieb auf ein Poster, das mit einer Art Tarnmuster bedeckt war, und in dieses Muster waren Wörter eingearbeitet.

Auf dem Hemd des Graffitischreibers prangte hinten im Nacken das zwinkernde eXe-Logo. Die sichtbare Seite des Kopfes war gröber gepixelt als der Rest des Bildes. Es schien eine sehr große Leinwand zu sein, ein Quadrat mit einer Diagonale von mindestens einem Meter zwanzig, groß genug, um fast die ganze Wand in Piets neuem Büro einzunehmen.

Das ist komplett irre, sagte ich zu Piet. Perplex riss ich den Blick von dem Gerät los und kramte nach etwas in meiner Tasche.

Piets Wohnung befand sich am Ende des X in Y Gardens. Die Tür war aus halbtransparentem Z-Glas. Hinter dem Sofa, auf dem er saß, standen drei Lackregale. Von meiner Warte aus sah ich die Keramikprodukte in den Fächern hinter seinem Lockenkopf emporragen wie das Taj Mahal. Zu den auffällig exponierten Buchrücken zählten *Seeing Like a State, Wie Sie sprechen sollten, damit Ihr Kind Sie versteht* und ein Handbuch über Impro-Theater-Techniken. In einem Fach neben dem mit den Büchern lehnte ein Bild mit einem Raster aus sechs Gesichtern: fünf weinende Babys und ein Gorilla. Der Gorilla erschien mir problematisch. Ist es problematisch, »russisches« Dressing zu sagen?, fragte mich Piet, als würde mein Hirn den falschen Mund steuern. Ich zögerte. Ich weiß es nicht, Piet. Komm schon, Emily, denk nach, sagte er. Was ist daran »russisch«? Er nahm eine elektrische Kerze vom Couchtisch und brachte sie zum Leuchten, indem er einen Knopf an der Unterseite drückte.

In diesem Impro-Buch steht was wirklich Gutes, sagte ich, um der Frage auszuweichen. Eine Übung, bei der man die Augen zumacht und sich den kompletten Plot einer Geschichte im Kopf überlegt. Dann öffnet man die Augen und kotzt das ganze Ding aus.

Folgendes war passiert. Anfang der Woche hatte Piet auf dem Server in dem Ordner gestöbert, der meine Marken-Assets beherbergte. Er wollte ein paar Sachen produzieren lassen. Es war nicht das erste Mal – vor einigen Monaten hatte er diese Babycamouflage-Duschvorhänge aus den Rohentwürfen machen lassen, mit denen ich auf der Party vor meinem Besuch angegeben hatte. Piets Interesse an meinen Assets diente wohl meinem Gedenken und war zugleich pragmatisch, dachte ich. Sollte ich von der Bildfläche verschwinden, könnte es möglicherweise schwieriger werden, an diese Merchandise-Artikel zu kommen.

Der Mann auf dem Bild war Marcus – wer sonst? Das Poster, das er bekritzelte, war eines der Babytarnplakate, die die Netzgelehrten damals für die Berliner Kampagne gedruckt hatten. Innerhalb eines Monats waren über tausend unserer Firmenposter angekleistert worden. Marcus war hingegangen, hatte seinen Schriftzug auf eines dieser Poster gesetzt und mir dann ein Foto geschickt, das seine Assistentin bei der Aktion von ihm gemacht hatte. Hast du die Hand, in der du den Filzstift hältst, mit Photoshop bearbeitet, damit sie so klein und knorrig aussieht?, fragte ich Markus, als er mir das Bild schickte. Nein, gar kein Photoshop. Wir sprachen nie wieder über das Foto. Ich hatte es auf dem Server gespeichert und völlig vergessen. Piet hatte es wiedergefunden, und es hatte ihm so gut gefallen, dass er es ausarbeiten ließ – großformatig und in Öl.

Jetzt fing er an, sich zu begeistern: »Damit dieses Bild gemalt werden konnte, mussten Seth und ich uns kennenlernen und die Firma gründen, dann mussten wir in den Y Combinator kommen und die Finanzierung gewinnen, dann die ersten anderthalb Millionen von Andreessen bekommen, dann die zweite und dritte Finanzierungsrunde durchziehen, und von dem Geld dich einstellen und dein Gehalt bezahlen. Und dann mussten wir das neue Logo bezahlen und die Reklametafeln und die Werbekampagnen, wir mussten diese Gelehrten zum Plakatieren nach Berlin einfliegen. Du musstest erst mal Künstlerin werden und Marcus Scott kennenlernen und deine Kunstkarriere machen und die Kosten für alle deine künstlerischen Arbeiten tragen, und auch für alle deine Reisen. Was kostet überhaupt eine von Marcus' Skulpturen? Ganz zu schweigen von dem Wodka und den Schlüsselbändern und den ganzen Uber-Fahrten. Dieses Gemälde zu erschaffen, hat Hunderte Millionen Dollar gekostet. Wenn man es so betrachtet, ist es eines der teuersten Kunstwerke der Weltgeschichte.«

Piets Badezimmer war nicht schick oder modern. Kein Schiefer, keine Regendusche. Einmal war er im Haus eines Milliardärs in Malibu gewesen und hatte mir anschließend ein Foto von der Aesop-Handseife des Milliardärs gezeigt und gesagt: Damit waschen sich also Milliardäre die Hände. Ich war verblüfft. Das ist normale Seife, Piet. Ich warf einen Blick in seine Dusche und war beeindruckt von ihrem unsanierten Zustand. »So ist es eleganter«, sagte ich. Die Häuser in dieser Straße waren vornehm-altmodisch. Brooklyner Vorkriegsbauten. Ich betrachtete eine flackernde Straßenlaterne vor dem Wohnzimmerfenster, während ich über Piets Analyse nachdachte und meine eigene entwickelte.

Das Bild vermittelte mir drei Dinge, hier angeordnet nach dem Ausmaß an Grauen, das sie bei mir auslösten:

A) Piet hatte mich in meinem eigenen Spiel geschlagen.
B) Am Ende war Kunst doch immer ein Gemälde.
C) Es war möglich, sich in Piet zu verlieben.

Das Problem mit dem Bild: Es war scheußlich. Wie scheußlich? Sehr. Extrem. Ob es mich begeistern würde, überlegte ich, wenn ich es in einem Museum sähe? Allein deswegen? Meine allerersten Gedanken waren, dass es aussah, als hätte jemand Blut über die Leinwand gegossen, aber vielleicht würde das Blut im weiteren Verlauf der Arbeit noch aufgesogen werden, oder später, wenn es fertig war. Um es noch einmal zu beschreiben: Das Bild zeigte einen jungen Mann, der dem Betrachter den Rücken zukehrte, eine schwarze Baseballmütze und einen schwarzen Pullover mit eXe-Aufdruck trug – direkt im Nacken, auf der Außenseite der Stelle, wo drinnen das Schildchen sein musste. Er hatte die Hand erhoben, als würde er selbst ein Bild malen. In das Tarnmuster eingearbeitet, stand da: »eXe ist man nicht, man tut es«, einer meiner frühen Slogans für die Firma. Ursprünglich hatte ich das Definitionenspiel der Netzgelehrten als integrative, dynamische Aktion positionieren wollen. Es lag so viel Kreativität darin. Die nachgemachten Poster waren richtig wild gewesen. Erfindungsreich. Und hatten in den Augen wehgetan.

Auf dem Bild sah es aus, als würde er auf diesem Meer von Informationen etwas malen, ein Fleckenmuster aus Schwarz, Gelb und Magenta mit darin eingearbeitetem Text. Ein paar Wörter waren lesbar: »… ist man … nicht … man tut es …«, wie ein Fragment, ein Witz, eine Pointe. Zentrierter Text in Blockbuchstaben. Was die Hand tat, konnte man nicht genau erkennen – ob sie tatsächlich in dieses Durcheinander hineinmalte oder nur danach griff, denn sie war verschwommen dargestellt, verpixelt, wie es im Fernsehen bei Menschen im Zeugenschutzprogramm gemacht wurde. Als ich klein war, saß meine Mutter mal in einer Talkshow und erzählte, dass sie illegal eine Nanny beschäftigte; sie trug eine große Perücke, und ihr Gesicht war genau auf dieselbe Art unkenntlich gemacht. Sie hatte auch einen viralen Artikel veröffentlicht: »Wie man das Finanzamt betrügt, ohne erwischt zu werden.« Sie gab sich vor der Presse gern extravagant, obwohl sie ein vergleichsweise normales Leben führte. Diese Methode meiner Mutter hatte uns bereits früh einiges über das Spinnen von Stroh zu Gold gelehrt. Auf dem Foto von Piets Gemälde war das Gesicht des jungen Mannes ebenfalls unkenntlich gemacht. Das Bild hatte also drei Ebenen: Das Muster, eine zähe Masse aus Camouflage und Text, und vielleicht habe ich vergessen, es zu erwähnen, aber das Camouflage-Muster bestand aus krabbelnden Babys. Dann war da die Person, die auf das ganze Durcheinander schrieb oder malte oder sie einfach nur berührte; und dann war »oben drauf« die Unkenntlichmachung seiner Haut und Gesichtszüge. Diese Art schematischer Beschreibung von Bildern lernte man im Kunstgeschichtsstudium. Was ist im Vordergrund? Was ist im Hintergrund? Vielleicht kommt ja was Gutes dabei heraus. Es war ein potthässliches Bild, daran war nicht zu rütteln. Die Rechtecke der Verpixelung waren unprofessionell gearbeitet. Die kleine Hand sah aus wie zerquetscht. Die Farben waren leuchtend grell, das Ganze sah aus wie ein Reklameplakat, das man in ein Ölgemälde verwandelt hatte – und genau das war es.

Die Seele muss bleiben, wo sie ist. Marcus war die Seele meiner Geste, und Piet hatte (mit dem Gemälde) unwissentlich auf meinen Wunsch verwiesen, das Symbol einer persönlichen Schieflage einzufangen und geradezurücken; also einen der Männer, die mir das Leben schwer machten, in flagranti in einem Akt des freundlichen Vandalismus an meiner Werbeanzeige zu erwischen. Entpacken wir nun den Begriff »freundlicher Vandalismus« – der Vergleich mit »er ärgert dich nur, weil er dich mag« ist zu simpel, und doch besteht eine gewisse Verwandtschaft. Ich hab das immer »Musengewalt« genannt, und es entspringt einer kontradiktorischen Logik, die sich selbst zu weit treibt, die um des Neuen willen zu viele Grenzen überschreitet. Ich tat das selbst oft genug, einen Teil davon lesen Sie gerade. Ich schweife ab, aber dennoch: Die Seele muss bleiben, wo sie ist.

»Spekulum, Spekulation, Spiegel.« – »DEFINITION: Mache ich das richtig? Nemesis führt Narziss sein eigenes Gesicht vor Augen, und das Gesicht, das er erblickt, entzieht sich ihm. Es ist weniger ein Absorbieren (Aufnehmen) als vielmehr ein öliges Auf- und Davongleiten, in dieser Dimension kommt der sich (leicht) zurückziehenden Hand eine große Bedeutung zu.«

Das ursprüngliche Bild war aus einem Behälter im Internet, unserem persönlichen Server, auf einen Desktop verschoben worden, dann in ein graues Feld auf einer anderen Website, dann flog es wie die Willy-Wonka-Partikel von Mike TV in die Hände einer Frau in Sri Lanka, die Tausende Meilen entfernt immer noch mit der Arbeit an diesem Problem befasst ist. Spannung und Überraschungsmoment lagen eher im Konzept als in seiner Umsetzung. Wie ein New-Deal-Porträt aus den 1930ern, aber mit einem toxischen Schimmer. Das Gemälde war schlecht (d. h. poppig), aber auch auf eine pervertierte Art schön, die Farben ein Unfall (Schwarz, Gelb), und ich war gleichzeitig begeistert und sauer. Malte Marcus die Weltkugel an die Wand, oder schrieb er etwas darauf oder zeichnete er die Umrisse nach? Der Stift in der Schwebe. Das Gesicht verdeckt von einem Windhauch wie vom Umblättern einer Seite. Gut oder nicht, das musste jemand anderes beurteilen.

Piet ging ins Bad. Er ließ sein Handy bei mir.

Ich fuhr fort, einen Spiegel zu befragen, der nicht mehr meiner war.

33. Die »Der Teufel trägt Prada«-Theorie

Als ich das nächste Mal bei ihm zu Hause war, hatte sich die Atmosphäre verändert. Ich saß auf dem Modulsofa und erklärte Piet etwas, der auf dem Teppich saß und mit den Fingern rhythmisch auf den Couchtisch trommelte. Obwohl wir stoned waren, konnte ich wieder oberschlau sein, denn ich hatte bereits gekündigt und brauchte mir keine Sorgen zu machen, dass er sich dumm vorkommen könnte. Wir hatten tatsächlich eine Menge Spaß.

Den Joint in der Hand, beschrieb ich ihm, wie Anne Hathaway in *Der Teufel trägt Prada* mit ihrer Chefin Miranda Priestly auf dem Rücksitz einer Limousine durch Paris fährt, und in einem allerletzten Aufbegehren gegen die völlige Verschmelzung ihrer eigenen Identität mit der ihrer Chefin, als diese sie ansieht und sagt: »Wow, wissen Sie, an wen Sie mich erinnern? An mich«, die Autotür öffnet, aussteigt und ihr Handy in einen Brunnen schmeißt.

Das ist ein sehr wichtiger Moment in *Der Teufel trägt Prada*, erklärte ich. Das ist der zentrale Moment, das grundlegende Ding einer ganzen Generation. Zur Chefin werden und dann hinschmeißen. Sich in die verabscheuungswürdige, mächtige Miranda Priestly zu verwandeln und dabei sich selbst verlieren, dann von ihrer Versicherung, man sei »genau wie sie« wachgerüttelt werden – und sich plötzlich eben dadurch endlich selbst wiederzuerkennen und dann in einer feierlichen Geste radikaler Zurückweisung das Handy wegzuwerfen, ein bisschen als würde man sich selbst einen Martini ins Gesicht kippen. Dieserart getauft, kehrt man dann zurück zu dem, »was man schon die ganze Zeit hätte tun sollen«, nämlich »ernsthaft« und für eine gute Sache zu schreiben. Das Gesicht ist jetzt halb hinter einem Pony verborgen, man trägt Rollkragenpullover und Lederjacke. Man verkauft seine *Vogue*-Klamotten mit Gewinn und bekommt eine glühende Empfehlung von Meryl Streep.

Als ich Piet meine Theorie zu Ende erklärt hatte, konnte ich sehen, wie sich der Troll in seine Züge schlich.

»Dieses Mädchen, also, war das ihr Telefon? Ihr eigenes? Oder hätte sie es am Ende der Firma zurückgeben müssen?«, fragte er mit hochgezogener Augenbraue.

In meinen Augen leuchtete ein vergnügtes Entsetzen auf, als ich meinen Standpunkt verteidigte: Niemals, unter keinen Umständen, würde ich das Handy und den Computer zurückgeben, die mir die Firma zur Verfügung gestellt hatte. Die Vereinbarung war gewesen, dass die Elektronik Teil des Pakets war.

Ich behalte mir das Recht vor, dich damit zu nerven, erwiderte Piet.

34. Ich habe geträumt, wir hätten im Auto rumgemacht

Das Bild arbeitete immer noch in meinem Kopf, als Piet und ich die Wohnung verließen und in ein teures Bistro um die Ecke gingen, das für sein Prosecco-Hühnchen und seinen herzhaften *Funnel Cake* berühmt war. Das ist ganz schön irre, wenn man bedenkt, was wir zusammen erlebt haben, sagte ich, nahm ihm die Zigarette aus den Fingern und warf sie auf die Straße. Aber ehrlich, ich würde nichts davon eintauschen wollen, keine einzige Minute. Wir setzten uns an einen Tisch im Freien.

Ich konnte nicht glauben, dass ich etwas so Kitschiges sagte – und auch nicht, dass ich es überhaupt über die Lippen brachte, wenn man an die Morgen dachte, an denen ich mit hämmernder Panik hinter den Augen und im Hals aufgewacht war und seitenweise grausame Textnachrichten las, die Piet und Seth in durchgemachten Nächten geschrieben hatten.

Bevor wir bestellen konnten, stand ich auf und ging aufs Klo.

Als ich zurückkam, wusste ich, dass ich versuchen würde, ihn ins Bett zu kriegen.

Trotz dieser plötzlich einsetzenden Gewissheit hatte ich einige Bedenken. Sexualisierte ich diese Situation, weil das die einzige Karte war, die ich noch auf der Hand hatte? War es unmöglich, das fundamentale Ungleichgewicht zwischen den Geschlechtern nicht in den Vordergrund zu schieben und zu der mechanischsten aller möglichen Schlussfolgerungen zu kommen? Selbst ich wusste, dass es heftig irritierend war, monatelang auf die ganzen misogynen und krypto-misogynen Dinge hinzuweisen, die ein Mann seinen Mitarbeiterinnen antat, und ihn dann vögeln zu wollen. So sind eben die Regeln des Feminismus, hörte ich meine inneren Mean Girls sagen.

Und dann wiederum hatte Sadie am Ende vielleicht doch recht gehabt. Es war möglich, dass ich ernsthaft in Piet verliebt war. Es stimmte, dass er mir lebendiger vorkam als fast alle anderen Menschen, die ich kannte. Und angesichts des Gemäldes wurde mir vor lauter Inversion ganz schwindelig. Ich hatte gedacht, Piets stetig wachsende Sammlung logobedruckter Ephemera sei seine Art, sich in Bewunderung zu baden, doch das Bild legte eine andere Vermutung nahe. Der einzige Bezug, der mir einfiel, war *Clueless,* wo man denkt, dass Elton das Bild von Tai in seinen Schulschrank hängt, weil er sie mag, aber eigentlich liegt es daran, dass es Cher war, die das Foto aufgenommen hatte.

Vor dem Spiegel verrieb ich den Teil meiner Wimperntusche, der meine Wange hinabwandern wollte, zu einem leichten Smokey-Eyes-Look. Für mein Vorhaben war es von Vorteil, ein bisschen mehr nach Goth auszusehen.

Als ich zurückkam, saß Piet an unserem Tisch.

Aus einem halbgegessenen Steak troff rotes Blut auf den Teller.

Ich berichtete von meinem Traum, dass wir auf dem Rücksitz eines Wagens rumgeknutscht hätten.

Piet legte den Kopf zurück und fing an zu lachen. Ziemlich faszinierende Bemerkung, wenn man gerade von der Toilette kommt.

Weiß irgendjemand, dass du heute Abend mit mir unterwegs bist?, fragte er. Ich glaube nämlich, wir sollten die Rechnung bestellen.

35. Gewisse Formen von Intelligenz

Wieder in Piets Wohnung, drehte er noch einen Joint, während ich mich ein bisschen umsah. Die Wohnung lag im ersten Stock eines Brownstone-Hauses aus dem 19. Jahrhundert. Mein Blick fiel auf eine Reihe von Kugelhanteln aus Chrom, Orangen in einem Edelstahlkorb und einen Balkanteppich, der mehr als hundert Jahre alt zu sein schien. Piet rief mich zurück ins Wohnzimmer.

Glaubst du, dass Seth glücklich ist?, fragte ich. Wir lagen rücklings auf dem Teppich, die Füße auf der Rückenlehne des roten Samtsofas. Ich hatte ihm ein paar von meinen Xanax gegeben, und wir waren beide ziemlich drauf.

Du weißt, dass ich darüber nicht mit dir sprechen kann, sagte Piet. Er klopfte die Asche in einen seiner selbst gemachten Aschenbecher ab: ein Keramikzylinder, der am oberen Rand einen Faustschlag abgekriegt hatte, wodurch eine flache Ablagefläche für Abfälle entstanden war.

Töpfern, hatte Roman immer gesagt, das Töpfern ist das Unheimlichste. Weil es ihm nur um das Zerstören von etwas geht, in das er richtig viel Arbeit reingesteckt hat. Er stellt diese großartigen Objekte her, und im letzten Augenblick auf der Töpferscheibe haut er sie kaputt oder versaut sie irgendwie. Und dann, statt sie wegzuwerfen, glasiert er sie, brennt sie und verschenkt sie.

Ich fragte mich (laut), ob unsere Website deshalb so mies lief, weil Piet mit dem Code auf ähnliche Weise verfuhr – dass er ihn, im Rahmen einer tieferen ästhetischen Überzeugung, zum Schluss ein bisschen kaputtmachte.

Piet bekundete Zweifel daran, dass ich seine Töpfermethoden glaubhaft mit seiner Firma gleichsetzen könne.

»Es gibt da etwas, das ganz ähnlich ist wie Töpfern, oder wie einen Joint zu drehen …«, sagte er. Er meinte doch nicht etwa Sex, oder? Offenbar hielt ich ihn immer noch für ziemlich naiv. Er rutschte ein Stück näher zu mir.

»Manche Formen der Intelligenz sind rein taktil.«

Selbst beim Knutschen achtete er noch peinlich genau darauf, meine Brüste und meinen Po nicht zu berühren. Ich presste mich an ihn. Wir sollten das hier nicht zu sehr ausarten lassen, sagte er, als sich mein Mund in Richtung seines Ohres bewegte. Wir schliefen beide ein, bevor es tatsächlich zum Vögeln kam. Bevor es auch nur ansatzweise in die Nähe vom Vögeln kam.

Ich wachte davon auf, dass er im Schlaf etwas sagte. Mein Mund schmeckte wie eine Müllhalde, pelzig und sauer. Ich schlich mich ins Bad und kotzte mir das Hirn raus, ein langer Strahl aus Xanax, Gras und Galle.

Dann fand ich für einen Moment Ruhe. In Piets Badezimmer. Die Wange weich an die alten Keramikkacheln auf dem Fußboden geschmiegt. Ich drückte mir etwas Zahnpasta in den Mund, spülte und spuckte aus. Ich spürte, wie sich die Welt um mich herum plötzlich ruckartig zusammenzog und dann entspannte.

Er schlief noch, als ich das Haus verließ und auf die Straße hinaustrat.

36. Gesichtsverlust

Da ich nun wieder freie Mitarbeiterin war, wartete ich ab, ob Piet und ich nun ernsthaft etwas miteinander anfangen würden. In dieser Phase empfand ich eine besonders starke akute Verwirrung. »Emotionen sind eine unbegrenzte Ressource mit unbegrenzter Macht«, steht in *Der Lovemarks-Effekt*, einer Anleitung zur Markenbildung, die 2001 bei Saatchi und Saatchi erschienen ist. Es war mir peinlich, wie sehr ich dieses alberne Marketingbuch liebte, das damals, in meinem ersten Jahr als Nachwuchs-Markenstrategin, zur Begrüßung auf meinem Agenturschreibtisch gelegen hatte (als würde es mich höhnisch in eine abgekartete Zukunft leiten, in der meine Ressourcen dahinschwanden und ich meine Fähigkeiten dazu verwendete, dies vor der Öffentlichkeit zu verbergen). Wie sollte ich meinem inneren Gerichtshof meine Gefühle für Piet erklären – und waren sie wirklich unbegrenzt, oder nährten sie sich nur aus einem gewissen Pool, und ich würde früher oder später unweigerlich – und vermutlich ziemlich hässlich – an dessen Grenzen stoßen? Die zentrale Inversion – dass meine Verärgerung eine getarnte Form von Liebe war – schien jetzt eine neue Dimension zu gewinnen. Als würde ich die Türen meines Badezimmerspiegelschranks um mein Gesicht klappen und zusehen, wie es sich unendlich multipliziert. Aus der Vervielfachung entstand Erotik. Ich sah meine vergangenen und zukünftigen Ichs um mich herumstehen und glotzen, als wäre es eine Gruppenvergewaltigung.

Vor langer Zeit (vor ewig langer Zeit) habe ich gelernt, dass man nichts Schlimmeres tun kann, als die sexuelle Vormachtstellung eines Mannes infrage zu stellen. Der schnellste Weg, um vergewaltigt und ermordet zu werden – aber in subtileren Formen die einfachste Art, ihn tief, schnell und gewissermaßen unsichtbar zu verletzen, sengend oder eiskalt, ganz wie man möchte. Ich empfand etwas für Piet, und irgendwann erkannte ich (wenn auch nicht ganz bewusst): Wenn ich meine sexuelle Macht auf ihn richtete, konnte ich damit Seth treffen, indem ich zwischen mir und Piet, seinem besten Kumpel, eine Intimität aufbaute, die Seth selbst nicht replizieren konnte (es sei denn, er stand darauf, haha), und außerdem würde es ihren Status als die Art von Männern untergraben, die nichts mit ihren Mitarbeiterinnen anfingen. Ich selbst bewegte mich in einer Grauzone, da ich frisch gekündigt hatte, aber theoretisch immer noch als Beraterin in Bereitschaft stand – es war nicht ganz klar, ob es wirklich verboten war, aber die Geste zählte.

Weihnachten rückte näher, und Marcus kam aus Deutschland zurück. Ich traf mich mit ihm und einem Freund, einem berühmten Journalisten, der eine Medienkrise ausgelöst hatte und danach in den Untergrund gehen musste.

Den ganzen Nachmittag lang stritten Marcus und ich darüber, ob sich unsere Art von (Anführungsstriche unten und oben künstlerischem) Trollen wirklich im selben Kontinuum bewegte wie die Aktivitäten der echten Hardcore-Onlinetrolle. Ich sagte, Trollen sei ein Spektrum im selben Sinne wie das Autismus-Spektrum, was eigentlich überhaupt kein Spektrum ist, sondern eher ein Dachbegriff für eine Reihe möglicherweise verwandter Störungen. Es ist nicht so, als hätte man auf der einen Seite des Spektrums »ein bisschen« Autismus und auf der anderen Seite »ganz viel« – es ist eher wie ein Regenbogen. Ich schlug vor, dass wir einen Malapropismus (das Autismus-Spektrum) benutzen könnten, um einen anderen (den Troll) zu erklären. Eine Zusammenfassung von Aktivitäten, die einer ähnlichen Logik folgten.

Die Bar war jene Art Müllkippe, die der Journalist bürgerlicheren Cocktailbars vorzog. Ich schob mein Handy über den Tisch, um ihm ein Foto zu zeigen, das ich aufgenommen hatte: Piet, der ein Handy hält, auf dem das Gemälde von dem Plakat zu sehen ist.

Ich weiß nicht, wie ihr das seht, aber ich finde das Gemälde scheußlich, sagte der Journalist. Er hatte sich vor Kurzem den Bart abrasiert, der sein Markenzeichen gewesen war, und sein Gesicht sah jünger und ein wenig verlorener aus.

Marcus griff über den ungehobelten, mit Sägemehl bedeckten Tisch hinweg nach dem Handy, auf seinen Lippen der leise Anflug eines heimlichen Lächelns. Sein Gesicht sah, im Gegensatz zu dem des Journalisten, älter aus, irgendwie reifer, ich bekam es nicht recht zu fassen.

Die nächste Bar lag in Brooklyn Heights, am Rande einer Straße, in der ich als Teenager viele Nachmittage und Abende bei einer meiner damaligen besten Freundinnen verbracht hatte. In der Highschool hatte sie einen tollen Musikgeschmack gehabt, außerdem einen dicken Akneteppich auf den Wangen und einen dick gestrickten roten, knotigen Schal, der so auffällig war wie ein wunder Daumen (und das Rot der Pickel betonte). Im Partykeller ihrer Eltern sahen wir uns Hunderte von Filmen an, während derer ich fast immer wegdöste. Der Ursprung der einschläfernden Schriftrolle.

Marcus trat auf die Straße hinaus, ein leichter Regen fiel herab und tanzte auf den Gullipfützen. Ich senkte den Kopf und setzte meine Kapuze auf. Ich sah seinen Fuß in dem Flyknit-Sneaker von der Bordsteinkante rutschen, sah seinen Körper unstet nach vorn kippen, ihn dann die Schultern mit einem Ruck in eine starr aufrechte Haltung zurückziehen. Er war betrunken.

Er hielt mir die Taxitür auf. Neonlicht fing sich in den Regentropfen auf meinen schwarzen Springerstiefeln. Wir fuhren los Richtung Manhattan.

»Ich weiß, du hast gesagt, dass es nicht so war. Aber ich muss es wissen. Kann es sein, dass du wirklich in Piet verliebt warst?«, fragte Marcus. Ich war aus dem Konzept gebracht, bemerkte dann aber erleichtert, dass er die Vergangenheitsform benutzt hatte. Als ich ihm das erste Mal von der Knutscherei erzählt hatte, war es mir als naheliegender Witz über die Lippen gerutscht, ein Readymade. Das war unsere jüngste Kapriole in einer neuen Extremform: eine der Figuren aus unserem selbstgesponnenen Drama (Fanfiction) tatsächlich zu vögeln. Oder noch besser: zu versuchen, eine dieser Figuren zu vögeln und am Ende im Halbschlaf kotzend auf deren Badezimmerfliesen zu liegen. Die Abject-Art-Geste nahm eine ganz neue, bauchgefühlige Wendung …

Ich hätte nicht zugegeben, dass ich tatsächlich überlegt hatte, ob es echte Liebe sein könnte, zum Teil auch deshalb, weil ich mir da selbst nicht sicher war. Wehmütig blickte ich aus dem Fenster in einen immer heftiger vom Sturm gepeitschten Brooklyn-Abend, und tätschelte seine Hand, als wäre Marcus ein kleiner Junge und hätte eine Frage gestellt, die er noch nicht verstand. Ich spürte das geriffelte Ärmelbündchen seiner Trainingsjacke unter meinem rechten Daumenballen und zog die Hand wieder zurück.

Wir hielten an einer Ampel. Die scharfe Bremsung schleuderte uns in den Sitz. Er sah betrunken aus, seine Mundwinkel hingen herab, und er hatte Schluckauf wie eine Comicfigur.

»Alles okay bei dir?«

»Du weißt, dass sie mich einstellen, oder?«

Und in diesem Moment fing es an.

Sein Gesicht verlor seine definierte Form. Manche sagen, Liebe sei visuelle Kunst, und wenn das zutrifft, sah ich genau das: den Verlust von Konturen, Schatten verflachten sich, zuerst zog sich die Nase zurück, dann die vollen Wimpern – sein Gesicht verlor den Zusammenhalt. Es erinnerte an den Ursprung von Seths Gesichtsschmerz, eine umherschweifende Traurigkeit, die überlagerte, verwischte, auslöschte. Erledigt. Eine Umwandlung in Pixel, die Einzigartigkeit schwindet, das Besondere geht verloren, wird zu etwas Generischem (an sich schon eine Feminisierung). Als Kind kniff ich beim Einschlafen gern die Augen zusammen und beobachtete, wie der Übergang von Wand zu Decke flach wurde, Beckenbodentraining fürs Gehirn, und das jetzige Phänomen war dem nicht unähnlich. Verschmelzen und verschwimmen, das eigenartige Verschwinden von Merkmalen …

Wir fuhren weiter durch den Regen. In der Zwischenzeit redete er weiter und erzählte von einer Trennung, von der ich keine Ahnung gehabt hatte. Ich war völlig von mir selbst eingenommen gewesen und hatte mich von den Dramen meiner Freund:innen entkoppelt. Ich war nicht mehr mit jenen Leben verbunden, die mich inspiriert, genährt und empört hatten. Marcus bekam meinen Job. Sie gaben ihm meine frühere Stelle bei eXe. Er musste das einfach tun. Seine Beziehung war kaputt, die Galerie seines Galeristen wurde digitalisiert. Die Konturen seines Geschäftsmodells hatten sich völlig verformt.

Wer ist ein grauer Freund, und wie wird er grau? An jenem Abend, als wir im Taxi durch Brooklyn Heights nach Hause fuhren, vorbei an der Biker-Bar, in der die Highschool-Mädels Karaoke sangen, wie auch ich einst in gespieltem Korpsgeist mitgegrölt und -gekreischt hatte, die Originaldetails sind mir entfallen, da begann ich also zu sehen, wie das Gesicht meines Freunds in der Fensterscheibe seine Konturen verlor. »Man hat auch dann ein Gesicht, wenn man jemandem den Rücken zudreht«, hatte ich über das T-Shirt-Design mit dem Logo im Nacken gelästert.

Während ich ihn von seiner unechten (gefühlt echten) prekären Lage reden höre, zerplatzt die Blase, wird grau auf grau. Ohne Definition ist auch der Konflikt verloren. Statt mich verraten zu fühlen, verlor ich ihn, seine Gestalt, seine Person, aus dem Blick. Ich entfernte ihn sofort von meinem Spielfeld. Die Magie war zu Chaos geworden, zerplatzende Blasen im Schlamm. »Gelehrte! Augen zu mir!« Wie schrill meine Stimme in jener Zeit geklungen hatte, fiel mir ein, wie sehr ich die Aufmerksamkeit gebraucht hatte; regenverschwommenes Neonlicht durchs Taxifenster, Lavalampenorange und Magenta vor dem Panorama der Stadt, an dem berühmten Ballongeschäft vorbei fuhren wir in Richtung meines Wohnviertels.

Die Wahrheit ist, dass man eine Freundschaft nicht erklären kann, weder ihre Entstehung noch ihre Tiefe. Und gewiss nicht ihren Tod. Freundschaft und Kunst gleichen wilden Pilzsporen, sie lassen sich unmöglich künstlich erzeugen und noch weniger aus dem Nichts herbeizaubern. Ein Miteinander hingegen findet man überall. Die bloße Möglichkeit von Optimismus kann an jedem Ort Fuß fassen. Ich befand mich nicht mehr in Brooklyn oder New York oder dieser Hemisphäre oder überhaupt auf einem erdähnlichen Planeten. Ich trieb durchs Nirgendwo. Ich küsste Marcus auf beide Wangen und steig aus dem Taxi, das vor meiner Haustür im East Village gehalten hatte. In dieser Nacht schlief ich gut. Ein geschmeidiger, schwere- und traumloser Schlaf.

37. Bläschen

Das Gefühl der Erleichterung währte nicht lange. Es war der trügerische Rauschzustand. In meiner betrunkenen Reaktion am Vorabend hatten sich die letzten Züge meines Selbstschutzes gezeigt, und damit war es in dem Moment vorbei, als ich aufwachte und sich mir die Frage stellte, wie und warum es dazu gekommen war, dass Marcus meinen früheren Job übernehmen würde. Irgendwann kam ich dahinter, was wirklich geschehen war, und meine gestrige gönnerhafte Nachsicht gegenüber Marcus fügte sich als eigener, demütigender Part in die Geschichte ein.

Anfang des Jahres hatte Marcus ein Kunstprojekt gemacht, in dem Peter Thiel als Comic-Goblin vorkam. Es war ein kleiner grüner Goblin mit dem Gesicht eines Hightech-Moguls, der in einen Block Plexiglas gegossen war, umgeben von lauter kleinen Bläschen wie von Sprudelwasser. Meiner Ansicht nach war dies der falsche Ansatz für eine Persiflage, bedachte man Thiels tatsächliches Interesse an Opferkult und Mythologie – ich sah in dem Goblin keine Herabwürdigung, sondern eine Komplizenschaft, aber es war ja nicht mein Kunstwerk. Marcus hatte es als Relief in einem Museum in Irland installiert, dem Land, in dem sich Thiels Steueroase und sein Atombunker befanden; es war also nicht überraschend, dass er ausgerechnet dort Ausschau nach Beweihräucherung halten würde. An dem Tag, als Thiel das Kunstwerk entdeckte, machte er ein Selfie mit dem Werk: ein kleines süffisantes Grinsen unter kurzgeschorenen Haaren vor seiner Goblin-Ausführung, und irgendwie fiel dieses Selfie Marcus' Galerie in die Hände – wo man ganz aus dem Häuschen war vor Begeisterung, und vor Angst, vor allem wegen der Digitalisierungspläne für die Galerie und der Finanzierungschancen, die eine wie auch immer geartete Verbindung zu Thiel verhieß. Für Marcus war das Foto von Thiel ein Beleg für seinen künstlerischen Einfluss, nicht nur auf die Kunstwelt, sondern auf die Welt-Welt. Eine Nabelschnur zur Macht, gefertigt vom Künstler selbst. Marcus war freudig erregt. Eine Einladung ins Silicon Valley folgte auf dem Fuße, und Marcus nahm sie an, vorgeblich um weiter zu recherchieren. Als er mit dem Fleisch-und-Blut-Thiel nach einer langen Nacht in der Stadt im Castro Kaffee trank, beschrieb Marcus, welche verschiedenen Hightech-Instanzen in seiner Kunst vorkamen. Er erwähnte eXe und deren Rolle als eine Art abstrakten Gesprächspartner in seinen Arbeiten. Konkret bezog er sich auf die ursprünglichen eXe-Grafiken zwischen den sahnigen Randverzierungen seiner Kuchenskulptur, die ich in München bei unserer ersten Begegnung gesehen hatte.

»Alles das wird im Inneren kodiert und kommt in Form von verrückten Mustern wieder ans Licht. Eine Fibonacci-Folge der Seele. Verstehen Sie?« Dann scrollte er zu dem Bild des grünen Goblins und vergrößerte es, indem er es mit zwei Fingern auseinanderzog. »Die Blasen werden ganz zum Schluss einge…«

Die finanziellen Probleme, die ich hinter Seths Ansage »Emily wird das ganze Geld reinholen« vermutet hatte – eXes heimlich schwindendes Kapital – das war für Thiel, der die ersten Investoren sehr gut kannte, alles kein Geheimnis. Nach dem Treffen mit Marcus schaltete sich Thiels Team mit einer verdeckten neuen Finanzierungsrunde ein, und das Bindeglied dieser glücklichen Überraschung – Marcus – wurde subtil im cc einer E-Mail offenbart. Es entstand eine Art umgekehrte Kunstsammlung. Nicht die Gründerjungs sammelten Marcus' Kunst, sondern Marcus hatte den Spieß umgedreht und sie ein-gesammelt. Und sie ließen sich darauf ein. Durch diese schlichte Abfolge kleiner Räder im Getriebe war Marcus, wenn auch unwissentlich, zum Anwärter auf meinen Job geworden. Dank des Goblins war das nächste Kapitel für ihn bereits vorgeschrieben, während sein altes Lebensmodell gerade zu bröckeln begann (oder kurz vor dem Zusammenbruch stand). eXe war wie der Fischbuddha – sofern der Künstler all diese Sardinenbüchsen hatte öffnen und samt Kopf und Gräten leeressen müssen. Marcus stand ein fantastisches Mahl bevor.

Das Schlimmste daran war, dass diese Situation hinter den Kulissen schon seit Monaten in Planung gewesen war – schon lange vor dem Augenzucken oder dem einsetzenden Gefühl, dass ich nichts Sinnvolles mehr beitragen konnte, und definitiv vor der Explosion bei Seths Ankündigung, er habe mir allein die gesamte Profitverantwortung übertragen. Nein, diese krasse Enthüllung vor der Firma, während ich in Japan war, das war kein Fall von Unbesonnenheit oder radikalem Missmanagement gewesen. Damit sollte ich rausgedrängt werden, damit Marcus hereinschneien und meinen Platz einnehmen konnte.

Ich fühlte mich verraten und beschämt, schon wieder ausmanövriert. Ich fand es auf eine nicht-lustige Art lustig. Mein Kater und das Gefühl, eine Vollidiotin zu sein, taten sich zu einem inzestuösen Zwillingspaar zusammen, für immer vereint. Es war ein langer, grässlicher Tag.

38. Vögeln Heiraten Töten

Da ich meine Arbeit bei eXe nun im Rückspiegel betrachtete, traten nach und nach neue Erkenntnisebenen zutage. Zum einen wurde mir nun bewusst, dass ich mich deshalb so feige verhalten hatte, weil ich glaubte, keine andere Wahl zu haben. Eine Überzeugung, die wiederum den Horizont für andere mögliche Überzeugungen einschränkte, zum Beispiel für den Glauben an Altruismus, an Ruhepausen, Reflexion, Aufschub und so fort, und dadurch eine Situation geschaffen hatte, in der Feigheit die einzige Antwort zu sein schien. Tatsächlich traf das auch auf New York City zu, die Hyperlokalität, in die ich hineingeboren worden war. Selbst meine Aura passte zu dieser Eigenschaft der Stadt. Wie Riva gesagt hatte, lief ich auf einer zu hohen Frequenz (schnell) und überhitzte schon im Leerlauf (wieder so eine Autometapher von einer New Yorkerin ohne Führerschein). Ich reizte die Menschen mit meiner Schroffheit, also musste ich die Sache abkürzen und zügig weiterziehen, bevor sich der Ärger bei den Leuten einnisten konnte; ich musste mit der Magenta-Energie arbeiten, statt gegen sie.

Alternativ ist es auch möglich, dass das Problem nichts weiter bedeutete als sich selbst. Ich fand Bedeutung zu austauschbar. Ich hatte mich zu sehr auf ihre Immaterialität verlassen, diese Immaterialität zu ernst genommen. Ich glaubte, glaubte immer, des Guten zu viel tun zu müssen. Ich konnte nicht innehalten, um etwas Schönes zu genießen, weil ich überzeugt war, dass das Schöne, ohne irgendeine Art von besonderem *Dreh*, gar keine Daseinsberechtigung hatte. Einmal, als ich mit MC im Club war – und gerade nicht mit offenen Augen schlief, sondern an der Bar etwas trank – dachte er laut über gewisse Entscheidungen unserer Altersgruppe hinsichtlich der Produktion elektronischer Musik nach. Er sei traurig, sagte er, denn

»der Stoff der Ethno-Musik ist unendlich tief und komplex, und jeder kann einfach weitere Fäden daraus lösen und neue Beats damit abmischen, und dennoch ... rütteln einige unserer Freunde da draußen nur an den Gitterstäben des Erfahrbaren«, und meinte damit, sie würden schlichtweg unhörbare Musik machen. Ich wusste, wovon er sprach. Der Impuls, eine Art von Kunst zu machen, die das Unbegreifliche ihres Dilemmas herausstellen wollte, anstatt die Art, zu der man einfach tanzen konnte. Mit dieser musikalischen Situation konnte ich mich identifizieren, weil auch ich selbst zu diesem Zeitpunkt das angeblich allgemein Bekannte nie wirklich verständlich fand, solange ich es nicht aktiv für mich artikulierte und auf diese Weise überverständlich machte, wodurch sich das Phänomen geringfügig, aber doch wahrnehmbar veränderte. Durch diese Brille betrachtet, war meine »Feigheit« die Tarnung einer verzweifelten, halb-zynischen Hyperaktivität, in der ich die Bezeichner hin und her schob, immer auf der Suche nach einer Anordnung, die Sinn und Zusammenhang ergab, und von der aus ich »nach Hause telefonieren« konnte.

Die Auraleserin Riva hatte gesagt, mit anderen Magentas würde ich mich weniger einsam fühlen, aber traf das tatsächlich zu? Piet mochte zwar ein Magenta gewesen sein (das glaubte ich jedenfalls), doch er hatte nur einen sehr schwachen Schimmer von Nach-Hause-Kommen erzeugt. Marcus für einen Magenta zu halten, war eine Dummheit meines jungen Geistes gewesen, eine Fehlinterpretation seiner künstlerischen Impulse als Übertragungswunsch (passend zu der hohen Magenta-Frequenz), während es in Wahrheit immer nur um Akkumulation gegangen war, um Kalkablagerung und Stagnation in einer für ihn persönlich profitablen Richtung. Vielleicht hatte Marcus von Anfang an besser zu meiner Verkleidungs-Aura gepasst als zu meiner echten. Blau, Grün und Violett ... Versorger, Geldbeschaffer und Sektenführer ... das alles kann er gewesen sein, aber kein fünfhundertzwanzigjähriges Alien wie ich.

Ich habe mich immer gegen die Vorstellung gewehrt, jedes Problem einer Frau ließe sich auf einen Vaterkomplex zurückführen, denn alles im Leben wie in der Fiktion ist überdeterminiert, und das

Konzept der Vaterschaft selbst ist die Meme-Art, zu unterminieren und zu unterdeterminieren, indem man unterschiedliche Geschichten an einer einzigen Ursache festmacht, die einen Penis hat. Wenn allerdings zur Erklärung meiner Feigheit ein *zentrales Trauma* identifiziert werden müsste, dann wäre es dieses: Obwohl es in unserer Gesellschaft die Männer waren, die permanent mehr Geld verdienten, war ich von den konkreten Männern in meinem Leben stets dafür bestraft worden, wenn ich Geld verdiente – hauptsächlich, indem sie darüber jammerten, selbst pleite zu sein, sich dann Geld von mir liehen und es dann verloren oder verprassten und mich deswegen anlogen. Mein letzter Freund – der, von dem ich mich getrennt hatte, bevor ich bei eXe anfing – hatte genau das getan: mich mit seinen freundlichen Augen angefunkelt, die Miete unseres Mitbewohners gestohlen, indem er vorgab, sie an den Vermieter zu überweisen, sich dann von mir Geld geliehen und es verschleudert. Der Klon einer männlichen Verhaltensweise, wie wir sie alle schon erlebt haben und wieder erleben werden; dasselbe Spiel, das die Liebhaber meiner Mutter, meiner Großmutter und meiner Tanten abgezogen hatten. Es war eine Plage, ein virales Muster, das bescheuertste Meme überhaupt.

Ich wollte jene Männer, die mich bestraft hatten, wiederum mit Geld bestrafen, indem ich sie übertraf – und das nicht nur im Beschaffen von Kapital-Kapital, sondern auch in der Erzeugung von Bedeutung. Meine damalige Suche war also auch ein Versuch, Geld mit Bedeutung aufzuladen, die wiederum in ihrer Immaterialität unbezahlbar war. In einer Zeit, in der Kunstobjekte ebenso wie die Produkte von Start-ups immer virtueller wurden, wollte ich zwischen beiden die Vermittlerin sein. Und ich glaubte, der Schlüssel dazu sei schonungslose Priorisierung. Ich glaubte, durch persönliche Opfer alles erreichen zu können – für das Projekt bei eXe, meinen vergifteten Augapfel, hatte ich meine Zeit und meine finanzielle Sicherheit geopfert.

Ich wollte mehr Geld verdienen und mehr Bedeutung schaffen als alle meine Exfreunde und männlichen Verwandten zusammen.

Ich wollte es ihnen heimlich heimzahlen. Ich wollte unempfindlich werden, immun gegen das Schreckgespenst jener armen reichen Männer, die mich verletzt hatten.

Unempfindlich war ich nicht.

39. Baden gehen

In diesem Winter reiste ich für einige Tage zur Kunstmesse nach Miami. Kunst bekam ich nicht zu sehen. An meinem vorletzten Tag gab es einen heftigen Sturm. Eine schnelle, heftige, vollständige Überflutung der Szenerie. Umkleidekabinen wurden krachend auf den Strand geworfen. Partyvolk rannte durchnässt und kreischend in die Hotels. Die Collins Avenue stand unter Wasser. Dann war es vorbei.

Danach haftete dem nächsten Tag das heitere Gefühl einer abgewendeten Krise an. Der Sturm hatte seinen Schaden angerichtet und war weitergezogen. Alle waren besonders gelöst.

Am letzten Abend meiner Reise war es bereits sehr spät geworden, und am nächsten Morgen lauerte ein früher Rückflug. Ich ging nicht schlafen. Ich landete bei den nächtlichen Ausläufern einer Party in North Beach. Ein paar DJs, die ich kannte, legten im hinteren Bereich gerade gemeinsam auf. *Shot em down bang.* Alle standen unter einer Art strohgedeckter Chuppa. Der Beton hatte noch feuchte Stellen vom Vortag. Im Hintergrund das Geräusch sich brechender Wellen, rauschendes Meer. Es gab einen Taco-Wagen. Ich hatte mir Carnitas geholt. Die Finger mit roter Soße beschmiert. Zigarettenkippen auf dem Boden. Es war nicht die eleganteste Party. Eigentlich war es nicht mal eine richtige Party, eher ein Rumlungern. Während ich kaute, betrachtete ich den Rücken einer kleinen, resoluten, jungen Frau. Sie trug Vibram-Zehenschuhe, ein himmelblaues Bandage-Kleid und einen Bob mit aufwändig (sichtlich teuer) gefärbten, dunkelhoniggoldenen Highlights. Sie hatte eine aufrechte Haltung und strahlte Selbstsicherheit aus. Sie war wie ein Cadavre Exquis. Jeder Teil ihres Körpers stammte aus einem anderen Universum. Ich taxierte ihre Aufmachung von Kopf bis zu den Schuhen. Ich schwitzte.

Die Tacos hatten meinen Hunger gestillt. Ich begann, den Druck des frühmorgendlichen Flugs zu spüren. Und dann hob ich den Blick und erkannte, dass der Mann, mit dem sie sich unterhielt, Seth war. Ich hatte keine Ahnung gehabt, dass er hier war. Normalerweise fuhr er nicht zu solchen Veranstaltungen. Er sah mich ebenfalls. Wir wurden zueinander hingezogen, bis wir uns gegenüberstanden, als wollten wir ein Sandwich mit dieser Frau machen, die mit schnellen, kleinen Schritten zurückwich. Ich wischte mir die soßenverschmierten Finger an einer weißen Serviette ab und ließ mir meine Überraschung nicht anmerken. In einer Krise ist alles normal. So lief das in New York. Die Konversationsschleusen sind geöffnet. In einer Notsituation kann man mit der Dame gegenüber über alles sprechen, keine Vorrede erforderlich. Jetzt war Seth diese Dame. Wir taten so, als wäre diese Situation das Normalste auf der Welt. Wir sagten nicht mal hallo, sondern fingen einfach an, uns zu unterhalten. Die andere Frau stand daneben, doch er stellte sie nicht vor.

»Warst du heute auf der Messe?«

»Zu verkatert. Hast du gehört, was passiert ist?«

Alle hatten es gehört. Eine Frau war von einer anderen Frau mit einem Skalpellmesser niedergestochen worden. Die einen hielten es für »Performancekunst«, die anderen sahen es als das, was es war: Gewalt. Beide Seiten hatten Angst. Seth war dabei gewesen.

»Ich glaube, ich habe es für Kunst gehalten. Das war echt gruselig.«

Wir quatschten ein paar Minuten. Die Menge dünnte aus. Die DJs fingen an, ihre Kabel aufzuwickeln. Schlafen zu gehen, schien sich nicht mehr zu lohnen. Wir brauchten einen Plan. »Sieht aus, als würden ein paar Leute schwimmen gehen«, sagte ich und deutete auf Bekannte, die davonmarschierten. »Dabei ist mir letztes Jahr mein Handy geklaut worden«, sagte Seth. »Ich war hier nachts schwimmen. Danach habe ich mir das Klapphandy zugelegt. Und dann nicht wieder gewechselt.« Ich hatte immer gedacht, er hätte das Klapphandy, um sich abzuheben, und als Symbol der Ablehnung seiner Rolle als Leiter einer Internetfirma – so schlicht die Site in technischer Hinsicht auch sein mochte. »Dieser Trend, dass man seine Handys an Ketten trägt, ist echt finster«, sagte die Frau plötzlich. »Man hat sie sich schon ans Gehirn gekettet …« Wer zum Henker war sie? Sie kam mir nicht im Geringsten bekannt vor. Roman erzählte mir später, sie sei ein hohes Tier in irgendeiner Firma. Wie konnte das sein, sie war etwa in meinem Alter? Irgendetwas sagte mir, dass Seth eigentlich nicht mit ihr hätte hier sein sollen, aber ich wusste nicht genau, woher ich das wusste. Es lag in der Art, wie sie sich zusammen gaben. Ich hätte nicht sagen können, ob es etwas Sexuelles, etwas Finanzielles oder beides war. Aber ich wusste, dass es ein Geheimnis war.

»Ich würde sagen … machen wir's einfach.«

Und so landete ich am Ende mit Seth und der Frau im Meer. Meine schwarze Paillettentasche fiel in den Sand. Und dann schnurstracks ab in die schwarzen Wellen. Ich war nicht mal nackt – ich trug einen schwarzen BH und einen Tanga, aber niemand konnte etwas sehen. Es war dunkel. Wir ließen uns auf den Wellen treiben. Das Wasser war mittelkalt. Noch aufgewühlt vom Sturm. Es war gefährlich und zugleich banal. Wir blieben nur kurz im Wasser.

Mittendrin sagte ich:

»Weißt du, diese Sache mit Piet und mir …«

Seth hatte sein Hemd ausgezogen. Sein Gesicht war ausdruckslos. Ich probierte es erneut. »Alles, was zwischen Piet und mir gelaufen ist … nach meiner Kündigung …«

Er tauchte unter einer Welle hindurch. Er sah mich an und schüttelte kaum merklich den Kopf. Dann tauchte er wieder unter und versuchte die Knie der Frau zu fassen zu kriegen.

Als wir wieder an den Strand kamen, war meine Tasche noch da, Kreditkarten und Pass unversehrt, aber Bargeld und Handy fehlten. Es war das großformatige Smartphone, das ich zum Einstieg bei eXe bekommen hatte. Was für eine Überraschung, Seth hatte gesagt, dass genau das passieren würde, und ich hatte es dennoch getan …

Das hohe Tier rief mir von ihrem Handy aus ein Taxi; sie hatte das Gerät in ihr Kleid gewickelt, in einen Schuh gestopft und unter einer Strandliege verstaut, was offensichtlich die korrekte Vorgehensweise war. Es war den Dieben durch die Lappen gegangen. Ich spähte auf ihrem Display nach der Uhrzeit. Bis zu meinem Flug blieb viel weniger Zeit, als ich erwartet hatte. Es würde knapp werden.

Im Hotelzimmer merkte ich, dass mein BH voller Sand war. Einen anderen hatte ich nicht dabei. Die Körner rieselten auf den Fußboden, als ich mich auszog. Ich klappte meinen gelben Koffer zu und verließ das Hotel. Das Taxi rief mir der Page. Am Flughafen in aller Eile zum Gate. Am anderen Ende des Terminals glaubte ich, Seth und die Frau zu sehen. Ein Pärchen, beide ganz in Grün. Sie sahen nicht sandig, übernächtigt oder abgehetzt aus. Wir bewegten uns auf verschiedenen Planeten, sendeten auf unterschiedlichen Frequenzen, webten andere Stoffe aus Zeit und Raum.

Was Piet und mich anging, war eines klar geworden: Es war Seth vollkommen egal. Er war weder beunruhigt noch peinlich berührt noch belustigt. Er war weder erregt noch eifersüchtig, noch machte er sich irgendwelche Sorgen wegen sexueller Belästigung. Er interessierte sich genauso wenig für Sonnenaufgänge wie für Sonnenuntergänge. Seths Herz gehörte der Beziehung zu seiner eigenen Agenda, da war eine so gut wie die andere. Ich war nun nicht mehr bei eXe, und damit stellte ich ganz offiziell keine Gefahr mehr für seine Kunst, sein Herz oder sein Kapital dar. Ich konnte spüren, dass diese Frau und ihre Strähnchen (Balayage) ihn auf eine Art reich machen würden, die ich nie würde begreifen und nie mit meinen Trickse-reien würde überspielen müssen.

Was mein Magentaschätzchen anging, hatte ich so die Ahnung, dass Piet nichts von Seths Anwesenheit hier wusste.

In dem wurmförmigen Tunnel vom Gate zum Flugzeug spürte ich einen letzten Schub von Wärme, Sonne und Feuchtigkeit durch den dicken grauen Stoff. Kapuze auf, Sonnenbrille auf, in den Gläsern gespiegelt eine HSBC-Werbung (»In der Zukunft werden wir unseren Durst mit Salzwasser stillen«), meine Brüste nackt unter dem Kapuzenpulli, den sandigen BH in die Tasche gestopft, hundert Prozent nix drunter.

Ich fühlte mich nicht direkt *besser*, aber etwas in mir *veränderte* sich. Meine sandige, klebrige, sonnenverbrannte Haut auf dem Kunststoffsitz. Sandkörnchen auf der Haut zwischen Pullover und Hosenbund. Ohne Handy und damit ohne Dokumentation von letzter Nacht, von dem, was passiert war oder was (dann doch) nicht passiert war – kein Sex, keine Kunst, nicht mal ein richtiger Verrat meinerseits. Und da niemand irgendetwas davon wusste – Sadie nicht und Roman nicht, nicht einmal Piet und ganz sicher nicht Marcus, mit dem ich für eine ganze Weile nicht mehr reden würde – begann sich alles zu verschieben, sich von meinen Schultern zu heben. Nein, vielleicht ist das die falsche Richtung. Ich begann, es abzulegen. Niederzulegen wie Waffen. Wie in einem Waffenstillstand. Eine Entspannung der Lage. Das Loslassen der Geste und der Gegen-Geste, der Aneignung und der Rückaneignung, der Manöver und des Aufs-Kreuz-Legens, der Provokationen und Racheakte, des langen und des kurzen Trollens. Diese ganzen Verrenkungen in Text und Bild, Information und Reputation –

Ich wollte nicht mehr in einem selbst erbauten alten Rom leben (Riva, die Auraleserin, und ihr irrtümliches »zeitgenössisches Latein«). Wenn jedes Gespräch, jeder Geschlechtsakt und jede Freundschaft auf einem geheimen, imaginären Konto verzeichnet wurde (geführt von wem? Dem großen Kerl da oben?). Wo alles, was theoretisch aus dem Protokoll gestrichen war, insgeheim doch zählte.

Der Witz, mit dem es anfing, gegen den Witz, der es auflöste.

Kein BH, kein Handy, kein Job, kein Plan, keine Trophäe. Die Hysterie der Disidentifikation. Die Freude, das alles loszulassen. Das Flugzeug hob ab, gewann an Höhe. Die Stadt wurde kleiner. Die Tragfläche des Flugzeugs neigte sich, als wir in die Kurve gingen. Ich schaute aus dem Fenster, sah die rosa Sonne hinter den Wolken hervorbrechen.

Ein lichterfüllter Morgen nach der Sintflut.

40. Ängste <> Erleichterung

Nachdem ich angefangen hatte zu schreiben – über die Jungs, über mein Jahr bei eXe, über alles, was in meinem Kopf vorging – fingen die Veränderungen erst richtig an. Den Laptop auf dem Schoß, saß ich im Schneidersitz auf dem Fußboden meiner Wohnung, über mir ein ewig klapperndes Rohr. Die Heizung brutzelte. Leise rieselte Schnee.

Ich versuchte, dieses Gefühl zu beschreiben, als würde mein Gehirn hochspringen und nach sich selbst schnappen. Man konnte es beinahe hören, wie jemand aufsprang und einem anderen einen Basketball aus der Hand schlug, bevor er ihn in den Korb hauen konnte. Dieses harte Geräusch. In meinen letzten Tagen in der Firma konnte ich spüren, *hören,* wie sich mein Gehirn selbst verletzte. Wichtig ist dabei auch, dass es in die Höhe sprang und sich dabei irgendwie teilte – es war nicht so, als würde Draht in einer Glühbirne durchbrennen, eher, als würden zwei Teile aufeinander krachen, und das mit Wucht und Absicht. Etwas springt hoch, und etwas anderes haut kräftig drauf. So sah ich dieses Pyramiden-Diagramm. Der Aufruf zu Kampf oder Flucht, der Höhepunkt der Entscheidung und dann die Auflösung – alles passte ins Freytag-Schema. Womöglich ist das Erzählen an sich eine reine Stressreaktion. Diese Idee gefiel mir, und ich notierte sie mir. Ich glaubte, dass sich darin etwas Geniales verbarg. Und so wurde aus dem Hochspringen und Draufhauen ein Beil: Ich war gespalten. Man kann richtig sehen, wie jede Schicht einzeln aufklafft, wie ich entlang der Mittellinie zweigeteilt werde, nicht wahr? Aber so funktionierte es nicht. Ich stellte mir eher etwas wie Plasma vor, wie Wellen, wie die Oberfläche einer mäßig aufgewühlten See, aber als Drahtgerüst nachgebaut, sodass es weder graublau ist wie Wasser noch rosarot wie Körpergewebe, auch wenn man vielleicht beide Farben über das Grundgerüst legen könnte. Das Beil fiel herab und schuf zwei Wellen, eine auf jeder Seite, und das Tal dazwischen war eine Art Wunde, aber nicht blutig, sondern eher durchsichtig. Wie das Gel am Boden einer Petrischale, ein Ort, an dem ein Virus wächst. Eine durchsichtige Oberfläche, die sich ausbreitet, sich bereit macht.

Insofern Angst eine Autoimmunerkrankung ist, halte ich es für möglich, dass es in Form von Selbstzensur auf uns zurückfällt, wenn wir nicht genug schreiben. So als würde sich die Überfülle an Worten in unserem Inneren irgendwann in Ängste verwandeln, wenn sie kein Trägermaterial findet. Wie das magische Element in einer Kindergeschichte: Man tippt sich mit einem Zauberstab an die Schläfe und zieht einen langen, dünnen Faden aus silbernen, sich windenden Gedanken heraus, um sich zu erleichtern. Insofern ist Schreiben wohl wie Pinkeln, und Ängste sind eine Harnstoffvergiftung, die entsteht, wenn man es zu lange einhält oder mit Klebeband gefesselt und geknebelt im Laderaum eines Transporters sitzt. Obwohl ich mir nicht so richtig vorstellen kann, wie man es unter diesen Umständen einhalten sollte. Es ist eher, als wäre man die Mutter der Braut bei einer endlosen Hochzeit und hätte solche Angst, den Reigen der Glückwünsche zu unterbrechen, dass man sich unter den nicht enden wollenden Wangenküsschen Vergiftungserscheinungen zuzieht.

Wenn man Ängste unbedingt mit einem körperlichen Gebrechen vergleichen will, könnten sie ein Herpesbläschen sein, im ersten Augenblick sieht das Schimmern des freiliegenden Fleisches hübsch aus, wie reflektierendes Blitzlicht auf dem Lipgloss, kurz bevor man erkennt, dass es in Wirklichkeit ein nasses, schmerzendes Loch ist. Etwas Klaffendes, dessen Ränder sich nicht so leicht wieder schließen lassen. Diese Ränder müssen langsam, vorsichtig und mit Geduld zusammengeführt werden. Wenn so ein Bläschen aufplatzt, ist es äußerst schwierig, es wieder zu schließen – da hilft nur Zeit – und so versucht man nach Kräften zu verhindern, dass sich dieser kleine Schlund überhaupt erst auftut.

Ich packte meine Schreibsachen zusammen und ging aus dem Haus. Ich setzte mich in den Croissant-Laden in Alphabet City, den mit den grauen Marmortischen und den zweisprachigen Kindern. Mein Notizbuch war ein deutsches Hardcover mit königsblauen Ecken. Meine beiden Stifte von Pelikan. Ich schrieb und schrieb. Mein schwarzer Mantel als Haufen auf meinem Stuhl. Am Nachmittag spazierte ich durch den Tompkins Square Park und sah den Jugendlichen beim Skaten zu. Ich hatte eine neue lila Sonnenbrille mit silbern verspiegelten Gläsern. Dann ging ich nach Hause und tippte alles ab.

41. Weihnachtsfeier

Bei der Firmenweihnachtsfeier trug Piet einen Smoking und Seth die neuen Pumas mit Kreppsohle, die gerade in einer Kooperation mit Rihanna herausgekommen waren. Beides war gleichermaßen unpassend.

Es war Mitte Dezember, und ich arbeitete seit einigen Monaten nicht mehr für die Firma. Eingeladen hatten sie mich aus Großzügigkeit, Mitleid oder Gehässigkeit.

Piet sah krank aus, und statt mich zu umarmen, streckte er mir den Ellbogen zum Dagegenstoßen hin, eine neue Art der Begrüßung, die er gerade einführte, um seine Mitarbeiter:innen nicht zu oft zu berühren. Nettes Pulli-Meme, sagte er. Er tat mir leid, wie er auf meine Brüste in dem flauschigen, bauchfreien, grünen Mohair-Pulli spähte. Wir hatten die Verbindung gekappt, so wie man ein Ladegerät vom Computer abzieht und sich der Computer dann automatisch ausschaltet.

Neben uns waren Dideldum und Dideldei in eine Diskussion über das Wetter vertieft, das alle verrückt machte: Es war ein für die Jahreszeit ekelhaft warmer Sommertag in einem gerade beginnenden New Yorker Winter.

Ich verabscheute es. Dieses morbide, triefend nasse, schwammig-ölige Gefühl, dieser tote Himmel über allem: Mit dem Frühling kam ich schon kaum klar, wenn er zur rechten Zeit kam. Meine winterliche Einsamkeit hatte mir so gutgetan. Seltsamerweise wurde ich in solchen Momenten am habgierigsten. Das ist wohl das Prepper-Gehirn. Ich überlegte, welche Gegenstände mich retten würden. An diesem Morgen waren in meinem Kopf drei Paar Sneakers aufgetaucht wie die drei Weisen – weiße Air Force 1, schwarze Vans-Slipper und taupefarbene Superga-Lowtops. Aber ich kaufte keine davon. Ich kaufte gar nichts mehr.

Im Umfeld der eXe-Leute kehrten auch meine alten Impulse zurück. In gehetzten Worten fing ich an, Piet die perennierenden Eigenschaften des Übers-Wetter-Redens zu erklären – das Wiederkehren von Altem, das sich aber neu anfühlt – ein bisschen wie Mode. Wir kehren zu bestimmten Stimmungsbildern zurück (Jane Birkin, Bianca Jagger, Jeanne d'Arc), als würden wir an Gedächtnisschwund leiden, und bestimmte Dekaden, oder besser gesagt bestimmte Looks verursachen bei uns Amnesie. Deswegen ist auch diese alte Regel notwendig, dass man einen Retro-Stil nicht tragen sollte, wenn man schon zu der Zeit gelebt hat, als er ursprünglich angesagt war: Es ist ein Mahnruf, sich zu erinnern, »niemals zu vergessen«, sicherzustellen, dass jemand aufpasst, und sei es nur aus der orthorektischen Angst heraus, man könnte danebengreifen (oder alt aussehen). Die Menschen, die es schaffen, sich zu erinnern, die der Amnesie widerstehen, halten eine gewisse Linearität fest, ohne die es für die Avantgarde viel schwerer wäre, sich abzuheben – weil ihre Zeitverzerrungen, ihre Tempi-Neumodulationen keine Bezugspunkte mehr hätten. Mode ist cool, weil es genau darum geht, erklärte ich. Sie schwelgt in der Unmöglichkeit echter Radikalität, echter Neuheit, wobei sie aber ungeachtet dessen genau darauf beharrt.

Freut mich, dass dir mein Smoking gefällt, sagte Piet.

Am anderen Ende der Stadt brabbelte ein einäugiger Rapper auf der Firmenweihnachtsfeier von Martin Shkreli. Die Kuppelhalle einer alten Bank war von sanftem rosafarbenen Licht durchflutet. Ein halterloses silbernes Korsett schnitt einer Dame zwischen Achsel und Brust in die Haut.

Hinter jedem woken Mann steht eine erschöpfte Feministin, habe ich mal eine frühere Kollegin sagen hören.

42. Halbgötter

Ich habe Piet nie erzählt, dass meine Befürchtung, ich könnte mich in ihn verlieben, Hand in Hand mit dem Gefühl aufgetaucht war, dass mein Projekt unterging. Es war nicht nötig, es ihm zu sagen, das alles war jetzt vorbei. Und auch wenn wir uns nicht mehr gesehen hatten, seit ich so intim in seinem Bad gekotzt hatte, schien er jetzt über nichts anderes mit mir reden zu wollen als über Personalthemen.

Ich habe einen neuen Halb-Ismus, verkündete er seinem Ein-Frau-Publikum. »Ismen« waren Piets Management-AphorISMEN, die er in einem Dokument sammelte, seit ich ihn kannte. Zu seinen wichtigen ISMEN gehörten »das ist nicht nicht dein Job« (was bedeutete, dass man keine Aufgabe ablehnen durfte) und »fühl es mir ins Gesicht« (was hieß, man sollte Feedback immer direkt geben). Ein Halb-Ismus verhielt sich zu einem ISMUS wie ein Halbgott zu einem Gott. »Also, du kennst doch ›iss dich nicht an Brot satt.‹« Stimmt, kannte ich. Es bedeutete, dass man seine Energie nicht an Fleißaufgaben verschwenden sollte – »aber kennst du auch schon ›iss dich nicht an Schmalzbrot satt?‹« Schmalzbrot war das angesagte neue Brot in Brooklyn.

Ich fragte Piet, ob er es probiert habe, und das hatte er nicht. »Aber im Prinzip habe ich es durch Yelp gegessen«, sagte er. »Ich meine, ich weiß ganz genau, wie es schmeckt. Es ist buttrig und köstlich und extrem ungesund.«

Ich dachte daran zurück, als ich gerade in der Firma angefangen hatte und Piet fragte, ob das Gerücht zuträfe, dass niemand im Büro Zucker essen dürfe. Gerade als er sagte, »Nein, Emily. Es ist kein *Gerücht* – jeder Mensch ist im Prinzip gegen Zucker allergisch«, sprang der rosafarbene Basketball, den er über meinem Kopf an die Wand geworfen hatte, zur Seite weg und traf eines der gerahmten Fotos. Überall um uns herum splitterte Glas. Niemand wurde ernsthaft verletzt.

Piet sah mich fest an, und für einen flüchtigen Augenblick spürte ich die frühere Spannung. Schmalzbrot ist das unwiderstehlichste aller denkbaren Brote, sagte er. Es steht für E-Mails oder vielleicht für Textnachrichten. Die Aktivitäten, die man am schwersten vermeiden kann.

Er ging in den Raum mit der Pressewand und löste eine Reihe Blitzlichter aus. Ich ging zum Büffet.

Während des Essens auf dieser Party setzte ich mich neben eine eigenartige, aber faszinierende Frau. Ich hätte ihr Alter unmöglich schätzen können, ihr Gesicht war jung und faltenfrei, sie hatte lange, honigbraune Haare, einen Pony und riesige glänzende Pupillen. Sie trug einen weißen Wollblazer, dessen Markenschildchen nicht innen im Nacken, sondern außen an der Tasche angebracht war. Augenscheinlich Fünfzigerjahre-Vintage, möglicherweise de- oder rekonstruiert. An ihrem Finger funkelte ein Ring – eine aufgeschnittene Geode, umringt von Draht auf einem schlichten Silberring – und ich fragte, ob ich ihn mir näher ansehen dürfe. Hielt ihn ins Licht und ließ mich davon verzücken, wie das Glitzern des Rings mit dem Glitzer meiner schwarzen Gelfingernägel spielte, fand aber keine Möglichkeit, das in Worte zu fassen, ohne kindisch oder ichbezogen zu klingen. Ich hatte allgemein immer die Sorge, zu viel Aufhebens um meine Nägel zu machen. Eine andere Frau in der Nähe fragte sie, wo sie den Ring herhabe, und sie antwortete auf Portugiesisch, wandte sich dann zu mir und erklärte mir mit der Engelsgeduld einer Beraterin, die es gewohnt war, ahnungslosen Führungskräften neu aufkommende Technologien zu erklären, dass sie diesen Ring bei einem zehntägigen Electro-Festival an einem brasilianischen Strand bekommen habe. Alle sind die vollen zehn Tage geblieben, sagte sie. Ich gab ihr den Ring zurück und widmete mich der scharfen Kumin-Marinade auf meinem Hähnchenschenkel, die auf der Zunge kitzelte und brannte. Wie viele junge Frauen dieser Kulturepoche berichtet sie voller Begeisterung von Ayahuasca und teilte mir mit, dass ihr Termin in der nächsten Woche sei, wenn sie New York verlassen würde, um Verwandte in Rio zu besuchen. Es handelte sich um eine zweiwöchige, absolut vegane Fastenkur, bei der die Teilnehmer:innen angehalten wurden, intensive emotionale Verbindungen zu anderen Menschen, wie Sex oder tiefgründige Gespräche, zu meiden. Viele Menschen müssten sich übergeben, wenn sie das Medikament zum ersten Mal nahmen, erzählte sie mir vertraulich. Ich merkte an, dass die Kotze wohl wenigstens nicht allzu eklig sei, wenn man zwei Wochen lang nichts als vegane Sachen esse. Genau, weil kein Fleisch oder so dabei ist, sagte sie. Sie würden dort viel chanten, sagte sie. Das ist, als würde man Acid nehmen und elektronische Musik hören, sagte sie. Das Ayahuasca ist das Acid und das Chanten ist der Techno.

Ich betrachtete meine Nägel vor dem Hähnchenbein. Der Moment schrumpfte rapide auf die altvertraute Erkenntnis zusammen, dass viele junge Frauen, die ich anziehend fand, in Wirklichkeit vollkommen banal waren. Warum verschwanden die Frauen immer aus meiner Geschichte?

Morgen sehe ich mir einen vertikalen Garten in Brooklyn an, ganz hier in der Nähe, sagte sie. Das ist wie ein Geschäft, aber wenn du den Leuten da das Geld gibst, rupfen sie die Kräuter direkt aus der Erde und geben sie dir.

Sie sprach in dieser Audioberichtform von Berater:innen, die Text holistisch in die Köpfe der Hörer:innen übersetzten, ruhig, langsam und mit Vollzitaten.

Es war eine hochauflösende Unterhaltung, eine Art lokaler, einvernehmlicher Gedankenübertragung. Ich wusste, wen Piet gevögelt hatte.

43. In die Nacht (Taxi, bitte)

Nach dem Essen trat Piet mit einem Negroni in der Hand ans Rednerpult. Auf die Wand hinter ihm wurde eine Animation unseres Logos projiziert, und die hüpfenden Augen überlagerten den unteren Quadranten seines Gesichts. Ohne euch wäre nichts von alldem möglich gewesen, sagte er. Das wahre Schmalzbrot dieser Firma seid ihr, die Mitarbeiterinnen und Mitarbeiter. Unsere Selbstbetrachtung ist die buttrigste und verführerischste Ablenkung von allen.

Die Projektion änderte ihre Farbe in Magenta, dann Blau, dann Grün, dann Weiß.

Ich dachte an das, was Riva in unserer ersten Sitzung gesagt hatte: Wir können unsere eigene Aura nicht lesen, so sehr wir uns auch bemühen. Die Wirklichkeit selbst war infradünn. Sie hatte die Tendenz, im Augenblick zwischen Ausstrahlung und Wahrnehmung zu verschwinden.

Ich entdeckte Marcus im hinteren Bereich des Ballsaals unter einem weißen Bogengang. Er hatte ein Skizzenbuch auf dem Schoß und sah vollkommen vertieft aus, unermüdlich, ganz er selbst, saß er auf einem hölzernen Klappstuhl und blickte kritisch auf die Seiten. Er zeichnete die Party. Seth schlenderte zu ihm hinüber. Marcus sah auf. Seth wirkte friedlich, es schien eine Verbindung zu geben.

Die beiden waren Zwillinge, wie sie da gemeinsam unter dem Bogen standen. Die Zukunft rollte uns entgegen wie eine Dampfwalze. Niemand von uns konnte die Transformationen spüren, die auf die Welt zukamen.

Die Musik im Raum war turbulent, riss ab, setzte erneut ein. Es gab eine Pause, dann wurde eine unerwartete Stilrichtung gespielt. Sadie und Roman warteten mit ihrer Kündigung noch, bis sie ihre Aktienoptionen ausüben konnten. Sie tanzten einen traditionellen

Tanz, tief in den Knien, die Arme vor der Brust verschränkt, die Beine abwechselnd zur Seite gestreckt, umtanzten sie einander in einem x-förmigen Muster. Das Licht überzog die Tanzfläche mit Dutzenden irisierend weißer Streifen, die Sadie und Roman durchschnitten. Am Ende würden beide reich werden. Nina würde befördert werden. Sie hatte eine Gardenie im Haar. Sie knutschte mit Dideldei.

Das Mikro hatte eine Rückkopplung.

Die Eisskulptur tropfte.

Ich ging hinaus in den milden New Yorker Abend. Auf eine andere Party.

Anmerkungen

1 Celia Lury, *Brands: The Logos of the Global Economy*, London 2004.

2 Kevin Roberts, *Lovemarks: The Future Beyond Brands*, New York 2004 – dt.: *Der Lovemarks-Effekt: Markenloyalität jenseits der Vernunft*, Landsberg 2008, Übers. Jan W. Haas.

3 Wally Olins, *Corporate Identity: The Ultimate Resource*, London 2002 – dt.: *Corporate Identity: Strategie und Gestaltung*, Frankfurt a. M. 1990, Übers. Volkhard Matyssek.

4 Troy Conrad Thierren, »Bringing up #Babycore«, in: *Medium*, 24. Februar 2015, online verfügbar unter: {medium.com/re-form/bringing-up-babycore-14379c011810}, letzter Zugriff 13. März 2022.

5 Nancy Cardozo, »The Candlelight Poem«.

6 Wendy Chun, Vorlesung an der American Academy 2017.

7 Joan Bunning, *Learning the Tarot*, Boston 1998.

8 Fumitake Koga und Ichiro Kishimi, *The Courage to Be Disliked*, London 2018 – dt.: *Du musst nicht von allen gemocht werden*, Reinbek bei Hamburg 2018, Übers. Renate Graßtat.

9 Simon Doonan, »Beware of Normcore«, in: *Slate*, 7. April 2014, online verfügbar unter: {slate.com/human-interest/2014/04/normcore-the-new-fashion-trend-and-its-perils.html}, letzter Zugriff 13. März 2022.

10 Chandler Levack, »Normcore Is the First Brilliant Meme of 2014«, in: *Vice*, 19. März 2014, online verfügbar unter: {www.vice.com/en/article/gqk84q/normcore-is-the-first-brilliant-meme-of-2014}, letzter Zugriff 13. März 2022.

11 Bhante Gunaratana, *Mindfulness in Plain English*, Boston 1991 – dt.: *Die Praxis der Achtsamkeit*, Heidelberg 1996, Übers. Sr. Sucinta.

12 Rob Horning, »The Accidental Bricoleurs«, in: *n+1*, 3. Juni 2011, online verfügbar unter: {www.nplusonemag.com/online-only/online-only/the-accidental-bricoleurs/}, letzter Zugriff 13. März 2022.

13 Peter Eleey, *The Quick and the Dead*, Minneapolis 2009.

14 Tierney Finster, Twitter, 2017.

15 The Farm Band, »Keep Your Head Up High«, *The Farm Band*, Mantra Records 1972.

Danksagung

Teile dieses Buchs wurden zuvor als Aufsatz mit dem Titel »Mercury Retrograde« in dem Projekt »Supercommunity« des *e-flux journal* (2015), herausgegeben von Brian Kuan Wood, veröffentlicht. Den Anstoß zu diesem Text gab »The Energy Issue«, ein Forschungsprojekt unter der Leitung von Troy Conrad Thierren an der Columbia GSAPP. 2016 wurden Elemente aus dem in Arbeit befindlichen Roman in Form einer Installation in der Ausstellung »Foreward« von Calla Henkel und Max Pitegoff im Witte de With Contemporary Art Center in Rotterdam präsentiert, sowie zusammen mit der Arbeit von Phillipe Thomas im Project Native Informant in London, kuratiert von Marta Fontalon und präsentiert von Stephan Tanbin Sastrawidjaja. Diesen Kooperationspartner:innen bin ich allen unheimlich dankbar, sie haben das Projekt enorm bereichert und mich sehr unterstützt. In diesem Sinne danke ich außerdem Simon Denny, Douglas Coupland, Tom McCarthy, Eileen Myles, Hans Ulrich Obrist, Susan Sellers, Michael Rock, Brian Boylan, Shumon Basar, Negar Azimi und Jean Garnett.

Mein allergrößter Dank gilt der außerordentlichen Intelligenz, Freundschaft und dem engagierten Einsatz von Christy Lange, Alexa Stark, Cyrus Simonoff und Hannah Schmitt, ohne die es dieses Buch nicht gäbe.

Außerdem gebührt meine ewige Liebe und Wertschätzung Kenny, Rachel, Glazek, Anna, Michael, Pablo, Matthew, Grace, Indy, Sam, JD, Kevin, Lucas, Cab, Natty, Maria, Lola, Martti, Jenna, Lesley, Natasha, dem Violet Office, K-HOLE, meiner Familie, und Math.

Los Angeles 2020

Emily Segal, geboren 1988 in New York, lebt als Künstlerin, Autorin und Trendprognostikerin in Los Angeles. Sie ist Mitbegründerin des Beratungsunternehmens Nemesis und des Verlags Deluge Books. *Rückläufiger Merkur* ist ihr erster Roman.

Cornelia Röser, geboren 1978 in Berlin, studierte Germanistik, Soziologie und Politikwissenschaft in Münster. Heute lebt sie wieder in Berlin und übersetzt Romane und Essays aus dem Englischen.

Erste Auflage Berlin 2022

MSB Matthes & Seitz Berlin
Verlagsgesellschaft mbH
Göhrener Straße 7, 10437 Berlin
info@matthes-seitz-berlin.de

Titel der Originalausgabe: *Mercury Retrograde*,
erschienen bei Deluge Books,
New York/Los Angeles 2020.

Umschlaggestaltung: Dirk Lebahn, Berlin
Satz: Monika Grucza-Nápoles, Berlin
Druck und Bindung: GGP Media GmbH, Pößneck

ISBN 978-3-7518-0080-8
www.matthes-seitz-berlin.de